Die Mondtänzeri

Zum Buch

Die traditionellen indianischen Rituale, Zeremonien und Gebete und die Kräfte der Natur sind sehr wirkungsvoll. Wenn man sie in der richtigen, geheiligten Weise einsetzt, erzielen sie erstaunliche Ergebnisse. Tela Star Hawk Lake lehrt in ihrem Buch die indianische Weisheit so, daß jede Frau danach leben kann. Sie zeigt indianische Heilpraktiken, Mondzeremonien, Geburts- und Schwangerschaftshilfen und nennt Naturgebete. Eingebettet sind diese konkreten spirituellen und medizinischen Anleitungen in die packende Lebensgeschichte der Autorin selbst, die sich über eigene Krankheiten und Prüfungen zur anerkannten Schamanin entwickelte.

Zur Autorin

Tela Star Hawk Lake stammt aus einem alten Schamanengeschlecht, das von verschiedenen Anthropologen, darunter Alfred Louis Kroeber, genau untersucht wurde. Sie erhielt den spirituellen Auftrag, ihr altes schamanisches Wissen zum ersten Mal in gedruckter Form Nichtindianern zugänglich zu machen.

Tela Star Hawk Lake

Die Mondtänzerin

Mein Leben als indianische Schamanin

Aus dem Amerikanischen
von Monika Ratnamaheson

Econ & List Taschenbuch Verlag

Veröffentlicht im Econ & List Taschenbuch Verlag

Der Econ & List Taschenbuch Verlag
ist ein Unternehmen der Econ & List Verlagsgesellschaft,
München

Deutsche Erstausgabe
2. Auflage 1999
© 1999 für die deutsche Ausgabe by Econ Verlag München
© 1996 by Tela Star Hawk Lake
Titel des amerikanischen Originals: »Hawk Woman Dancing With The Moon«
Aus dem Amerikanischen übersetzt von: Monika Ratnamaheson
Umschlagkonzept: Büro Meyer & Schmidt, München – Jorge Schmidt
Umschlagrealisation: Init GmbH, Bielefeld
Titelabbildung: Bavaria, Düsseldorf
Gesetzt aus der Caslon, Linotype
Satz: Josefine Urban – KompetenzCenter, Düsseldorf
Druck und Bindearbeiten: Ebner Ulm
Printed in Germany
ISBN 3-612-26592-X

Widmung

Dieses Buch möchte ich meiner Familie und meinen Vorfahren, meinem Mann und meinen Kindern sowie den älteren Medizinfrauen und Medizinmännern widmen, die an meiner Ausbildung und meinem Training zur Indianischen Ärztin nach der Tradition meines Volkes beteiligt waren. Ich möchte es auch den vielen Menschen aus allen Rassen und Schichten widmen, die an meinen Vorträgen und Mondzeremonien für Frauen in den USA teilgenommen haben.

Ein Teil der Tantiemen aus diesem Buch, aus meinen Vorträgen und den Workshops soll unseren Ältesten als Unterstützung für die laufenden Rituale und Zeremonien zukommen. Man braucht viel Geld, um die heiligen Zeremonien zu finanzieren, und die meisten unserer Ältesten sind arbeitslos oder Sozialhilfeempfänger. Sie können es sich nicht leisten, die Traditionen aus eigenen Mitteln weiterzuführen.

Abschließend möchte ich der Assistenzprofessorin Tami Haaland von der E.M.U. in Billings für ihre wertvolle Hilfe beim Redigieren des Manuskripts danken.

Inhalt

Vorwort

Als Menschen sind wir Teil der Natur. Die Natur wirkt auf uns physisch, geistig, emotional und spirituell. Wir stehen, ob wir uns dessen bewußt sind oder nicht, unter dem Einfluß von Großvater Sonne, Großmutter Mond, der vier Schöpfungskräfte, der vier Elemente, der Jahreszeiten und der Naturzyklen. Auch wirken wir aufeinander, da wir alle in diese großartige Verwandtschaft des Lebens eingebunden sind. Unsere Beziehung zur Natur und zueinander unterwirft uns alle dem Einfluß von Kräften, die zyklischen Veränderungen unterliegen, und so, wie diese Kräfte sich auf Mutter Erde und andere Schöpfungen der Natur auswirken, verändern sie auch uns. Die Art und Weise, wie wir uns an die Zyklen und Veränderungen anpassen, ist entscheidend für unser Überleben als Spezies. Das Heilen steht dabei ganz im Zentrum.

Das Leben ist immer voller Entbehrung, Schmerz, Opfer und Leid. Geburt und Tod, Wachstum und Entwicklung, Jugend und Alter, Krankheit und Gesundheit, Mißerfolg und Erfolg sind fester Bestandteil des Lebens, und auch das Lernen gehört dazu. Das Leben bringt Heiliges und Profanes, Glück und Ärger, Liebe und Haß, Positives und Negatives, Bekanntes und Unbekanntes, und diese Elemente treten in Zyklen auf. Dadurch erhält das Leben Sinn. Die Art und Weise, wie wir uns mit diesen Zyklen in Einklang befinden, bestimmt den Wert unseres Lebens, und das gilt sowohl für den gegenwärtigen Zyklus als auch für zukünftige Lebenszyklen.

Schon seit Beginn der Schöpfung brauchen wir Menschen das Heilen und die Zeremonien. Der Große Schöpfer gab uns Zeremonien, um mit den Zyklen und Veränderungen zurecht zu kommen. Als Teil der Schöpfung schuf er in jeder Kultur Menschen, die für Heilung und Medizin zuständig sind. Diese Menschen waren die Bewahrer althergebrachter Philosophie und Heilkunst. Sie waren auch Bewahrer und Lehrmeister althergebrachter Zeremonien und Rituale. Unsere Ältesten lehren uns, daß Zeremonien und Rituale notwendig sind, um bestimmte Veränderungen und Übergänge in unserem Leben leichter zu durchlaufen und zu meistern. Andernfalls stehen unsere Spezies und unsere Kultur vor dem Untergang.

Die Probleme, mit denen ich in der Vergangenheit konfrontiert war, und die Art und Weise, wie ich Heilkunst und Zeremonien einsetzte, um die Zyklusveränderungen in meinem Leben erfolgreich zu bestehen, machten mich zu dem, was ich heute bin. Wenn ich um mich schaue, sehe ich eine spirituell bankrotte Zivilisation. Sie braucht unbedingt Heilung. Aber gleichzeitig sehe ich auch Menschen, die nach Wissen und Wegen suchen, um zu größerer Spiritualität zu gelangen. Sie suchen nach natürlicheren Heilmethoden und sind bei der eigenen Heilung sehr engagiert. Viele wissen wohl auch, daß ihnen etwas im Leben fehlt und ihnen eine Heilungszeremonie gut täte (wie es auch mir in verschiedenen Lebensstadien bewußt wurde), aber sie wissen nicht, wo sie dieses Wissen finden können.

Viele Frauen in der Welt wirken heute einsam und verloren. Häusliche Gewalt und Kindesmißbrauch, die vielen Fälle von Vergewaltigung und sexuellem Mißbrauch in Verbindung mit Alkohol und Drogen haben schlimme Folgen für die Frauen in den USA. Endlich ist das nationale Interesse so groß, daß Stiftungen von Bund, Staaten und Privatleuten zunehmend subventionierte Programme anbieten, um diese Probleme anzugehen. Das amerikanische Büro für Indianische Angelegenheiten (Bureau of Indian Affairs = BIA) führt bei verschiedenen Stämmen Sozialprogramme für indianische Kinder und Programme gegen den Kindesmißbrauch durch. Und auch der Indian

Health Service, das amerikanische Gesundheitswesen für Indianer, hat die Therapie- und Beratungsmöglichkeiten erweitert, um das unseren indianischen Frauen in Vergangenheit und Gegenwart zugefügte Leid zu lindern. Aber Mädchen oder Frauen, die einmal physisch mißbraucht worden sind, leiden auch unter seelischen und spirituellen Verletzungen. Die Folgen sind sehr langwierig, das weiß ich aus eigener Erfahrung.

Die Methoden der westlichen Medizin mögen die Frauen oder Mädchen physisch heilen, und therapeutische Methoden und Modelle helfen vielleicht sogar, die Auswirkungen auf die seelische Verfassung zu therapieren, aber keine dieser Methoden ist ganzheitlich ausgerichtet; sie berücksichtigen nicht die gesamte Person. Hier läßt sich von den traditionellen indianischen Heilkonzepten und -methoden eine Menge lernen, denn unsere Methode ist ganzheitlich: sie geht auf die physischen, geistigen, emotionalen und spirituellen Bedürfnisse des einzelnen ein. Die traditionelle indianische Heilmethode und der indianische Schamanismus bringen den Klienten wieder in Kontakt mit seiner Seele. Sie geben ihm Rituale an die Hand und verwenden neben »natürlichen Kräften« Zeremonien, um die Seele des Klienten zu säubern und zu stärken. Sie helfen Frauen wie mir und vielen anderen Frauen aus vielen anderen Kulturen und Rassen und mit ganz unterschiedlichen Lebensgeschichten, die eigene Kraft und Würde, das eigene Selbstwertgefühl und das innere Gleichgewicht wiederzuerlangen.

Ich möchte diese Erfahrung anderen zugute kommen lassen und dazu meine eigenen Probleme, Lebenserfahrungen und Lernprozesse heranziehen. Ich mußte einen steinigen Weg gehen, um zu erfahren, daß der indianische Schamanismus notwendig ist, um für die künstlich-ausgerichtete Welt, in der wir alle leben müssen, einen Ausgleich zu schaffen. Perspektive, Methode und Konzepte der Indianer geben den Frauen die nötige Kraft für den Überlebenskampf in einer von Männern dominierten, materialistischen und mitunter seelenlosen, von Drogen, Verbrechen, Furcht, Wut, Haß, Wissenschaft und widersprüchlichen Werten zerrissenen Gesellschaft. Diese harte Welt lehrt die Frauen aller Rassen, sehr ehrgeizig und hart zu sein, um zu überleben, ihre Seele aufzugeben, um materialistisch zu werden, und ihre weiblichen Attribute aufzugeben, um männlicher zu werden. Das ganze widerspricht der Natur, und es macht nicht nur die Frauen krank, sondern schafft auch eine sehr kranke Gesellschaft.

Irgendwann in unserem Leben hat man uns allen beigebracht, nicht zu weinen. Bei uns kalifornischen Indianern ist Weinen in Ordnung. Wir weinen um Hilfe, wir weinen, wenn wir trauern, wir weinen um eine Vision, wir weinen um Macht, und wir weinen sogar, wenn wir glücklich sind. Eine Frau, die man sexuell belästigt, geschlagen, mißbraucht, verletzt und gekränkt hat, die krank ist oder irgendwelche Probleme hat, sollte weinen und das Gift aus ihrem Organismus entweichen lassen. Andernfalls bleibt es in ihr, greift ihre Gesundheit an und verschlimmert bestehende Krankheiten. Wenn eine Frau weint, läßt sie die Gefühle von Angst und Scham, von Schuld, Schmerz und Leid entweichen. Und fallen ihre Tränen zu Boden, wird Mutter Erde sie aufnehmen, die Kräfte der Natur werden Mitleid mit ihr empfinden und ihr helfen, und es kommt zu einer Reinigung – in gleicher Weise, wie auch die Erde weint, wenn sie verletzt ist oder ihr Schaden zugefügt wurde, und der Regen als Reinigungselement wirkt. Eine derartige Reinigung bringt die Welt, die Erde und die Menschen wieder ins Gleichgewicht. Darum will ich in diesem Buch meine eigenen Tränen, meine Erfahrungen und Einsichten mit anderen teilen, in der Hoffnung, daß andere Frauen, gleich welcher Rasse und Kultur, daraus Nutzen ziehen können.

Einleitung

Mein Stamm ist im Nordwesten Kaliforniens zu Hause, wo er schon immer gelebt hat. Unsere Dörfer lagen verstreut am Pazifik, vor allem in der Nähe von Lagunen und an der Flußmündung des Klamath River. Sie waren von uralten Redwood-Bäumen umgeben. Die Dörfer anderer Stämme befanden sich flußaufwärts und flußabwärts am Klamath River bis hin zur Grenze des Staates Oregon, in verschiedenen Tälern in den hohen Bergen der Siskiyous und der Marbles und sogar in der Gegend des mächtigen Berges Mount Shasta. Unsere Nachbarstämme, die Hupa, Wiyot, Tolowa und Wintun, nannten unseren Stamm Yurok oder Karuk, was soviel bedeutet wie »Flußabwärtsvolk« und »Flußaufwärtsvolk«. In unserer Sprache Yurok lautet mein Name Pu-lick-low. Ich habe zeremonielle Rechte in den Dörfern Requa, Blue Creek, Cappel und Weitchpec geerbt und besitze dort auch einige kleine Grundstücke. In Ishi-Pishi-Falls habe ich ebenfalls zeremonielle Rechte geerbt; die Karuk betrachten diesen Ort als den Mittelpunkt der Welt, und meine Ahnen sind dort begraben. (Westliche Menschen sagen »Karok«, aber die richtige Stammesaussprache ist »Karuk-ara«.)

Zur Zeit, als die ersten Europäer in den Nordwesten Kaliforniens kamen, spielten heilige Tänze, Zeremonien, Rituale und eine spirituelle Lebensweise eine wichtige Rolle im Leben unserer Stämme. Die Europäer stammten aus Spanien, Rußland, Norwegen und Portugal. In den frühen Jahren kamen nur einzelne; später, als es die Eisenbahn gab, folgten ihnen viele nach. Zuerst waren sie auf der Suche nach Sklaven, dann nach Gold. Sie kamen als Pelzjäger oder suchten hochwertiges Holz für den

Schiffsbau. Andere wieder waren Fischer. Mit der Zeit gründeten sie die heutigen Städte Eureka, Arcata, Willow Creek, Klamath, Crescent City und Yreka.

Unsere Stämme waren klein und friedlich und setzten den Weißen nicht viel Widerstand entgegen. Auch waren die Neuankömmlinge in der Überzahl und besser bewaffnet. So wurde die ursprüngliche Bevölkerungszahl meines Stammes erheblich reduziert. Die Stammesangehörigen wurden entweder getötet, als Sklaven verschifft oder zusammengetrieben und in umzäunte Gebiete gebracht. Gegen Ende des 19. Jahrhunderts lebten alle Überlebenden ausschließlich in Reservationen, d. h. in Teilgebieten des ursprünglichen Territoriums. Es kam zu vielen Mischehen zwischen den Ureinwohnern und den Weißen. Diejenigen Indianer, die noch übrig waren, durften an ihrer Lebensweise und den indianischen Traditionen und Zeremonien festhalten, bis die christlichen Missionare kamen, um uns zu »zivilisieren«.

Es gab ungefähr zehn indianische Ärztinnen, die den heiligen Beruf indianischer Heilkunst ausübten, als der bekannte Anthropologe Alfred L. Kroeber Anfang der zwanziger Jahre begann, meinen Stamm zu erforschen. Heute gibt es nur noch eine, und die bin ich. Mein Stammbaum enthält eine lange Reihe traditioneller indianischer Heiler, Seher, Zeremonie- und Ritualmeister, über die in den klassischen anthropologischen Schriften berichtet wird. Man könnte mich wohl durchaus als gefährdete Spezies bezeichnen.

Ich stamme von den Stämmen der Yurok-Karuk-Hupa und Chilula ab und habe auch etwas irisches Blut der Familie Donahue in meinen Adern. Soviel ich weiß, waren die Donahues in Irland geistige Führer und Krieger und Angehörige der Bergclans. Möglicherweise haben sie deshalb in die Familien der Bergindianer eingeheiratet. Meine Ururgroßmutter Mrs. Tipsy war die Mutter von Fanny Flounder, der legendären indianischen Ärztin. Kroeber schrieb in seinen berühmten Büchern über sie; weitere Anthropologen befaßten sich mit vielen meiner anderen Verwandten, wie z. B. meinem Ururgroßvater Captain Spott und mit Alice Spott, meiner Urgroßmutter. Zu meinen Ahnen gehören auch George Meldon, der letzte Lachszeremonienmeister, Weitchpec Frank Durban, ein Zeremonienmeister für heilige Tänze, und Nellie Griffin, eine bekannte Seherin, Hebamme und Medizinfrau für den Bürstentanz. Sie war meine Urgroßmutter.

Von der Seite meines Vaters her stamme ich von Pik-er-una ab, einer indianischen Ärztin vom Stamm der Karuk. Die bekannte Ärztin Benonie Harrie hatte unter anderem bei ihr gelernt, und sie wiederum bildete Nancy Rube aus dem Dorf Wahsek aus. Nancy Rube war meine Großtante. Sie war wahrscheinlich die allerletzte der indianischen Heilkundigen des alten Schlages vom Geheimzeremonialgeschlecht Täl. Sie gab ihr Wissen und ihre Fähigkeiten an ihre Tochter Bonita Masten und ihren am längsten überlebenden Sohn Calvin Rube weiter. Diese beiden wiederum überlieferten ihre Kenntnisse und bestimmte Fähigkeiten an mich und meinen Mann. Somit erhielt ich meine Ausbildung von engen und entfernteren Verwandten, darüberhinaus aber auch von einigen Medizinmännern und Medizinfrauen anderer Stämme. Zuweilen lernten und praktizierten mein Mann und ich bei den gleichen Mentoren, zuweilen auch bei verschiedenen. Es gab auch Zeiten während unserer praktischen Ausbildung, in denen wir gemeinsam arbeiteten. Der Hauptteil unserer Ausbildung und unserer Praxis fand im geheimen statt, zum Schutz für unsere Mentoren und für uns – man könnte auch sagen, zum Erhalt unserer Spezies, die heute wie der Grizzlybär, der Adler und der Lachs vom Aussterben bedroht ist.

Nach westlichem Standard bin ich keine gebildete Frau. Ich besuchte die Schule nur bis zur neunten Klasse, aber ich erhielt meine Ausbildung auf andere Art und in einem Wissenssystem, das seit Beginn der Schöpfung existiert. Mein Mann verhandelte um mich gemäß indianischem Brauch und Gesetz. Wir heirateten in traditioneller Weise an einem alten zeremoniellen Ort vor den Ältesten, die uns den Segen gaben. Mein Mann bezahlte für mich mit Adlerfedern, Zeremonialinsignien und Tierfellen, Obsidianklingen, über zweihundert Schnüren Dentaliumschnecken und einem Boot, wie meine Herkunft und mein Familienstatus es erforderten. Es mußten bestimmte Gegenstände dabei sein, damit ich nicht als minderwertig gelten würde. Auf diese Art und Weise zollte mein Mann mir, meiner Familie und meiner Abstammung Respekt. Dieses Vorgehen war auch notwendig, um sicherzustellen, daß ich das Wissen, den Status, die Insignien, die Medizin und die Fähigkeiten als indianische Ärztin im Sinne unserer Tradition richtig gebrauchen würde.

Obwohl ich als traditionelle indianische Heilerin, Seherin und Zeremonienmeisterin gelte, mußte ich die Erfahrung machen, daß es sehr schwierig ist, heute noch »traditionell« zu sein. Die Welt ändert sich einfach zu schnell. Die alten indianischen Bräuche und Gepflogenheiten entsprechen nicht mehr unseren Bedürfnissen und unserer Lebensart, und ich mußte lernen, sie anzupassen. So griff ich bei meiner Heiratszeremonie teilweise auf die alten Traditionen zurück, trug aber ein westliches Hochzeitskleid. Einige Leute lachten mich deshalb aus, für mich aber war das Ausdruck unserer kulturellen Situation. Das indianische Volk muß, um zu überleben, auf einen Teil des alten Wissens zurückgreifen, aber wir müssen auch kühn genug sein, um neue Wege zu finden, die uns helfen, den Übergang in die Zukunft zu meistern. Wir müssen der traurigen Realität, daß wir anders sind als unsere Vorväter, und daß unsere Lebensweise anders ist, ins Auge sehen. Das heißt nicht, daß wir alles aufgeben und uns völlig assimilieren sollen, aber wir müssen unsere Situation betrachten und uns fragen, welche Formen unseres alten Wissens und welche Bräuche noch verwendbar sind, um uns bei der Anpassung und Vorbereitung auf unser Überleben in der Zukunft zu helfen.

Meine Ururgroßmütter und andere indianische Schamanen und Schamaninnen waren zu ihrer Zeit mit anderen Herausforderungen und Krankheiten konfrontiert und mußten dementsprechend mit ihnen umgehen. Damals war das allgemeine Verständnis für Kultur, Wissen, Überzeugungen und Bräuche noch sehr ausgeprägt. Die meisten Indianer sprachen noch ihre Sprache und überlebten in alter Art und Weise mit Fischfang, Jagd und Sammeln, und für jede Aktivität praktizierten sie die alten Zeremonien. Sie verstanden noch die Gebräuche und Gesetze unseres Volkes und übten sie aus. Sie waren der Natur sehr nahe. Die noch ursprünglichen Flüsse Klamath, Trinity, Salmon, Shasta und Scott hatten einen reichen Bestand an Lachsen und Stahlköpfen, außerdem an Forellen, Kohlenfischen und Aalen. Die Prärien und Wälder waren Lebensraum für Hirsche, Elche, Kaninchen, anderes Kleinwild und Vögel. Es gab über fünfzehn verschiedene Obstsorten, Nüsse und Beeren. Wild wachsendes Gemüse, Wurzeln und Kräuter gehörten zur täglichen Nahrung. Eicheln waren das Grundnahrungsmittel: Sie wurden von den Eichen geerntet und nach dem Auslaugen der Bitterstoffe für die Zubereitung von Suppen und Brot zu Mehl zerstampft. Eicheln haben für meinen Stamm etwa die gleiche Bedeutung wie der Mais für die Waldindianer im Südosten und Osten der USA. Eicheln sind nicht nur ein wichtiges Grundnahrungsmittel, sondern auch heilig. Dieses natürliche Nahrungsmittel besitzt übrigens auch einen hohen spirituellen Wert; außerdem besitzt es Mineralien wie Kalium, Magnesium und Kalzium.

Früher gingen die Indianer zu Fuß oder benutzten das Kanu als Fortbewegungsmittel. So ein Kanu war aus altem Redwoodholz gebaut und überdauerte Generationen. Mein Vater Chick Donahue, ein Zeremonienmeister unserer Zeit, ist wahrscheinlich der letzte, der ursprüngliche Kanus baut. Eines davon befindet sich im Smithsonian Institute in Washington im Distrikt Columbia.

Unsere traditionellen Häuser bestanden aus Holzbrettern und waren halb über und halb unter die Erde gebaut. In den Küstendörfern wurde Redwoodholz für die Häuser verwendet, die Stämme und Dörfer im Landesinneren verwendeten Zedernholz. Beide Holzarten boten einen natürlichen Schutz vor Verwitterung und Insekten. Die Häuser waren im Winter warm und im Sommer kühl.

Die meisten Familien besaßen ihre eigene heilige Schwitzhütte. Die große Schwitzhütte für Zeremonien dagegen befand sich auf einem der traditionellen Tanzplätze und wurde nur für Stammeszeremonien genutzt. Auch die Schwitzhütten waren halb in die Erde hinein gebaut und bestanden aus Holzplanken. Sie ähnelten Saunen und waren ganz anders als die Dampfschwitzhütten der meisten Stämme in anderen Landesteilen. Wir benutzten ein hartes, rauchloses Holz mit Namen Manzanita für das Feuer.

Wir hatten auch provisorische Schwitzhütten aus jungen Weidenbäumen, die mit Tierfellen bedeckt waren und an umgedrehte Körbe erinnerten. Sie ähnelten den Hütten, die von anderen Stämmen zur Heilbehandlung, Reinigung und Visionssuche verwendet werden. In den provisorischen Schwitzhütten werden Flußsteine oder Lavabrocken in einem großen Feuer erhitzt, bis sie glühen. Dann werden die Steine mit einer Heugabel in die Schwitzhütte gebracht und während der Zeremonie mit kaltem Wasser oder Kräutertee begossen, um einen heilenden Dampf zu erzeugen. Vor dem Gießen des Wassers werden der Große Schöpfer, die Geister der Ahnen und die Naturgeister in einem Gebet angerufen, und als Opfergabe werden Tabak oder *keeshwoof* (Engelwurz) dargeboten; der Tabak und/oder die gemahlene und pulverisierte Engelwurz werden auf die Steine gestreut. Nach dem Eröffnungsgebet und den ersten Liedern wird Wasser oder Kräutertee auf die Steine gegossen. Bevor wir uns an die europäische Kultur anpaßten, verwendeten wir anstelle der Heugabel Elchgeweihe oder kräftige junge Schößlinge aus den Astgabeln einer Eiche und als Wasserbehälter einen wasserundurchlässigen Korb aus Weidenwurzeln.

Wir hatten ein wunderbares Klima in unserem Gebiet. Es gab vier Jahreszeiten, und die Winter waren mild. Die Menschen unseres Stammes waren gesund, athletisch gebaut und sehr spirituell. Sie lebten in engem Kontakt mit der Natur und kannten sie gut. Da das Wetter gemäßigt war, brauchten die Menschen nur leichte Kleidung; bei bestimmten Zeremonien galten jedoch besondere Regeln. Die Frauen trugen normalerweise Kleider aus Ahornrinde, die Männer einen Lendenschurz aus gegerbtem Hirschfell. Die Kleidung für die Zeremonien war kunstvoller (siehe folgende Abbildungen, S. 100 ff.). Sie bestand aus gegerbtem Hirsch- und Elchfell, war mit Piniennüssen, Seeohren und anderen Muschelarten verziert und mit Palmlilienfaden zusammengeschnürt. Diese Kleider waren sehr schwer, und wenn die Frauen tanzten, hörte man ein rhythmisches Rasseln. Die Frauen flochten das Haar und umwickelten es anschließend mit Bändern aus Otterfell. Sie trugen schöne Korbhüte, von denen einige mit der Kopfhaut von Spechten und mit Dentaliumschnecken eingelegt waren. Die zeremoniellen Halsketten bestanden aus vielen Einzelschnüren mit geschliffenen und polierten Seeohrmuscheln, Piniennüssen oder großen Dentaliumschnecken. Die Schnecken waren zum Teil in blaues Eidechsenleder gewickelt, als Symbol für Wohlstand und Spiritualität. Dentaliumschnecken dienten bei uns auch als Zahlungsmittel und für den Handel. In der Sprache Yurok bezeichnet man sie als *cheek*. Auf Karuk heißen sie *ishpook*.

Die Männer trugen als zeremonielle Kleidung Hemden aus Hirschleder mit Seeohrmuscheln und auf der nackten Brust Halsketten aus Piniennüssen. Ihr Kopfschmuck war bei jeder Zeremonie anders. Beim Hirschledertanz trugen sie beispielsweise Hüte aus Wolfsfell oder Stirnbänder aus den Eckzähnen von Seelöwen. Beim Sprungtanz setzten sie einen Kopfputz aus Spechtfedern auf, auch die Kopfbänder waren mit Spechtfedern dekoriert. Beim Bürstentanz trugen sie mit Federn geschmückte Korbhüte. Adlerfedern gehörten immer zur Kopfbedeckung der Männer. Beim Kriegstanz wurden Adler- oder Habichtsfedern verwendet. Diese Federn gelten als Machtobjekte und als Zeichen für Schutz. Durch die symbolische Verwendung der Federn rufen die Tänzer die physischen und spirituellen Kräfte der Vögel herbei, oder, wie manche sagen, sie rufen die »verbündeten Geister«. Darum versuchen sie im Kriegstanz die Kampfgebärden der Vögel durch wildes Tanzen und Schreien zu imitieren.

Beim Hirschledertanz und beim Sprungtanz waren normalerweise keine Frauen dabei; nur Mädchen, die noch nicht geschlechtsreif waren, durften teilnehmen. Während die Yurok beim Kriegstanz »Kriegerfrauen« zur Unterstützung des Kampfes zuließen, war das beim Stamm der Karuk nicht der Fall. Die wichtigste Rolle in unseren heiligen Tänzen spielten die Frauen beim Bürstentanz, einer Heilzeremonie für Kinder, beim Blumentanz (einer Mondzeremonie) und beim Stoßtanz, einer Initiationszeremonie für indianische Ärzte/Schamanen. Vor ungefähr fünfzig Jahren noch praktizierten unsere Nachbarn, die Hupa-Indianer, eine Eichelfestzeremonie mit Frauen, aber das Wissen um dieses alte Ritual ist heute verloren; es wird nicht mehr aufgeführt.

Die meisten unserer heiligen Tänze und Zeremonien dauern über zehn Tage und Nächte. Die Indianer im Nordwesten Kaliforniens sind, soviel man weiß, die einzigen Stämme der Welt, die in einem traditionellen Tanz das Leder von Albinohirschen als Würdezeichen verwenden. Darum trägt unsere heiligste Zeremonie den Namen Weißer Hirschleder-Tanz. Dieser zeremonielle Tanz stellt einen alten Mythos bzw. eine Inszenierung der Schöpfungsgeschichte dar. Wir verwenden dabei Lieder, Tanzelemente, Insignien, Medizin und Objekte als Symbole für die natürlichen Kräfte sämtlicher Bestandteile der Natur, da der Tanz uns zeigt, wie die Welt geschaffen wurde und wie dabei alle Bestandteile der Natur Verwendung fanden. Der Tanz dient als Anlaß für die Menschen, dem Großen Schöpfer, der Natur und all unseren »Verwandten« in der Natur für die vielen Geschenke, die sie uns gegeben haben, zu danken. Er erinnert uns, daß wir alle durch diese großartige Verwandtschaft des Lebens verbunden sind. Wir singen, tanzen, beten, machen Spiele, essen zusammen und feiern mit der ganzen Schöpfung und unseren Ahnen – mit allem, was gehen, kriechen, fliegen und schwimmen kann, gleichgültig ob es für uns sichtbar ist oder nicht.

Der Sprungtanz ist eine weitere bedeutende traditionelle Zeremonie, aber er gilt eher als Heilzeremonie für die Erde. Er dient dazu, Natur und Naturkräfte, wie Blitz und Donner, schwere Regenfälle, Schneestürme, Überschwemmungen, Erdbeben, Brände und Dürrezeiten sowie auch die Menschen in Gleichgewicht und Harmonie zu halten. Manchmal verwenden wir diesen ausdrucksvollen Tanz, um Naturkatastrophen wie die oben aufgezählten, aber auch Hunger, Seuchen und sonstige Krankheiten abzuwenden.

Der Bürstentanz ist eine Heilzeremonie für Kinder. Er dient der Heilung eines kranken Kindes und anderer Kinder des Dorfes und dauert drei Tage und Nächte. Die Zeremonie steht unter der Leitung einer Medizinfrau. In früherer Zeit bat man sie ins Haus, um dort die Heilungszeremonie abzuhalten. Die Männer entfernten dann das Dach der Plankenhütte, und alle tanzten im tiefer gelegenen Hüttenfundament um die Medizinfrau und das kranke Kind herum. Heute findet man den Bürstentanz nur noch in einigen traditionellen Dörfern, wo für diese Zeremonie auch eine eigene Hüttenvertiefung angelegt wurde. Früher wurde der Bürstentanz in verschiedenen Dörfern je nach Bedarf zelebriert; heute wird er in der Regel nur Ende des Frühjahrs oder Anfang Sommer abgehalten.

Der Blumentanz, die erste Mondzeremonie eines jungen Mädchens anläßlich der ersten Menstruation, wäre beinahe in

Vergessenheit geraten. Erst vor zehn Jahren lebte diese Zeremonie wieder auf und wird nun einmal im Jahr, in der Regel während der Frühjahrsmonate, abgehalten. Der Kriegstanz konnte ursprünglich zu jeder Jahreszeit aufgeführt werden und dauerte je nach Bedarf einen oder mehrere Tage. Aber nun findet er nur noch einmal jährlich, am Sommeranfang, statt, oder wenn unsere jungen Männer zum Militärdienst einberufen werden und mit Auslandseinsätzen rechnen. Im Zweiten Weltkrieg nahmen mein Vater Chuck Donahue und mein Schwiegervater Charles Red Hawk Thom beide an der Kriegstanzheilung und Kriegstanzzeremonie teil. Beide kehrten wohlbehalten und unverletzt nach Hause zurück. Einige ihrer Cousins, die mit ihnen zusammen im Einsatz waren, standen nicht unter dem Schutz einer solchen Zeremonie und wurden getötet.

Der Stoßtanz ist die Initiationszeremonie für indianische Ärzte. Er dient der Ausbildung, Prüfung, Bewertung und Weihe von Schamanen-Novizen. Er ist möglicherweise die älteste Zeremonie meines Stammes, denn Schamanen haben die Indianer immer benötigt, um die Familien und die Gemeinschaft zu heilen, zu lenken und zu schützen. Diese Zeremonie wird im Sommer abgehalten, wenn die Novizen besondere Träume haben und sich auf die Visionssuche vorbereiten, oder aber auch in den harten Wintermonaten, wenn das Einüben der Lieder und die Ausbildung durch die Ältesten eher in privatem, persönlichem und ungestörtem Rahmen erfolgen soll. Mein Mann und ich sind die einzigen, die den Stoßtanz heute noch aufführen. In den anderen Dörfern und Nachbarstämmen gab es keine Novizen, die man in dieser Tradition hätte unterweisen und ausbilden können. Die Zeremonie dauert in der Regel genau fünf oder genau zehn Tage und Nächte; das hängt von der Kraft, dem Ausbildungsniveau und dem persönlichen Durchhaltevermögen des Schamanen-Novizen ab.

Zwischen all diesen Zeremonien hielten wir je nach Jahreszeit Sportaktivitäten, Handspiele, rituelle und soziale Zusammenkünfte ab. Zu all diesen Zeremonien und Aktivitäten gab es eigene Lieder. Mein Volk singt sehr gerne und ausdauernd. Zu unserem Repertoire zählen Liebeslieder, Schwangerschafts-, Geburts-, Pubertätslieder, Mondlieder (Lieder der Menstruation und der Menopause), Jagd-, Fallenfang- und Fischereilieder, Glücksspiel- und Geldlieder, Korbflechtlieder, Waffen-, Macht- und Reiselieder, Nahrungs- und Kräutersammellieder, Heil- und Heilbehandlungslieder, Traumlieder und sogar Hexerei- und Todeslieder.

Unsere Ältesten glauben, daß unser Volk in alter Zeit so gesund war, weil es an den vielen verschiedenen Zeremonien, Tänzen und Ritualen teilnahm, ein streng spirituelles Leben führte und immer sang. Vielleicht haben sie recht, denn die einzige Krankheit, die die Indianer vor Ankunft der Weißen kannten, war Arthritis. Die Weißen brachten Läuse, Geschlechtskrankheiten, Masern, Pocken, Windpocken, Tuberkulose, Polio und Hepatitis in unser Land. Außerdem brachten sie den Whisky, die Schulpflicht, das Christentum, ganz andere Überzeugungen und Werte, neue Gesetze sowie Vergewaltigung, Mord und Völkermord. Diese Veränderungen verursachten für meine Vorfahren und die nachfolgenden Generationen viele Gesundheitsprobleme. Beinahe fünfzig Jahre lang hatte die westliche Gesellschaft obendrein die heiligen Tänze und Zeremonien ganz verboten. Die Menschen sangen kaum noch, und der Gesundheitszustand der Indianer war eine nationale Schande. Unsere Ärzte gingen in den Untergrund und mußten im geheimen arbeiten, um zu überleben.

Die christlichen Missionare setzten die Regierung unter Druck und forderten das Verbot unserer traditionellen Tänze und heiligen Zeremonien. Sie nahmen unseren Stämmen zehn Tonnen Zeremonial- und Behandlungsinsignien weg. Das meiste verbrannten sie, einiges gaben sie an Museen und Universitäten, und das übrige verkauften sie an reiche Weiße im Osten des Landes. Junge Indianerkinder wurden zu den Missionarsschulen und Internaten des BIA geschickt, die Tausende Meilen von unseren Dörfern entfernt lagen. Die Kinder durften ihre Muttersprache nicht sprechen, erlitten harte Strafen, wenn man sie beim Singen traditioneller Lieder ertappte, und man erzog sie in der westlichen Religion und den westlichen Werten.

Gleichzeitig raubten Regierung und Großfirmen den Hauptteil unseres ursprünglichen Territoriums. Die Regierung gab den Hupa-Indianern eine kleine Reservation, die ungefähr ein Sechzehntel der Größe des ursprünglichen Territoriums hatte. Den Nachbarstämmen der Wintun, Wiyot, Tolowa und der Küstenyurok teilte man *rancherias* zu. Die Yurok und Karuk erhielten gar nichts, da sie maßgeblich an den Kämpfen gegen die westlichen Eindringlinge beteiligt gewesen waren. In späteren Jahren bekamen die Yurok von der US-Regierung eine Reservation am Unterlauf des Klamath River. Den Karuk-Indianer wies man nur einige wenige *rancherias* zu. Gleichzeitig schaffte die Regierung den traditionellen Stammesrat ab und ersetzte ihn durch das BIA. Danach erließ der US-Kongreß noch weitere Gesetze wie den Dawes Act von 1887 und den Indian Reorganization Act von 1934, um das »Indianerproblem« in den Griff zu bekommen. Mit diesen neuen Gesetzen nahm man den Indianern ihre Rechte, weiteres Stammesland und natürliche Ressourcen. Die Gesetze dienten auch dazu, die traditionellen heiligen Stätten und Ausbildungsorte indianischer Ärzte und Ärztinnen aus dem Stammesterritorium auszugrenzen und dem amerikanischen Forstamt und Innenministerium zu unterstellen oder in den Besitz von Holzfirmen und anderen zu überführen. Es ist offensichtlich, daß diese Assimilierungszwänge die Indianergemeinschaften und das Stammessystem gehörig aus dem Gleichgewicht brachten. Das führte zu schweren psychischen und physischen Krankheiten, die für meine Vorfahren völlig neu waren. Und diese Veränderungen stellten die wenigen noch praktizierenden indianischen Ärzte vor eine neue Aufgabe.

Man braucht Zeit, um eine neue Krankheit oder ein neues soziales Problem zu untersuchen und zu verstehen. Um neue Heilmethoden zu entwickeln und bisher unbekannte Krankheiten heilen zu können, sind eine spezielle Ausbildung und ein besonderes Wissen erforderlich. Die indianischen Medizinfrauen und Medizinmänner lernen nicht aus Büchern oder durch Forschung. Indianische Ärzte lernen durch Träume, Visionen, Gebete an den Großen Schöpfer und durch ihre persönliche Erfahrung, zu der Schmerz, Leid und Opfer gehören. Wir lernen durch Sterben und Wiederauferstehung. Wir lernen von der spirituellen und der wirklichen Welt. Manchmal gelingt uns das nicht, und wir sterben für immer durch einen Unfall, eine Krankheit oder eine Verletzung.

Bevor sie mit den Weißen in Berührung kamen, behandelten die indianischen Ärzte einfachere Krankheiten wie Arthritis, die durch Hexerei, Geisteswesen, schlechte Geister oder einen Verstoß gegen traditionelles Brauchtum und Recht verursacht wurden. Meine Vorfahren behandelten Schnittwunden, Verstauchungen, Knochenbrüche und Bänderrisse. Sie behandelten auch Spinnen- oder Schlangenbisse, Nahrungsmittelvergiftungen und bestimmte psychische Krankheiten. Indianische Ärzte waren Seher, Wahrsager, Ratgeber, Mystiker, Zeremonienmeister, Heiler und Lehrer. Einige spezialisierten sich auf bestimmte Bereiche wie Psychiatrie und psychische Krankheitsbilder, andere auf physische Verletzungen und Krankheiten.

Indianische Ärzte und Ärztinnen verlangten nie Geld für ihre Dienste. Religion zu verkaufen galt als Verstoß gegen indianisches Brauchtum und Recht, die Naturgesetze und die Anweisungen des Schöpfers. Statt dessen erhielten sie für ihr Wirken Geschenke. Durch solche Gaben wurden die Schamanen und ihre Familien oft wohlhabend, aber sie gaben der Gemeinschaft einen Großteil dieses Reichtums auch wieder zurück. Sie steuerten für die jeweiligen heiligen Tänze, Rituale, Zeremonien und Potlatche des Stammes Insignien, Ressourcen, Nahrungsmittel und Geld bei. Die Medizinfrauen, Medizinmänner, Zeremonienmeister und religiösen Führer stellten ihr Wissen, ihre Kräfte und Fähigkeiten in den Dienst der Gemeinschaft und wurden im Gegenzug mitsamt ihren Familien von den Mitgliedern der Gemeinschaft gut versorgt.

Der Einfluß der Europäer veränderte jedoch Rolle, Verantwortung und Wissen der indianischen Ärzte und Ärztinnen. Sie mußten nun mit neuen Krankheiten und einer viel größeren Anzahl an Krankheitsfällen zurechtkommen. Sie mußten neue Formen psychischer Krankheit behandeln, die ihre Ursache in den Veränderungen und Leiden hatten, mit denen die Menschen konfrontiert waren. Vergewaltigung, sexueller Mißbrauch, Rassenkonflikte, Alkohol, Fabrikunfälle und -verletzungen, Zerbrechen von Familien, Werteverlust, Armut, religiöse Konflikte schufen viele neue Probleme, die von den Schamanen untersucht und behandelt werden mußten.

Die westliche Kultur veränderte auch das natürliche Umfeld der indianischen Ärzte. Das Sammeln der für die Heilbehandlung benötigten Pflanzen und Kräuter gestaltete sich immer schwieriger. Heilige Quellen und heilige Wasserstätten wurden verunreinigt. Traditionelle Gebetsstätten, die der Suche nach spiritueller Führung und Erkenntnis dienten, wurden verändert, von großen Firmen oder der Regierung in Besitz genommen oder zerstört. Die indianische Ärztin konnte nicht mehr mit der Natur in Ruhe und Frieden leben, weil sie von Umweltzerstörung in Form von Holzfällarbeiten, Bergwerken, Bauindustrien und Lärm umgeben war. Sie war gezwungen, sich kulturell anzupassen. Sie mußte ihre traditionelle Plankenhütte gegen ein Haus westlichen Stils eintauschen. Ihre Lebenshaltungskosten stiegen, denn das Haus brauchte Strom und Heizung, sie mußte Kleider westlichen Stils kaufen und tragen, westliches Essen kaufen und essen und in Angelegenheiten wie Hausbau, Reisen, Transport auf Flüssen und Straßen sowie in der Gesundheitspolitik den westlichen Gesetzen gehorchen.

Westliche Geburtspraktiken ersetzten die traditionellen, westliche Gesetze setzten der traditionellen Medizin, dem traditionellen Heilen und sogar den Beerdigungsritualen Grenzen. Die traditionelle indianische Heilkunst verlor zunehmend ihren Status und Wert. Die weißen Ärzte, Krankenschwestern, Krankenhäuser, Kliniken und psychologischen Gesundheitsprogramme übernahmen die Rolle der indianischen Ärzte. Die Menschen gewöhnten sich daran, zuerst den westlichen Arzt und anschließend den indianischen Arzt zu konsultieren. Als ich geboren wurde und heranwuchs, gab es schon fast keine indianischen Ärzte mehr. Unsere traditionelle und heilige Heilkunst steht heute vor einem neuen Zyklus und möglicherweise vor noch schlimmeren Veränderungen.

Ich bin im Mai 1959 in einem Außenabort in der Reservation geboren, als jüngstes von acht Kindern einer nicht intakten Familie. Mein Vater arbeitete täglich viele Stunden als Holzfäller, und meine Mutter führte angesichts von Armut und großen Entbehrungen einen verzweifelten Kampf, um die Kinder allein großzuziehen. Meine Familie war heimgesucht von Krankheiten, Alkohol, Gewalt und seltsamen Todesfällen. Ich hatte nicht das Glück, mit einer traditionellen Zeremonie und Behandlung geboren zu werden. Und ich weiß nun, daß das der Grund für die vielen physischen und psychischen Leiden in meinem Leben ist.

Aber die Ältesten wußten, daß eine Ärztin in die Familie geboren wurde. Sie wußten das aus Vorzeichen, Träumen und einer Prophezeiung. Darum hielt man vor meinem zwölften Mond (bevor ich ein Jahr alt war) eine spezielle Zeremonie ab. Meine Urgroßmütter und Tanten brachten mich zu einer bekannten indianischen Ärztin der Pomo namens Essie Parrish. Sie behandelte mich, sprach Gebete für mich und bereitete meine Seele auf einen bestimmten Weg vor. In späteren Jahren behandelte mich auch meine Tante Nancy Rube in einer Bürstentanz-Zeremonie, und das gab mir wahrscheinlich die Kraft und Fähigkeit, so viele verschiedene Todeserfahrungen mitzumachen. Und noch immer höre und kenne ich einige ihrer Lieder, obwohl ich den beiden Frauen in meinem späteren Leben nie mehr begegnet bin. Ich denke, daß sie beide irgendwie in der Lage waren, einen Teil ihrer Kräfte und ihres Wissens auf psychischem Wege an mich weiterzugeben, denn wenn ich heute Menschen behandle, stehen mir ihre Geister, die ich sehen und hören und mit denen ich arbeiten kann, bei, und sie haben ihren festen Platz als meine Zeremonienhelfer.

1
Uralte Pfade:
Spirituelle Berufung

Zehn Tage Fasten, Schwitzen und Tanzen in der Schwitzhütte, danach eine lange Wanderung bergauf in das heilige Hochland bei dauerndem Beten können einen Menschen entscheidend voranbringen oder ihn zerbrechen. Es ist eine gewaltige Strapaze; sie zwang mich an die Grenzen meiner Kräfte. Die Sonne wurde immer heißer, die Pfade schienen immer steiler zu werden, und die zunehmende Höhe machte mich ganz taumelig. In einer solchen Situation hat man leicht das Gefühl, nicht mehr ganz bei Sinnen zu sein, und ich dachte schon, ich sei wirklich verrückt. Wer würde schließlich heutzutage so etwas auf sich nehmen, wenn er noch alle Sinne beisammen hat?

Während ich mich den alten Indianerpfad hinaufmühte, konnte ich nicht umhin, mir insgeheim zu wünschen, nun daheim in einem klimatisierten Zimmer zu sitzen, ein kaltes Cola zu trinken, an einem Stück Räucherlachs zu kauen und mir im Fernsehen eine Seifenoper anzusehen. Meine Kopfschmerzen wurden immer schlimmer. Das Pochen in meinem Kopf und Körper wurde unerträglich, und ich versuchte mich abzulenken, um keinen innerlichen Zwist aufkommen zu lassen. Ich konnte das frische, klare Wasser in den nahen Flüssen und Quellen riechen, durfte aber dem Durstgefühl nicht nachgeben. Ich hatte schon ganz offene Lippen, und durch die Hitze und fehlende Feuchtigkeit hatten sich Bläschen gebildet – oh, wie ich mich nach Wasser sehnte! Ich schaute auf die Wegbiegung vor mir und hoffte, dort eine schattige Stelle, einen Rastplatz zu erkennen, wo ich mich wieder ganz fangen könnte, denn ich hatte das Gefühl, im nächsten Moment ohnmächtig zu werden. Meine Muskeln und Knochen taten so weh, daß ich anfing zu weinen, und meine Füße waren voller Blasen. »Nur noch ein Tag zu wandern«, sagte ich mir immer wieder. Ich mußte die Kraft zum Weitergehen finden.

»Ja wirklich, ich muß verrückt sein«, rief ich meinem Mann zu, der schon weiter vorne war. »Meine Schwestern und die anderen Frauen unseres Stammes machen das heutzutage nicht mehr. Sie sind vernünftiger als ich. Sicher sitzen sie gerade in einer hübschen, gemütlichen, klimatisierten Bar und sehen sich die Seifenopern im Fernsehen an oder spielen Poolbillard und lachen über mich. Ein eiskaltes Bier, eine Cola oder auch Wasser wären nun großartig! Kein Wunder, daß sie sich bei uns nicht mehr sehen lassen und uns besuchen. Meine Familie hält uns beide für etwas seltsam!« In diesem Moment bemerkte ich, daß er stehenblieb und mir ein Zeichen gab, zu ihm zu kommen.

Ich konnte gerade noch den Rucksack herunterziehen und mich auf die kleine Wiese fallen lassen. »Mein Gott, ist das ein gutes Gefühl«, dachte ich bei mir. Das frische grüne Gras und die Blumen waren feucht vom nahen Bach.

Ich kroch zu dem kleinen Rinnsal hinab, machte die Hände hohl und sagte ein Gebet, in dem ich um Erlaubnis bat, mit dem Geist des Wassers Kontakt aufzunehmen. Dann beugte ich mich hinunter und bespritzte meinen Nacken, meinen Kopf und meine Arme mit kaltem Wasser. Aber trinken durfte ich von dem Wasser nicht, auch wenn ich es noch so sehr wollte oder brauchte. Ich mußte stark sein und der Versuchung widerstehen, sonst würde meine Heilkraft zerstört. Während der spirituellen Ausbildung Wasser zu trinken, ist ein Verstoß. Es würde nicht nur meine Medizinsuche zerstören, sondern die Kräfte könnten sich auch negativ auf mich auswirken. Das alles, das Leiden und Opferbringen, gehört zur Ausbildung als Ärztin. Es gehört zur Disziplin eines Menschen und zwingt ihn, sich genaue Gedanken zu machen.

Und ich machte mir Gedanken. Ich dachte an das Wasser, an seine Kraft, Schönheit, Nässe, seine Fähigkeit zu reinigen und seine Stärke. Ich dachte an seine Heilkräfte und daß wir ohne Wasser nicht leben können. Und ich dachte auch, daß wir das Wasser eigentlich immer für selbstverständlich halten. Wir denken alle, daß es Wasser für immer und ewig geben wird. Wir denken, wir werden es immer vorfinden, wenn wir an den Wasserhahn oder die Dusche gehen oder die Toilette spülen. Wir verwenden es für alles in unserem Leben, wir können ohne Wasser nicht sein, und trotzdem vergeuden wir es.

Ungefähr zehn Meter vor mir stand mein Mann und beobachtete mich, um sicherzugehen, daß ich nicht schummelte. Oh, er ist streng. Ich denke, er ist wahrscheinlich noch schlimmer als die Indianer früherer Zeiten. Er ist schlimmer als ein Ausbilder beim Militär. »Du machst das prima, Tela«, rief er. »Laß dir etwas Zeit, und ruh dich ein Weilchen aus. Du kannst ein paar Schluck Eichelsuppe trinken, aber kein Wasser, auch wenn du dich schlecht fühlst. Du darfst der Versuchung nicht nachgeben,« warnte er mich. Ich hätte ihn am liebsten wüst beschimpft, ich war so müde und sauer. Er schien in meinem Kopf lesen zu können, denn er sagte: »Und paß hier oben auf deine Gedanken auf, denn die Geister der Ahnen sind überall. Das ist heiliges Land«, rügte er.

Es war bereits der siebte Tag meiner ärztlichen Ausbildung, und in nur drei Tagen würde meine Medizinsuche zu Ende sein. Mir ist noch immer schleierhaft, wie ich den weiten Weg bis dorthin geschafft hatte. Als ich hochschaute, war mir, als würden die Berge immer höher. *Doctor Rock* war noch weiter weg, als ich gedacht hatte.

Der traditionelle Pfad für diese Art der Ausbildung begann am Klamath River in Blue Creek. Aber wir konnten diesen Weg in die Berge nicht nehmen, weil es dort zu viele Holzfällarbeiten, Geräte und Holzarbeiter gab. Die Ältesten hielten es für das beste, die heiligen Stätten über einen anderen Weg zu erreichen. Sie sagten, im Gebiet der Golden Stairs (so nennt unser Stamm die dem Berg Doctor Rock vorgelagerte Gegend) tummelten sich zu viele Holzfäller, Beschäftigte des Forstamts und Anthropologen. Darum rieten sie uns, anstatt vom Klamath River-Gebiet der Yurok-Indianer aus zu starten, von Gasquet aus in das Gebiet vorzudringen und dabei einen Pfad am Smith River im Territorium der Tolowa-Indianer zu benutzen, der den Zugang ermöglichte. Dieser Weg ist länger, schwieriger und möglicherweise auch gefährlicher, denn der alte Pfad ist zum Teil ausgewaschen, von früheren Holzfällarbeiten ruiniert und von Gras überwuchert, weil er kaum noch begangen wird. Die Tolowa-Indianer benutzen den Pfad seit mehr als fünfundsiebzig Jahren nicht mehr, weil die meisten von ihnen Christen oder Shaker geworden sind. Ich vermute, daß der alte Sam Lopez der letzte war, der diesen Pfad benutzt hat, und der ist schon seit einigen Jahren tot. Wir führten nur eine alte Karte des Forstamts, einen Kompaß, Wanderstäbe, Schlafsäcke, unsere Medizin und Pfeifen, ein kleines Beil, ein Messer, eine Taschenlampe, etwas getrockneten Lachs, Eichelmehl und sehr viel naiven Mut mit uns. Mein Mann war diesen Pfad schon einmal bei seiner Ausbildung gegangen, aber ich hatte nicht die leiseste Ahnung, wohin der Weg führte, und war ängstlich.

Man kann sich leicht in der Wildnis verirren oder an den Felsen abrutschen, wenn die Wege in schlechtem Zustand sind. Manchmal konnte man die ausgewaschenen Wegstellen nicht mehr umgehen, und wir mußten uns einen Weg durch weite Strecken von dichtem Manzanitagebüsch bahnen. Wir mußten uns durchkämpfen, und die Büsche zerschnitten und zerschlitzten uns Kleider und Haut. Blütenstaub und Spinnweben brannten uns in den Augen, blockierten unsere Nasen und machten das Atmen schwer. Und immer bestand die Gefahr, auf Klapperschlangen zu treffen, die im Unterholz Jagd auf Vögel machten. Diese Medizinsuche lehrte mich Genügsamkeit und den Umgang mit Frustration, Furcht und Qual.

Die Tatsache, daß dieses traditionelle Land dem amerikanischen Forstamt gehörte, erschwerte es uns, alles im Sinne der indianischen Tradition richtig zu machen. Anstatt Stolz über mein Tun zu empfinden, fühlte ich mich wie ein Krimineller, der umherschlich, sich vor einer möglichen Bestrafung durch die westliche Gesellschaft versteckte und dabei versuchte, dem eigenen Glauben zu gehorchen. Es ist kein Wunder, daß es heute fast keine indianischen Ärzte mehr gibt. Unter diesen Umständen wird man leicht zu einer bedrohten Spezies.

Diese Gedanken gingen mir durch den Kopf, während ich am Flußufer rastete. Der Schatten und das kalte Wasser machten mich wieder etwas ruhiger und munterer. Die Versuchung, kaltes, spürbar nasses Wasser zu trinken, wich immer mehr, je mehr sich mein Körper erholte. Nun war ein günstiger Zeitpunkt, um die heilige Pfeife hervorzuholen und zu rauchen und den Großen Schöpfer und meine Ahnen um Kraft zur Fortsetzung der Wanderung zu bitten. Meine Gedanken kreisten nun nicht mehr um Wasser, sondern um das Gebet. Ich vernahm das Klopfen eines Spechtes an einem nahen Baum, während ich meine Pfeife stopfte. Das war ein gutes Zeichen und gab mir Mut. Ich verbrannte etwas Engelwurz als Gabe für den heiligen Vogel dort oben. Ein kleiner Windhauch trug den Weihrauch zu dem Baum, auf dem der Specht mit seinem großen, roten Kopf saß und mich aufmerksam beobachtete. Der Schopfspecht und andere Spechtarten sind meinem Volk heilig. Dieser Vogel symbolisiert Wohlstand, Heilkraft und Spiritualität. Meine Urgroßmutter erhielt ihre Heilkraft von den Spechten, darum hatte ich das Gefühl, daß eine meiner Ahnen mir auf diesem Pfad Gesellschaft leistete. Ich zündete die Pfeife an und brachte sie dem Großen Schöpfer, den heiligen Bergen und allen Geistern und Verwandten in der Natur dar. Ich betete um Kraft, Orientierung und Schutz bei meiner Medizinsuche. Ich versank in Meditation und hörte dabei meine Ahnen die Lieder des Stoßtanzes singen, die wir in der Yurok-Sprache als *remopho* bezeichnen.

Auf dem Weg waren viele Geister um uns, und weitere Vögel gesellten sich aus allen Richtungen hinzu: der Wiesensterling, die Meise, der Rotkehlhüttensänger, der Zaunkönig, das Rotkehlchen, der Goldspecht und sogar der mächtige Rabe. Weit unter uns konnte ich den Schrei eines Goldadlerweibchens vernehmen, das über dem Fluß kreiste und womöglich auf der Jagd nach Lachs war. Das alles waren gute Vorzeichen.

Nach dem Stand der Sonne zu urteilen, war es nun ungefähr vier Uhr nachmittags, und wir hatten vor, noch vor Sonnenuntergang bis zum Summit Valley am Fuße des Summit Mountain zu gelangen. Also nahm ich meinen Rucksack und meinen Wanderstab und bewegte mich mühsam auf meinen Mann zu, der gebetet hatte und nun geduldig auf mich wartete. Ich war damals jung, ungefähr zwanzig Jahre alt, aber wie kaputt fühlte ich mich! Ich schämte mich, vor allem wenn ich dachte, wie stark und kräftig meine Vorfahren gewesen sein mußten. Sie waren immer zu Fuß unterwegs, wanderten, schwammen und rannten. Sie hielten sich immer im Freien auf, waren immer am Arbeiten oder mit anderen Aktivitäten beschäftigt. Verglichen mit unseren Vorfahren sind viele von uns heutigen Indianern verwöhnt und faul, körperlich nicht fit und in schlechter gesundheitlicher Verfassung. Wir ernähren uns falsch, trinken zuviel Limonade und Bier, fahren immer mit dem Auto, verbringen die meiste Zeit in Häusern und unternehmen kaum etwas im Freien. Das Leben in der Reservation läßt den einzelnen gerade mal als Indianer überleben und nicht mehr, zieht er aber in die Stadt, vernichtet das städtische Leben die indianischen Werte und die indianische Lebensweise vollends. Ich fühlte, wie die moderne Lebensführung sich an mir rächte, aber ganz instinktiv und mit der Entschlossenheit eines Wolfes zwang ich mich in Richtung des Berges.

Der traditionelle Pfad führte über einen Grat in das Summit Valley hinunter. Das Tal war schön und unberührt, als stände die Zeit an diesem abgelegenen und mysteriösen Ort still. Ein kleiner Bach floß mitten durch die Wiese und spendete Hunderten von Blumen in den verschiedensten Farben, wildwachsenden

Zwiebeln und saftigem grünem Gras Lebensenergie. Die Wiese war von einem alten Wald umgeben; seine Bäume waren wegen der Höhenlage von niedrigem Wuchs. Tauben gurrten, Eichhörnchen und Backenhörnchen schwätzten, Schmetterlinge tanzten und der Gipfelschatten kühlte die Wiese zunehmend ab, während die Sonne ihren Weg gen Westen fortsetzte. Links von uns befand sich ein altes Lager, Bretter und Nägel hingen an den Bäumen, und verrostete Büchsen und alte Flaschen lagen herum, die Jäger oder Forstamtvermesser zurückgelassen hatten. Das Camp schien seit vielleicht dreißig Jahren nicht mehr benutzt worden zu sein. Neben dem Lager befand sich eine ca. zwei Meter breite und einen Meter tiefe Quelle. Sie hatte gerade die richtige Größe, um meinen erhitzten, müden und schmerzenden Körper darin zu baden. Mein Mann wollte in der Mitte der Wiese ein Lagerfeuer errichten, und während er Steine und Holz sammelte, gedachte ich, mein Bad zu nehmen. Ich wollte mir diese gute Gelegenheit nicht entgehen lassen, und außerdem brauchte mein Mann meine Hilfe nicht, um ein kleines Lagerfeuer zu entfachen. Plötzlich hangelte sich eine riesige grauschwarze Spinne über das Wasserloch. Auf Höhe meiner Augen hielt sie inne und begann zu tanzen, als ob sie absichtlich meine Aufmerksamkeit auf sich lenken wollte, während ich damit beschäftigt war, so schnell wie möglich meine Wanderstiefel auszuziehen. Schließlich verstand ich, daß die Spinne mir eine Botschaft und eine Mahnung überbrachte.

Calvin Rube, indianischer Arzt der Yurok und einer der wichtigsten Mentoren meines Mannes, und andere Stammesälteste hatten uns gebeten, im Hochland vorsichtig zu sein. Sie sagten, es wimmele dort von Geistern, guten wie auch bösen. Von Calvin Rube hatten wir gelernt, wie man betet, wie man für alles um Erlaubnis bittet, und nach welchen Zeichen wir Ausschau halten sollten. Viele der kleinen Quellen, Bäche und Gebirgsseen sind voller unterschiedlicher Geister und werden für unterschiedliche Ausbildungen verwendet. Ein Anfänger muß genau über Mythologie, Legenden, Gebetsformeln und die Geschichte der heiligen Stätten Bescheid wissen, sonst könnte es ihm schlecht ergehen. Menschen können dabei wirklich zu Schaden kommen.

Calvin erzählte uns als Beispiel die Geschichte seines Nachbarn Harry Roberts. Wie es hieß, gehörte Harry zu den ersten gebildeten Yurok-Indianern; er erwarb einen akademischen Grad in Biologie. Harry war Mischling, hatte aber viel Zeit mit den Ältesten zugebracht, sie im Haushalt unterstützt und sie gelegentlich mit in die Stadt genommen. Er hatte sich einiges Wissen über die Religion und Ausbildung angeeignet, stammte aber selbst nicht aus einer zeremoniellen Familie. Er verließ die Reservation, zog in das Gebiet an der Bucht von San Francisco und arbeitete als Lehrer. Offenbar brachte er eine Gruppe von Studenten und Anthropologen in das heilige Hochland. Sie sammelten Pflanzen und Kräuter, zelteten und erzählten sich Geschichten. Das Ganze war im wesentlichen ein Erholungsausflug und keine disziplinierte spirituelle Suche.

Danach wurden alle Gruppenmitglieder vom Unglück heimgesucht. Krankheiten, Unfälle und Todesfälle von Angehörigen traten auf. Calvin Rube sagte: »Die Geister und die Ahnen waren nicht einverstanden, daß Harry und seine Gruppe die heiligen Stätten unbefugt betraten, darum sandten sie ihm zuerst eine Warnung und dann die Strafe. Ich weiß das, denn er kam zu mir zur Behandlung. Das letzte, was ich von ihm hörte, war, daß er krank war und sich in ein Kloster, ich glaube, es heißt Wind Bell, zurückzog, und dort schließlich starb. Nun soll er uns wenigstens als Beispiel dienen und euch Jüngeren eine Lektion erteilen!«

Mit dieser Geschichte im Hinterkopf sprach ich mit allem, was um mich war: mit den Pflanzen, Kräutern, Bäumen, Insekten, Tieren, Vögeln, Wolken, Felsen, Fischen und mit dem Wasserloch, das voller Salamander war. Vor allem die Salamander (wir nennen sie auch Wasserhunde) beunruhigten mich, denn sie besitzen besondere Kräfte. Sie sind Geister, die eine körperliche Form angenommen haben. Nachdem ich gebetet hatte, ließ ich mich vorsichtig in die kalte Quelle hineingleiten, und herrje, war das kalt! Es war so kalt, daß ich es nicht länger als ein paar Minuten im Wasser aushielt. Ich hatte eine Gänsehaut am ganzen Körper, und ein Mückenschwarm versuchte, mich bei lebendigem Leibe zu fressen.

Als ich dann langsam wieder trocknete, ging ein Schwarm Blauhäher auf mich los. Es war schrecklich. Wie im Film *Die Vögel* von Alfred Hitchcock. Ich konnte nicht glauben, was da mit mir geschah und schrie los. Sie waren überall. Mein Mann rief mir etwas zu und kam angerannt, um mir zu helfen. »Ich hab' dir doch gesagt, du sollst Geduld haben und dich nicht mir nichts, dir nichts in alles hineinstürzen. Jetzt sieh, was du angestellt hast«, sagte er. »Schnell! Komm ans Lagerfeuer, dann kann ich dich mit Tannenzweigen beräuchern.«

Ich war zu Tode erschrocken. Die Blauhäher schwätzten weiter, machten Tauchflüge und flogen um mich herum, während ich versuchte, meine Augen zu schützen und sie abzuwehren. Das muß wirklich ein Anblick gewesen sein: eine verrückt gewordene Frau, die wie eine Irre schreiend nackt über eine Wiese läuft, und dabei von über vierzig Vögeln attackiert wird! Es war schrecklich. Schließlich packte mich mein Mann, sang ein Schutzlied und warf mich in die Rauchschwaden des Feuers. Ich roch den süßlichen Duft der Douglastannenzweige, von Engelwurz und Tabak, aber plötzlich mußte ich husten und würgen, und ich hatte das Gefühl, zu ersticken. Um mich herum war Rauch, und ich konnte weder sehen noch atmen. Schließlich geriet ich in Panik, als die Flammen des Feuers durch die Baumzweige bis zu mir hochzüngelten, als wollten sie mich packen und mit hinabziehen. Mein Mann sagte, ich solle Ruhe bewahren, Vertrauen haben und, während er singe, beten. Ich muß ohnmächtig geworden sein, denn als ich wieder zu mir kam, lag ich auf dem Boden und sah einen Rotschwanzbussard, der über

mir kreiste und schrie. Der Rauch und auch alle Blauhäher
waren verschwunden. Mein Mann saß neben dem kleinen Feuer, rauchte seine Pfeife und betete, während die Sonne langsam
hinter dem Gipfel verschwand. Einige seltsame Wolken zogen
sich wie absichtlich über uns zusammen, und ich begann zu frösteln. Es wurde kühler. Meine Augen brannten noch immer und
tränten, aber ich sah genug, um aufzustehen und mich anzuzie-
hen. Ich bemerkte, daß die Mücken mich nun nicht mehr belästigten, und mit heiserer Stimme fragte ich, was mit mir los
gewesen sei.

Bobby lachte: »Nun, das war deine erste wirkliche Begegnung
mit den Kräften. Ich sagte doch, du solltest aufpassen und geduldig und vorsichtig sein. Einige der Wasserlöcher und Felsforma-
tionen hier können gefährlich sein, weil verschiedene Geister in
ihnen wohnen. Ich dachte eigentlich, du könntest hier mitten in
der Wiese ein Bad nehmen. Du weißt ja, alles, was in der Mitte
ist, ist *wogi*, d. h. im Gleichgewicht. Bist du von einem der Wasserhunde in der Quelle gebissen worden, oder haben die Blauhäher dich zerkratzt?«

»Nein«, sagte ich von oben herab. »Warum?«

»Dann nämlich können ihre Kräfte in deinen Körper und deine Seele eindringen. Wenn du diese Kräfte haben willst, kannst
du dort hinüber gehen und dich umschauen, wahrscheinlich
haben sie dir viele schöne blaue Federn als Geschenk hinterlassen«, sagte er. »Du bist doch hier wegen deiner Arztausbildung
und um Kräfte zu bekommen, oder?«

Ich saß eine Zeitlang da und schaute zum Waldrand und zum
Wasserloch hinüber. Es war mucksmäuschenstill. Nichts
bewegte sich und die Sonne war untergegangen. »Nein danke«,
sagte ich, »ich weiß alles über Blauhäherärzte, und derartige
Kräfte will ich nicht.« Viele lassen sich verleiten und werden zu
Blauhäherärzten, weil sie die Blauhäherfedern für schön und
magisch und beinahe unwiderstehlich halten, aber ich wußte es
besser.

»Grandma hat mir die Geschichte vom Blauhäher und dem Backenhörnchen erzählt«, sagte ich. Dieser Mythos gehört zu unserer kulturellen und religiösen Erziehung und lehrt uns, daß der Blauhäher eine zerstörerische Kraft hat, während die Kräfte des Goldspechts und des Kolibri heilend sind. Und das ist die Geschichte:

Vor sehr langer Zeit lebte die Blauhäherin im Walde nahe am Fluß und hatte Spaß daran, umherzufliegen und zu schwatzen. Sie war eine schöne Frau, die ein ganz ausgefallenes blaues Kleid in der Farbe des Himmels trug und sich darum größerer Beliebtheit und Bedeutung erfreute als die anderen Kreaturen. Aber sie war auch faul und hinterhältig. Sie hatte keine Lust, sich selbst abzumühen, und fand immer einen bequemen Weg, um an etwas Eßbares zu kommen, auch wenn sie dafür lügen und stehlen mußte.

Eines Tages bemerkte sie, wie das Backenhörnchen-Männchen umherlief und Eicheln sammelte. Es war immer in Eile und kein Freund langer Unterhaltungen. Die Blauhäherin versuchte mit ihm ins Gespräch zu kommen, aber es schimpfte nur: »Ich habe keine Zeit, all deinem Geschwätz über andere zuzuhören. Siehst du nicht, daß der Herbst und der Winter diesmal früh kommen werden? Du solltest deine Zeit lieber vernünftig verbringen und Nahrung und Vorräte sammeln so wie ich. Schau, wie viele Eicheln ich schon beisammen habe.«

Das hätte das Backenhörnchen besser nicht tun sollen. Es hätte der Blauhäherin nicht all seine Vorräte zeigen sollen, denn sie begann sofort einen Plan auszuhecken, wie sie etwas davon bekommen könnte. Während das Backenhörnchen arbeitete, sang und tanzte sie umher. Sie sagte: »Wenn du so schwer und schnell arbeitest, kannst du dich leicht verletzen, also gib acht.« Dann flog sie davon und ließ sich nicht mehr blicken.

Ungefähr eine Woche später kehrte sie aus den Berghöhen zurück. Sie flog zum Eichenwald hinab und spähte umher. Wie erwartet, fand sie das Backenhörnchen schwer am Schuften, während schon überall die Blätter von den Bäumen fielen und ihm die Eichelsuche erschwerten. Plötzlich brach das Backenhörnchen vor Schmerzen zusammen. Es war ernsthaft krank und begann zu schreien. Alle kamen, um die Ursache des Lärms zu erkunden und fanden das Backenhörnchen, das unter Tränen flehte: »Helft mir, meine Freunde, holt einen Arzt!« Da hüpfte die Blauhäherin hervor und begann, um das Backenhörnchen herumzutanzen und dabei ihre schönen blauen Federn zu zeigen. »Ich werde dir helfen, mein Freund. Ich bin Ärztin. Siehst du all meine schönen Farben, die ganz dem Himmel gleichen, in dem der Schöpfer wohnt? Aber du wirst mir als Gegenleistung viele Eicheln geben müssen.«

Während sie tanzte, beugte sie sich über das Backenhörnchen und zog den Wurm heraus, den sie in seinen Leib hineingejagt hatte. Sie war so schnell, daß niemand ihr zauberisches Tun sehen konnte. Die schönen blauen Federn lenkten alle ab, so daß sie die Wirklichkeit nicht wahrnahmen. Danach fühlte sich das Backenhörnchen wieder besser, und es war froh und zufrieden.

Einige Wochen vergingen, und die Blauhäherin verspeiste all ihre Eicheln. Der Wald wurde öde und das Wetter kälter. Draußen war kaum jemand unterwegs, und die Nahrung war knapp. Da erinnerte sich die Blauhäherin, daß das Backenhörnchen in seinem alten Baum viele Eicheln versteckt hatte. Die Blauhäherin beschloß, nach ihm zu sehen. Wie immer war das Backenhörnchen schwer am Schuften und sammelte Vorräte für den Winter. Es bemerkte nicht, daß die Blauhäherin hinter ihm war. Plötzlich fiel es auf den Boden, schrie voller Schmerzen auf und wand sich vor Qualen hin und her. »Helft mir, helft mir«, schrie es. »Ich weiß, diesmal sterbe ich. Holt die Blauhäherin und sagt ihr, daß ich ihr alles gebe, wenn sie mich heilt.« Das Rotkehlchen flog also zu ihr, und die Blauhäherin kehrte auch mit ihm zurück, tat aber so, als ob sie nicht hätte kommen wollen. Das

Backenhörnchen bat sie inständig um Hilfe, und die Blauhäherin sagte: »Diesmal steht es wirklich schlimm um dich. Ich weiß nicht, ob ich dir helfen kann. Es sieht so aus, als ob du im Sterben liegst, darum mußt du mir diesmal all deine Eicheln geben.«

Das Backenhörnchen antwortete gequält: »Aber wenn ich dir all meine Eicheln gebe, habe ich nichts, um über den Winter zu kommen, und werde vielleicht Hungers sterben.«

»Das liegt ganz bei dir«, rief die Blauhäherin überheblich, »leb oder stirb!« Und während sie sang, ging es ihm immer schlechter, bis es schließlich sagte: »Gut, dann nimm sie alle, aber bitte, rette wenigstens mein Leben.« Die Blauhäherin begann erneut, zu singen und um das Backenhörnchen herum zu tanzen, bewegte ihre schönen Federn mal hierin, mal dorthin, und mit ihren dünnen Beinen vollführte sie schnelle Tanzschritte. Nach kurzer Zeit ging sie davon. Sie war so sehr damit beschäftigt, all die Eicheln aufzusammeln und zu verstecken, daß sie vergaß, das Backenhörnchen von dem Gift zu befreien. Das Backenhörnchen fühlte sich zunächst besser, und für kurze Zeit schien es ihm gut zu gehen, aber wenig später nahmen die Bauchschmerzen wieder überhand, es fiel wieder zu Boden und krümmte sich vor Schmerz. Es rief um Hilfe, aber niemand kam. In einiger Entfernung und versteckt hinter einem pilzüberwucherten Baumast saß die Blauhäherin und lachte.

Da kamen der Goldspecht und der Kolibri des Weges. Der Kolibri war gerade auf dem Weg nach Süden, um dort zu überwintern. Beide sahen, daß das Backenhörnchen dem Tode nahe war, und sie hatten Mitleid mit ihm. Sie fragten: »Brauchst du Hilfe, kleiner Bruder?«

Das Backenhörnchen weinte: »Ja, aber ich habe nichts mehr, womit ich euch bezahlen kann.«

»Das ist schon recht«, antworteten sie, und sie sangen und tanzten über ihm. Der Kolibri saugte den Wurm und das Gift aus seinem Körper. Der Goldspecht benutzte die Feuerkraft seiner roten Federn, um das Fieber wegzubrennen und das Backenhörnchen zu schützen. Während beide tanzten und mit ihren Federn die Schmerzen und das ganze Gift herauszogen, sagte der Goldspecht: »Das ist das Werk der Blauhäherin. Die Blauhäherin hat dir das angetan. Sie hat dich mit ihrem Gift krank gemacht.«

Dann warfen sie den Wurm, das Gift und die Krankheit ganz hoch in die Luft und fort von dem Kranken. Ein eigenartiger Wind hob an, ergriff die Krankheit und ihre Verursacher und jagte sie in den Körper der Blauhäherin. Krank und verletzt brach sie zusammen. Sie wurde so verrückt, daß sie sich die Vagina herausriß und auf den Kopf setzte. Und so ist sie bis heute geblieben.

»Ja, ich erinnere mich an diese Geschichte«, sagte mein Mann und lachte. »Das ist eine gute Lehre. Wie ich annehme, hast du also beschlossen, anstelle jener schönen Blauhäherfedern die Goldspechtfedern, die du auf dem Weg gefunden hast, zu behalten, hm?«

»Woher weißt du das?« Ich war verblüfft. Ich hatte ihm von den Federn nichts gesagt. Und ich hatte auch nicht gedacht, daß er sie am Wegrand hatte liegen sehen, denn sonst hätte er sie wohl aufgehoben. Aber vielleicht auch nicht. Wenn man ihn ansah, konnte man meinen, die Wanderung sei in keiner Weise beschwerlich. Er ist wie ein Grizzlybär, der sich in dieser Landschaft ganz zu Hause fühlt. Es ist unglaublich, wie anmutig, schnell und beinahe mühelos er den steilen Pfad hochsteigt, während ich mich abmühe, um ihm folgen zu können. Und immer habe ich den Staub im Mund, den er vor mir aufwirbelt. »Woher weißt du das?« wiederholte ich mit Nachdruck.

»Das weiß ich vom Goldspecht. Die Federn gehören zu deiner Prüfung und zu deiner Belohnung. Sie standen nicht mir zu, aber es stimmt, daß ich sie wahrnahm und dort liegen sah.«

Bobby legte noch einige Holzscheite auf das Feuer, damit wir etwas Licht hatten. Es war dunkel, und über der Wiese bildete sich Nebel. Bobby untersuchte mich nach möglichen Vogel- und Salamanderbissen, zerkaute etwas Engelwurz, spuckte sie in die Hände und rieb mir Kopf, Gesicht und Bauch damit ein. Bei sich tat er das gleiche. Dann bereitete er Engelwurztee zu, und wir aßen etwas Eichelsuppe. Das mußte uns als Nahrung ausreichen. Danach meinte er, wir sollten unsere Pfeifen rauchen und beten, um uns auf die kommenden Herausforderungen und Prüfungen vorzubereiten. Bis auf das Knistern des Feuers herrschte Totenstille.

***

Ich war ängstlich und nervös, fühlte mich andererseits aber an der Seite meines Mannes zuversichtlich und sicher. Er war viele Jahre lang in dieser Gegend ausgebildet worden, und er kannte all die alten Pfade und mystischen Orte und wußte, wie man in der Wildnis überlebt. Sein Wissen hatte er von den Ältesten, durch praktische Erfahrung und auf schwierigste Art und Weise erworben. Bevor ich ihn kennenlernte und heiratete, wäre er in dem Gebiet hier einmal beinahe zu Tode gekommen.

Es hieß, er habe sich verirrt, und niemand konnte ihn finden. Ich erinnere mich noch an die Nachrichten und das Interesse des Fernsehsenders KVIQ in Eureka. Wochenlang waren Suchtrupps, Sheriff-Aufgebote, Freiwillige und jeder einzelne auf der Suche nach ihm. Schließlich mußten sie die Suche einstellen und annehmen, daß er sich verirrt habe und im Hochland gestorben sei. Zu der Zeit machte er gerade seine Ausbildung bei Charlie Red Hawk Thom. Charlie Thom ist sein Vater, aber außer ihnen wußte das keiner. Das war ein Familiengeheimnis und galt als peinlich. Jedenfalls tauchte er eines Tages wieder neben dem Fluß in der Nähe der Zeremonialhütte auf. Zuletzt hatte man ihn in der Nähe von Chimney Rock gesehen, einem Ort, der über 60 Meilen entfernt war. Er hatte sich hart durch-

schlagen müssen und kurz vor Wintereinbruch wieder zurück-
gefunden; er war ausgehungert, erschöpft und halb durchge-
dreht.

Er wollte nicht ins Krankenhaus und duldete nur die Ältesten
in seiner Nähe. Sie behandelten ihn nach indianischer Art und
behielten ihn in der Schwitzhütte, wo sie Stoßtanzlieder sangen.
Das gab ihm sehr starke Kräfte und tiefes Wissen über die
Gegend. In den folgenden Jahren wurden er von den Kräften
immer wieder angehalten, zurückzukommen und seine Ausbildung und seine Erfahrungen zu vertiefen.

Ich denke, ich hatte Glück, daß mein Mann mir während
einer meiner ersten Medizinsuchen und in meinen frühen Lehr-
jahren zur Seite stand. Obwohl die Medizinsuche schwierig und
schmerzvoll war, war mir Bobby ein gutes Vorbild. Er war
streng, sehr diszipliniert und knallhart, aber er war auch geduldig, in guter körperlicher und geistiger Verfassung und für diese
Aufgabe bestens vorbereitet. Er gönnte sich zwar gelegentlich
eine Pfeife, lief aber fast täglich sechs Meilen, machte Gewich-
tetraining, war vorsichtig mit dem Essen und verbrachte viel
Zeit im Freien. Er war ständig beim Fischfang, bei der Jagd,
beim Holzhacken, beim Sammeln von Kräutern und Pflanzen
und beim Wandern oder betete gemeinsam mit den Ältesten
draußen in der Natur.

Seine Stelle als Professor am College war für uns beide sehr
vorteilhaft. Die Arbeit ließ ihm zwischen den Unterrichtsstun-
den, an Wochenenden und während der Quartalsferien viel
Freizeit, und er hatte den ganzen Sommer über frei. Darum
konnten wir uns ungestört kulturellen und religiösen Angelegenheiten widmen. Auch brachten wir viel Zeit damit zu, den
Ältesten zu helfen, wenn sie jemanden brauchten, der Holz
hackte, Häuser reparierte, Hausarbeiten erledigte und ihnen bei
der Vorbereitung von Zeremonien oder bei Behandlungen half.
Ich liebte meinen Mann und war stolz auf ihn. Er war etwas
Besonderes, stark, attraktiv und ein sehr spiritueller Mensch,

aber er war auch bescheiden und sanft, wenigstens meistens. Er war wie ein Grizzlybär und fühlte sich in den Bergen zu Hause, er war Teil der Wildnis, und sie wiederum war ein physischer und spiritueller Teil von ihm. Wahrscheinlich kannte er das heilige Hochland besser als die meisten der Ältesten oder sogar als die Aufseher des Forstamtes. Er kannte jede heilige Stätte, jeden Pfad, sämtliche Tier-, Vogel-, Schlangen-, Insekten-, Pflanzen- und Tierarten. Und er hatte eine gründliche Ausbildung über die verschiedenen Kräfte, die diesen Kreaturen innewohnten. Aber in dieser Hinsicht war Bobby sehr verschwiegen. Kaum jemand wußte, wer und was er wirklich war. Alle dachten nur, er sei Dozent, ein netter Kerl und Aktivist, der sich für die Angelegenheiten der Indianer engagierte. Sie wußten nicht, daß er jahrelang eine Ausbildung machte, um Heiler und Zeremonienmeister zu werden. Er besaß starke Kräfte des Bären, des Raben, des Kolibris, des Fleckenadlers, des Wolfes, von Blitz und Donner, von der Milchschlange und der Schildkröte, aber nie versuchte er, mit seinen Fähigkeiten oder seinem Wissen Eindruck zu schinden. Er überraschte sogar mich manchmal, wie im Falle der Goldspechtfedern, über die er bereits im voraus wußte, oder wenn er einige meiner spirituellen Träume kannte, bevor ich die Gelegenheit hatte, ihm darüber zu berichten. Er hatte viele Träume und Visionen und praktizierte immer in der heiligen Schwitzhütte, und ich wußte intuitiv, daß die Zukunft ihm noch viele weitere Ausbildungsjahre und womöglich noch viele weitere Kräftegaben bringen würde. Und während er mir half, half auch ich ihm, obwohl ich vom Alter wie auch von meiner Entwicklung her noch viel jünger und weiter zurück war.

***

Bobbys Stoßtanzlieder unterbrachen meine Gedanken. Ich rauchte meine Pfeife zu Ende, brachte dem Feuer Tabak und

Wurzeln dar und sang mit. Nach dem Brauch mußten wir vier langsame Lieder und dann vier schnelle Lieder singen, bis wir die Kräfte und das Verlangen spürten, aufzustehen und zu tanzen. Beim zweiten Tanz spürte ich, wie ich am ganzen Körper zitterte und bebte, mein Mund begann zu schäumen (ich hatte nur das Bedürfnis, weiter zu tanzen, schneller und immer schneller), und ich hatte das plötzliche Verlangen, den alten Pfad hinauf und in den entgegenkommenden Nebel hineinzulaufen. Etwas in mir wurde wie von einem Magneten angezogen, ich wollte dorthin, und ich wollte so schnell laufen, wie ich unter Singen zu laufen imstande war. Aber etwas anderes in mir hatte Angst, daß ich mich auf unbekanntem Terrain verirren und der alte Pfad mich zu fremden Orten führen könnte, an denen ich noch nie gewesen war. Die entfernten Felsen warfen den Klang unserer Stimmen zurück, und unsere Schatten sahen aus wie riesige Geister, die so breit waren wie die ganze Wiese und so hoch, daß sie bis an die Baumspitzen des Waldes reichten. Je kleiner das Feuer wurde, desto kleiner wurden auch unser Durchhaltevermögen und die Schatten, bis sie schließlich langsam im Dunkel der Nacht und im aufkommenden Nebel verschwanden. Aus der Dunkelheit kamen die Nebelschwaden den Pfad herunter und bewegten sich langsam auf uns zu.

Zuerst hörte ich das Kreischen einer Eule. Dann hörte ich nochmal ein Kreischen, und dann die etwas höheren Kreischlaute kleinerer Eulen. Derartige Geräusche lassen einem die Haare zu Berge stehen und jagen einem Kälteschauer über den Rücken. Die Vögel kamen näher, und wir fingen an zu beten: »Danke für euren Besuch, meine Verwandten, aber wir wollen eure Kräfte nicht. Hier, nehmt diesen Tabak und geht zurück, von wo ihr kommt. Wir wollen nur die guten spirituellen Kräfte.« Wir beteten, wie die Ältesten es uns gelehrt hatten.

Die Eule ist ein mächtiger Seher und Beschützer, aber wir halten sie für eine schlechte Kraft und einen schlechten Geist. Sie arbeitet mit Krankheit, Tod und unbekannten Kräften. Sie kann sich an Feinde annähern, ohne von ihnen gesehen zu werden, und sie kann sich geräuschlos an ihre Beute heranmachen und all ihre Opfer grausam töten, ohne daß das Beutetier den Angreifer überhaupt kennt. Die Eule ist ein Bote für Krankheit, Verletzung, Unfall und Tod. Sie kann einen Menschen vor diesen Dingen warnen oder diese Dinge bringen. Darum ist sie die Kraft von Hexenmeistern oder, in der Sprache meines Volkes, von *umaah,* was soviel heißt wie »Dämon« oder »das Böse«. Sie steht für die dunklen und bösen Kräfte des Lebens – in dieser Einschätzung sind sich die meisten Indianerstämme Amerikas einig.

Ich konnte fühlen, wie der Tod sich anschlich, und ich fühlte mich gar nicht wohl. Ich griff nach dem Arm meines Mannes und bat ihn, den Tod zu vertreiben. Der Nebel wurde dichter, und die Eulen kamen immer näher. Wäre mein Darm vom Fasten nicht völlig leer gewesen, hätte ich mir vor Angst in die Hose gemacht. Bobby sagte eindringlich: »Bete weiter. Zeige nicht, daß du Angst hast, denn der Tod nährt sich von Furcht. Die Furcht stärkt seine böse Kraft, darum wehre dich und sei stark, sei entschlossen und glaube an deine eigenen traditionellen Kräfte und Gaben. Singe, bete, biete all deine Kräfte auf und wehre ihn ab, denn auf diese Weise lernst du den Umgang mit dem Tod, und vom Tod sind wir immer bedroht. Nur Kraft kann dich retten. Um eine Kraft abzuwehren, braucht man Kraft, und für den Umgang mit Kraft, sei sie gut oder schlecht, braucht man Wissen.«

Ich bebte am ganzen Körper, aber ich hielt meine Augen geschlossen und betete nach Osten gewandt. Nur das Lagerfeuer und mein Mann trennten mich vom Nebel auf dem Pfad, und wir befanden uns ganz in der Mitte der Wiese. Ich hatte das Gefühl, als bebte der alte Pfad unter meinen bloßen Füßen und bewegte sich. Es war ein eigenartiges Gefühl, als ob der Pfad lebendig sei und mich in den Nebel hinein trüge. Eigenartige Visionen kamen mir in den Sinn. In Gedanken sah ich den gleichen Pfad, der in mysteriösen Nebel hineinführte, aber der Nebel meiner Gedanken war anders als der Nebel, der von den Bergspitzen und dem umliegenden Wald auf uns zukam und uns umhüllte – oder etwa nicht? Ich wurde immer verwirrter, und mir war schwindlig. Ich glaube, ich hatte bereits Halluzinationen. Es folgten kurze Visionen von Blut, Krankenhäusern, Ärzten, Kindern und Babys. Ich fühlte und spürte, daß die Kinder irgendwie zu mir gehörten, aber ich konnte sie nicht klar erkennen. Ich hörte nicht auf zu beten und um Schutz zu bitten, aber ich konnte die großen Flügelschwingen um mich rauschen hören. Ich wollte meine Augen öffnen, um festzustellen, ob die Eulen mich nun genauso attackierten wie vorher die Blauhäher, aber ich konnte meine Augen nicht aufmachen. Ich war wie hypnotisiert, und etwas zwang mich, mich nur auf meine Visionen zu konzentrieren. Vor meinem geistigen Auge wechselten die Bilder wie auf einer Leinwand.

Ich sah mich im Krankenhaus liegen und Ärzte und Krankenschwestern in Panik hin und her laufen. Mein Körper brannte, mein Magen war aufgeblasen wie ein Luftballon kurz vor dem Zerplatzen, und die Schmerzen waren unerträglich. Ich hatte Wehen und bekam ein Kind, aber ich hatte Angst, das Mädchen könnte sterben. Ich konnte sehen, wie seine Seele über meinem Bauch schwebte und hörte, wie es weinte. Es sagte: »Verlier mich diesmal nicht, Mami. Ich will zurückkommen, hilf mir zurückzukommen.« Und ich begann, voller Verzweiflung zu weinen.

Ich selbst bin in einem Abtritt zur Welt gekommen. Bei meiner Mutter hatten die Wehen ganz plötzlich eingesetzt, und sie wäre bei der Geburt beinahe gestorben. Dann hatte ich selbst bei meiner ersten Schwangerschaft den Fötus in einem Abtritt verloren. Beim alten Haus von Bonita Masten oben am Berghang hatte ich eine Fehlgeburt. Und ich hatte schreckliche Angst vor Blut. Vielleicht bin ich mit einem Fluch oder dergleichen geboren. Mein Stamm ist sehr vorsichtig mit Blut. Wir haben alle möglichen Bräuche und Überzeugungen, die das Blut betreffen. O Gott, nicht schon wieder, dachte ich, ich will das nicht schon wieder durchmachen. Kann mir nicht irgend jemand oder irgend etwas helfen? Ich hatte das Gefühl, als würde ich verrückt werden. Alles schien so wirklich, und ich lag im Sterben. Ich konnte hören, wie mein Baby weinte, und sah, wie seine Seele sich mit den verstorbenen Ahnen entfernte, und ich wußte, es war ein Mädchen. Aber plötzlich war alles erfüllt von Blitzen und dem Krachen des Donners, und ich konnte sehen, wie sich die Seele meines kleinen Mädchens in einen Kolibri verwandelte.

Ich begann zu lachen, doch schon hatte ich die nächste Vision. Ich war wieder in einem Krankenhaus, im gleichen Gebäude, aber an einem anderen Ort. Ich war in der Notaufnahme. Die Schmerzen in meinem Bauch waren unerträglich. Ich schrie dauernd nach Hilfe. Ich versuchte, mich im Bett aufzusetzen, und dann sah ich all das Blut. Es war überall. Blutklumpen quollen aus meiner Vagina. Ich wollte schreien, fortlaufen, mich irgendwo verstecken, aber ich konnte nicht. Ich war an zwei verschiedenen Orten, in zwei verschiedenen Welten zur gleichen Zeit. Ich sprang vom Tisch und begann durch einen Nebel zu laufen. Ein Pfad führte durch den Nebel, und am Ende des Nebels war ein Licht.

Dann schossen mir noch weitere Visionen durch den Kopf. Ich konnte mich über dem Land der Toten zusammen mit den Geistern meiner Ahnen erkennen. Sie riefen mich, aber ich schaute zurück und hielt Ausschau nach Bobby. Ich sah meinen Ururgroßvater Captain Spott, meine Urgroßmutter Alice, Großonkel und Großtanten und die Geschwister meiner Mutter. Alle winkten mir, damit ich zu ihnen hinüber käme. In meinem Traum war der Nebel überall, und als ich meine Augen für einen Moment öffnete, sah ich, daß ich wirklich von Nebel umgeben war, der mich kalt, todbringend und auf mysteriöse Art und Weise umhüllte, und ich schrie nach Bobby. Eine

Kreischeule stand zwischen mir und meinen Ahnen und schrie. Ich hörte Bobby sein Bärenlied singen, aber sehen konnte ich ihn nicht. Ich hatte schreckliche Angst. Ich wußte nicht, wo ich war oder was ich tun sollte, darum begann ich zu singen, und mit geschlossenen Augen sang ich immer weiter.

Dann folgte die nächste Vision: Ich war wieder im Krankenhaus, aber diesmal in einem anderen. Ich rang nach Luft, und mein Hals war geschwollen und schmerzte. Es fühlte sich an, als würde ich innerlich brennen. Ich hatte das Gefühl zu erstikken und konnte nicht atmen. Eine schwarze Klapperschlange schlang sich um meinen Hals, und ich konnte mich nicht von ihr befreien. Sie umschlang mich immer fester. Sie wollte mich langsam umbringen. Ich sah, wie verschiedene Menschen für mich beteten und sangen: mein Mann, andere, mir unbekannte Medizinmänner und Medizinfrauen, und verschiedene Ärzte, die Untersuchungen an mir vornahmen. Die schwarze Klapperschlange ließ immer wieder einmal eine Zeitlang von mir ab. Sie versteckte sich, sobald jemanden kam, um mir zu helfen, und kam danach wieder zu mir zurück. Schließlich glitt sie davon in den kalten Nebel, der sich an die Meeresküsten schmiegt. Später befand ich mich wieder in einem Krankenhaus, diesmal nicht in Arcata, sondern in einer anderen Stadt, und ich konnte hören, wie mein Mann und mein Schwager für mich beteten. In weiter Ferne hörte ich noch jemanden beten. Es war ein Indianer irgendwo in der Prärie. Er hatte einen Büffelschädel und eine Friedenspfeife bei sich, war am ganzen Körper in ungewohnten Farben bemalt und sang. Ein Indianer wie dieser war mir noch nie begegnet. Dann sah ich einen weißen Mann mit blauem Hut, mit Schürze und Maske, der sich über mich beugte. Er wollte einen Schnitt an meinem Hals machen.

Dann war ich auf meiner Beerdigung. Zum drittenmal hatte ich die Vision, meiner eigenen Beerdigung beizuwohnen. Meine Mutter, meine Schwestern, mein Vater und meine Brüder weinten, aber zwei meiner Brüder fehlten. Warum waren sie nicht auf der Beerdigung? Ich folgte einem Gang zwischen den Stuhlreihen und fühlte, wie ich langsam den Mut faßte, auf den offenen Sarg zuzugehen. Ich sah mich in dem Sarg liegen, dann verwandelte sich mein Leichnam in meinen Bruder John, dann in meinen Bruder Charles. Danach war der Sarg leer und verwandelte sich in ein Kanu, das den Fluß hinab trieb und von Nebel umgeben war. Ich ging am Flußufer entlang und versuchte, das Boot einzuholen, und rief nach meinen Brüdern, aber der Nebel machte es unmöglich, das Kanu einzuholen.

Und die ganze Zeit hatte ich den Gedanken: O mein Gott, nun werde ich verrückt. Ich halte das nicht aus. Was soll das Ganze? Liege ich im Sterben? Sehe ich den Tod eines meiner zukünftigen Kinder, und was ist mit meinen Brüdern? Wo ist Bobby, dachte ich in panischer Angst. Ich konnte ihn durch den Nebel nicht erkennen, aber ich hörte ihn singen. Ich versuchte den Nebel, die verdammten Eulen und ihr Gekreische abzuwehren. Ich wußte nicht, was nun Wirklichkeit war oder wo ich mich befand.

Wieder hatte ich eine Vision von einem Krankenhaus und einem Baby, einem Jungen. Die Geister der Ahnen konnten ihn nicht mitnehmen. Ein Wolf war bei ihm. Ein anderer Wolf heulte im Wind, und der Wind blies die Verstorbenen hinweg. Ich hörte, wie ein Baby im Krankenhaus weinte, aber ich konnte es nicht sehen. Wo war der kleine Junge? Warum konnte ich ihn nicht sehen? Ich wußte, er war mein Kind.

Wieder war ich im gleichen Krankenhaus in Arcata. Überall war Blut. Ich konnte hören, wie Kinder nach mir riefen und schrien. Sie riefen nach ihrer Mami und meinten mich, aber ich konnte sie nicht sehen. Ich sah meinen Mann, wie er mir in Begleitung von Wölfen durch den Nebel nachjagte. Ich befand mich im Land der Toten. Meine Ahnen forderten mich auf, mit ihnen zu gehen, aber mein Mann kam mit den Wölfen immer näher. Wir rannten auf den Nebel zu. Die Wölfe zerrissen die Kreischeule und jagten die anderen Eulen davon.

Die Visionen verschiedener Todesfälle wurden immer verwirrender. Bruchteile verschiedener Visionen wechselten einander
ab oder gingen ineinander über. Mein Kopf drehte sich, und mir
war schwindlig. Nun war ich wieder in einem anderen Krankenhaus. Ich drohte an meinem eigenen Blut zu ersticken, aber ich
wollte nicht sterben. Ich konnte hören, wie mein Mann sang.
Ich fühlte mich von schweren Vogelschwingen umgeben. Ich
war unterwegs mit einem großen Vogel, aber was war das für ein
Vogel? Er schrie, und ich fühlte mich gut dabei. Er brachte mich
irgendwo hin. Es war ein großer Bussard. Er brachte mich zu
einem Stern. Er trug mich durch die Beerdigungsszenen, und
seine großen Flügel trieben den Nebel fort. Sollte ich wirklich
tot sein, so verstand ich nicht, warum mein Mann sang, anstatt
auf der Beerdigung um mich zu weinen. Ich fühlte, wie der
Nebel sich verzog und die Wärme in mich zurückkehrte. Ich
hörte, wie das Bellen der Wölfe, die in der Ferne die Eulen
immer weiter forttrieben, immer leiser wurde. Und ich schrie
noch immer nach meinem Mann, der nun aus dem Nebel her-
vortrat. Er streckte die Hände nach mir aus, aber um Himmels
willen, er verwandelte sich in einen riesigen Grizzlybär mit langen Klauen und großen, scharfen Zähnen. Als der Bär mich
packte, ließ ich all diese Visionen hinter mir und fiel in Ohnmacht.

2

Doctor Rock:
Tor zum Himmel

Ich könnte nicht sagen, wie lange diese befremdlichen Visionen andauerten. Als ich aufwachte, wurde es gerade Tag. Um mich war alles feucht, der Nebel war ganz verschwunden, und unten beim Pfad am Wiesenrand konnte ich Wölfe oder große Kojoten erkennen, die in den Wald hinaufrannten. Mein Gesicht war ganz naß, und mir lief Blut aus dem Mundwinkel. Ich hörte das Heulen der Tiere, während sie sich weiter entfernten, und mein Mann stand ihnen zugewandt in östlicher Richtung, rauchte seine Pfeife und betete. Ein Kupferspecht flog über meinen Kopf, setzte sich auf einen nahen Baum und ließ mehrmals sein typisches Pfeifen ertönen. Dann begann er sein morgendliches Pikken, um sich ein Frühstück zu beschaffen. Sein dauerndes Klopfen auf den alten Baumstamm erinnerte an ein altes Handspiellied, wie es so über die Wiese hallte und von den umliegenden Bergwänden zurückgeworfen wurde.

»Heute nacht hast du ja wirklich einen fürchterlichen Alptraum gehabt«, sagte mein Mann, als er ans Lagerfeuer zurückkam. »Du hast die ganze Nacht nach mir gerufen. Ich glaube, du hast aus diesem Gebiet alle verjagt, oder sie zumindest wissen lassen, daß wir kommen«, lachte er.

»Ich glaube nicht, daß es hier irgend etwas zu lachen gibt,« meinte ich kurz angebunden. »War es nur ein Traum, eine Vision, ein Alptraum, oder waren der Nebel und die Eulen Wirklichkeit?« Ich war angeschlagen, schlecht gelaunt und konnte nur undeutlich vor mich hinmurmeln. »Und die Kojoten, die gerade dort drüben weggelaufen sind? Habe ich sie mir nur eingebildet, oder waren sie wirklich dort?« fragte ich scharf. Ich fühlte, ich hatte ein Recht darauf, mißmutig und beunruhigt zu sein. Ich schaute meinen Mann mit festem Blick an und hoffte auf eine direkte Antwort.

»Betrachte mal dein Gesicht in der Quelle und sieh selbst, wie naß du bist. Es hat hier letzte Nacht nicht geregnet, obwohl sehr dichter Nebel war«, sagte er, während er seine Pfeife säuberte und ausklopfte. »Und es war auch kein Kojote, der auf dich gepißt hat. Es war ein Wolf!« Er sah mich mit ironischem Lächeln an.

»Was heißt hier Wolf? Letzte Nacht hatte ich einen furchtbaren Traum und eine ganze Reihe von Visionen, in denen Wölfe vorkamen, aber hier oben sind keine Wölfe, nur Kojoten. Sogar der Fischerei- und Jagdaufseher wird dir das sagen können. Und was soll das heißen, er hätte auf mich gepißt?« Ich fing an, die Nässe aus meinem Gesicht zu wischen. Sie hatte einen ranzigen Geruch und bestand sicherlich nicht nur aus Regentropfen.

»So wie ich sagte, meine Liebe«, antwortete er kurz angebunden, »deine Erfahrung mit dem Nebel und den Eulen letzte Nacht war Wirklichkeit. Diese Begegnung war wirklich, sie war ein wirklicher Kampf mit der Macht, mit den dunklen Kräften, und wenn du nicht stark genug gewesen wärest, hätten sie dich entweder auf ihre Seite gezogen oder dir das Leben genommen. Ich tat alles mir Mögliche, um dich zu unterstützen und zu schützen, aber allein hätte ich das nicht geschafft. Schließlich ging es hier, auf diesem alten Pfad, um *deine* Ausbildung, um *deine* Schwierigkeiten und um *deine* Prüfung, und *du* mußtest damit fertig werden. Darum sagen die Ältesten, wir sollen die Wege in unserem Leben mit Bedacht wählen. Wir wissen nie, wohin uns bestimmte Wege führen können. Und es gibt Wege im Leben, die uns an viele unbekannte Orte in der wirklichen Welt, in unseren Gedanken und in unserer spirituellen Welt führen können. Du hattest dir diesen Weg ausgesucht, erinnerst du dich?«

Er machte eine kurze Pause, um einen Schluck Eichelsuppe zu trinken, und fuhr dann fort: »Du hast dich gut geschlagen, und ich bin sehr stolz auf dich. Aber ich kenne den Unterschied zwischen einem Kojoten und einem Wolf, und es ist mir ganz egal, was die Fischerei- und Jagdaufseher oder die Experten des Forstamtes zu wissen vermeinen. Ich glaube nicht, daß diese Leute einen wirklichen Wolf überhaupt erkennen würden, wenn sie ihm begegneten. Sie behaupten ja auch, daß es in diesem Gebiet keine Grizzlybären mehr gibt, aber was wissen sie denn schon? Ja, ja, Experten, das soll wohl ein Witz sein! Erinnerst du dich, als wir uns kennenlernten, zog ich kleine Wölfe groß, und zwei von ihnen nahm ich überall hin mit, wohin ich auch ging. Ich nannte sie Tobacco und Twilight. Dann gab ich sie deinem Vater Chuck als Teil des Brautpreises. Sie sind ihm später ja ausgekommen und verwildert, und mir scheint, sie paaren sich mit Kojoten. Das Tier, das auf dich gepißt hat, war eindeutig ein Wolf. Es war mein früheres Wolfsbaby Tobacco.

Dieser Wolf hat dich verteidigt. Er kam von dort drüben, von Sawtooth Ridge, von seinem Bau und jetzigen Zuhause, um dir zu helfen. Sieh die vielen Eulenfedern und die toten Eulen, die um dich herum liegen. Wer, denkst du, hat sie getötet? Ich sicherlich nicht. Ich bin nicht so dumm. Du hattest einen furchtbaren Kampf mit den Geistern, den Geistern aus deinem Unterbewußtsein und den Geistern der Erde. Und die Flüssigkeit, die dein ganzes Gesicht, deine Schultern und deinen Bauch bedeckt, ist Wolfsmedizin. Er hat auf dich gepißt, um dir Medizin zu geben, um dich jetzt und in Zukunft zu schützen. Irgendwann in naher Zukunft, wer weiß wann, werden die Wölfe wieder kommen, um dein Leben erneut zu retten. Und wenn alles nach dem Plan des Kosmos verläuft, wirst du eines Tages ganz sicher ein Wolfslied, die Kräfte der Wölfe und womöglich ein ganzes Wolfsfell als Insignien erhalten.«

Ich war völlig verwirrt über diese Erfahrung, verstand aber ihre Bedeutung. Mein Kopf wurde wieder klarer. Ich hatte keine Kopfschmerzen mehr, und auch die Schmerzen in meiner Magengrube waren verschwunden, und trotz des furchtbaren

Kampfes, den ich hinter mir hatte, fühlte ich mich nun nicht geschwächt, sondern gestärkt. Ich fühlte unbekannte neue Kräfte in mir. Sie waren irgendwie wild und stark und hatten etwas Natürliches an sich. Ich war nun entschlossener denn je, zum Doctor Rock zu gelangen. Ich begann meinen Rucksack und die übrigen Sachen aufzusammeln, während Bobby am Feuer betete und es schließlich ausmachte.

Er lachte und rief: »He, was ist mit den Geschenken dort drüben, willst du diese mächtigen *Takwich*-Federn etwa nicht?«

»Nein, wirklich nicht, dicker Bär, ich brauche keine Eulenkräfte, auch wenn es sie in meiner Familie irgendwann einmal gegeben hat. Das ist schlechte Medizin und bringt nur Unglück, also hör auf, mich zu necken und halte mich für etwas vernünftiger, damit ich die Prüfungen auch bestehe, ja? Ich bin nicht bereit, soviel Schmerz, Opfer und Leid auf mich zu nehmen, nur um Hexenmeisterin zu werden. Ausgeschlossen! Ihr Weg ist einfacher, und sie können ihre Kräfte und ihr Wissen erkaufen, also fang gar nicht erst an, mich zu beleidigen, auch wenn du nur Spaß machst.«

Als wir mit unserem Aufstieg zum Summit Rock begannen, hatte ich ein anderes Gefühl als vorher. Der Pfad hatte sich verändert, oder vielleicht hatte auch nur ich mich verändert. Ich versuchte, meinen Mann einzuholen, damit er mich besser verstehen konnte, und begann zu reden: »Ich will dir von den Visionen erzählen, die ich letzte Nacht hatte. Sie beunruhigen mich, und ich denke, du solltest einige Dinge über die Zukunft wissen«, sagte ich fast flehend.

»Nicht jetzt. Laß es erst ein wenig zur Ruhe kommen, während wir unser letztes Stück Weg bis zum Doctor Rock zurücklegen. Wir haben Zeit genug, später darüber zu sprechen, einverstanden?« Bobby sah mich mitfühlend und zuversichtlich an, und ich wußte, daß er recht hatte. Vor uns lagen noch acht bis zehn Stunden Marsch. Der Weg verlief über Felsscharten, ließ uns dann die verwunschene G-O-Straße überqueren und führte wieder zurück auf den alten Pfad. Dieser schlängelte sich erst durch den Wald, führte dann am Berghang von Peak Eight entlang und mündete schließlich in eine Wiese und einen kleinen Zedernwald am Fuße des Berges Doctor Rock.

Nach Auffassung meines Stammes befanden wir uns nun im wirklichen Zentrum der Welt, ganz im Herzen der Heiligen Stätten, wo Bigfoot, das Kleine Volk und unsere Ahnen oder, wie wir auch sagen, unsere Vorväter leben. Für die westliche Gesellschaft ist dieser Ort eine Wildnis, die gezähmt und ausgebeutet werden muß, um einige wenige reich zu machen. Für uns ist es ein Ort höchster Spiritualität. Er ist mehr als heilig. Schon immer war dieser Ort eine heilige Stätte, und genau in der Mitte, stolz und erhaben, stehen unsere Kräftezentren: die Berge Doctor Rock, Peak Eight, Sawtooth Mountain, Chimney Rock und Medicine Mountain, und sie ragen 2600 bis 3300 Meter in den Himmel. Der einzige Berg, der diese Berggruppe überragt, ist der Mount Shasta weiter östlich, der Großvater aller anderen Berge. Darum ist dieser heilige Ort wie der Berg Sinai für die Christen. Es ist der Ort, an dem der Große Schöpfer, Gott, oder der Große Geist zu uns spricht.

Um sich für die Vision, die Gaben der Macht und die heiligen Gespräche zu qualifizieren, muß man ein bestimmtes Protokoll einhalten. Wir mußten uns gemäß dem spirituellen Brauch und Gesetz darauf vorbereiten. Das bedeutete eine zehntägige Abstinenz von Alkohol, Nahrung, Sex, Wasser und grundlegenden Bedürfnissen und Wünschen. Wir brachten ein Opfer, indem wir vorübergehend auf all die Dinge, die man als Mensch schätzt, verzichteten. Frauen, die ihre Monatsblutung haben, dürfen sich unter keinen Umständen in der Nähe dieses Gebietes aufhalten. Auch diejenigen, die Alkohol oder Drogen zu sich genommen haben, dürfen das heilige Gebiet niemals betreten oder in die Nähe der heiligen Stätten kommen. Andernfalls begehen sie ein Sakrileg. Der Schöpfer, die Geister und die Ahnen bestrafen jeden, der dieses Gesetz mißachtet. Das Leben verläuft in Zyklen, darum wissen wir, daß Geschehenes wiederkehrt. Menschen, die unabsichtlich oder aus Mißachtung in heilige Orte eindringen, werden irgendwann dafür bestraft.

Um den Geistern ähnlicher zu sein als den Menschen, mußten wir fasten, von menschlichen Freuden Abstand nehmen, alle schlechten Menschen und Einflüsse meiden und mehrere Tage in der Schwitzhütte verbringen, um uns zu reinigen, zu beten, zu singen, zu tanzen und zu meditieren. Wir mußten uns vorbereiten, um würdig zu werden, hier oben zu sein. Wir mußten all unsere physische, geistige, emotionale und spirituelle Kraft und Konzentration darauf ausrichten, in direkten Kontakt mit dem Großen Schöpfer des Universums und seinen spirituellen Helfern zu treten. Nur so kann sich ein Mensch für den Erhalt höchster Kräftegaben, wie der Heilkunst, qualifizieren. Bei diesem Prozeß gibt es kein Mogeln; es gibt keine Abkürzungen – es gibt keinen leichten Weg. Sofortheiler existieren nur in den Köpfen dummer Menschen. Und ich mußte den ganzen Weg hier heraufsteigen, wie das auch meine Vorfahren tun mußten. Ich mußte zeigen, daß ich bereit war, Schmerzen und Qualen hinzunehmen und bei jedem Schritt des Weges Prüfungen abzulegen, und so meinen Wert beweisen.

Menschen, die in einem Laster oder Jeep dort hinauffahren, um zu beten und Kräfte zu erhalten, spielen nur mit den Kräften und täuschen nur sich und andere. Der alte indianische Arzt Calvin Rube sagte immer: »Wenn du mit den Kräften spielst, wenden sie sich möglicherweise später gegen dich. Die Kräfte können zuweilen sehr bösartig und gefährlich sein. Jemand könnte dabei verletzt oder getötet werden.« Er erzählte uns Geschichten über Menschen, die sich nicht an das richtige Protokoll hielten, und von Menschen, die verdorben waren, aber versuchten, im heiligen Hochland zu Medizinmännern oder Medizinfrauen zu werden. Diese Menschen und ihre Familien sind heute alle tot oder zu Krüppeln geworden. Die Kräfte und Energien wandten sich gegen sie.

Die Bedeutung der indianischen Heilkunst und die Verantwortung, die diese Kräfte und dieses Wissen mit sich bringen, müssen sehr ernstgenommen werden. Mit diesen Dingen darf man nicht spielen. Indianische Ärzte und Ärztinnen müssen ihre Kräfte erben, selbst noch verdienen und dann vorsichtig mit ihnen umgehen. Das bedeutet, sie müssen ein sehr diszipliniertes Leben führen, sehr engagiert sein und sich ständig weiterbilden.

Während wir weitergingen, riß mein Gedankenfluß nicht ab, und je unwegsamer der Pfad wurde, desto tiefgründiger wurden meine Gedanken. Ich war mir sicher, daß ich mich für die Medizinsuche seit je richtig vorbereitet hatte, und empfand, daß ich dabei gute Lehrer gehabt hatte. Von allen hatte ich sehr viel gelernt, insbesondere über die Gesetze der Macht. In meiner Sprache sprechen wir von *Ley,* das heißt soviel wie »Alte Gesetze des Universums«. Diese Gesetze bezeichnet man auch als Gesetze des Schöpfers, Naturgesetze oder spirituelle Gesetze. Spirituelle und physikalische Gesetze sind einander ähnlich, ein Beispiel dafür ist das physikalische Prinzip von Wirkung und Gegenwirkung. Die alten Gesetze stehen höher als Menschengesetze, aber viele Menschen haben das heutzutage vergessen. Vielleicht gibt es deshalb heute so viele Probleme und Krankheiten. Darum gehört zur Ausbildung der indianischen Ärzte und Ärztinnen auch die Unterweisung in den Gesetzen. Je mehr man sie studiert und sich in sie vertieft, desto komplizierter wird es, und darum sind viele Lehrjahre nötig, bevor die Ältesten einer jungen indianischen Ärztin oder einem Arzt die Erlaubnis erteilen, allein zu praktizieren. Wahrscheinlich kann aus diesem Grund nicht jeder ein indianischer Arzt werden. Und wahrscheinlich ist das auch der Grund, warum heutzutage von uns nicht mehr viele übrig sind. Die weißen Ärzte beachten auch bestimmte Gesetze, aber die spirituelle Wirklichkeit des Heilbehandlung haben sie entweder vergessen oder ignorieren sie.

Die indianische Heilkunst wurde in unserem Stammesgebiet

meist von Frauen ausgeübt, obwohl es auch einige Ausnahmen gab. Bei den Yurok fand man vorwiegend Ärztinnen, also Frauen, und bei den Karuk meist männliche Ärzte. Bei unseren Nachbarstämmen der Hupa, Tolowa und Wintun hielten sich die Anteile von Ärzten und Ärztinnen ungefähr die Waage.

Die meisten nordamerikanischen Stämme bezeichneten Heiler allgemein als Medizinmänner oder Medizinfrauen, im Nordwesten Kaliforniens jedoch hat der Medizinmann oder die Medizinfrau eine spezielle Funktion bei Ritualen oder übernimmt die Rolle des Zermonienmeisters. Bei uns gab es beispielsweise die Eichelfest-Medizinfrau, die Geburts-Medizinfrau, die Bürstentanz-Medizinfrau (ihr oblag die Durchführung dieser Zeremonie für Kinder) und die Blumentanz-Medizinfrau (ihr oblag die Durchführung der Pubertätsriten sowie der Zeremonien anläßlich des Einsetzens der Menstruation/Menopause). Diese Frauen genossen alle ein hohes Ansehen in unserer Kultur, aber indianische Ärzte und Ärztinnen hatten eine noch höhere Stellung. Frauen, die die Priesterrolle geerbt hatten oder durch Träume zu ihr berufen waren, machten in der Regel keine Pilgerfahrt ins heilige Hochland. Sie gingen meist zu den kleineren Bergen und Machtstätten, die nicht so weit von den Dörfern und Reservationen entfernt lagen.

Die Medizinmänner unserer Stämme waren zuständig für die Durchführung und Leitung der Schwitzhüttenrituale, des Lachsfangrituals, des Kriegstanzes, des Weißen Hirschledertanzes und des Sprungtanzes. Die Visionssuche und die Kräfteausbildung konnte sowohl unter Leitung einer indianischen Ärztin oder eines Medizinmannes stattfinden, aber manchmal bedeuteten der Rückhalt und die Unterstützung durch die Medizinfrauen eine kulturelle und spirituelle Stärkung für die Novizin und ihre Ausbildung und erhöhte ihren Status innerhalb des Stammes. So hatte ich das Glück, daß unter meinen Mentoren indianische Ärzte und Ärztinnen, Medizinmänner und Medizinfrauen waren. Ihr Wissen über Kräuter, Gebetsformeln, Insignien, Wetterbestimmung, Geister und Kräfte aus der Natur war Bestandteil meiner Ausbildung und notwendig für meinen heiligen Beruf.

Der indianische Arzt ist Arzt, Psychiater, Psychologe, Mystiker und spiritueller Lehrer in einer Person. Arzt und Ärztin galten bei den Indianern als Experten der Heilkunst für physische und ebenso für psychische Krankheiten. Sie waren zuständig für Infektionskrankheiten, Insekten- und Schlangenbisse, Vergiftungen, Krankheiten der Seele und des Geistes, Unfälle, Verletzungen, Tod oder Probleme, die mit Geistern, Geistwesen, Träumen, Kräften und Hexerei zu tun hatten. Zuweilen und in seltenen Fällen gab es auch Menschen, die indianischer Arzt und Zeremonienmeister in einem waren. Das war der Fall bei Calvin Rube. Er erhielt seinen besonderen Status aufgrund von ererbten kulturellen und religiösen Rechten, von spezifischen Bestimmungen, die ihm von Ältesten auferlegt wurden, und aufgrund seiner eigenen besonderen Berufung und Ausbildung.

Andererseits kann ein Medizinmann oder eine Medizinfrau die zusätzliche Rolle als Zeremonien- und Ritualmeister auch erben oder dazu auserwählt werden, wie im Falle des Yurok-Führers Dewey George aus Sregon oder des Medizinmannes der Karuk Charlie Red Hawk Thom, die beide an der Ausbildung meines Mannes mitgewirkt haben. Um eine führende Rolle bei Zeremonien zu spielen, sie zu leiten und für sie verantwortlich zu sein, mußte man keine hellseherischen Fähigkeiten nachweisen; für indianische Ärzte und Ärztinnen waren sie jedoch immer notwendige Voraussetzung.

Die Rolle der indianischen Ärztin konnte geerbt sein, immer jedoch erforderte sie eine zusätzliche Berufung durch Träume und Visionen, mystische Erfahrungen und Begegnungen mit Geistern und Kräften oder eine gefährliche Begegnung mit einer Krankheit, Verletzung oder sogar eine Todeserfahrung mit nachfolgender Wiederbelebung. Der Nachweis von Hellseherfähigkeiten, außersinnlicher Wahrnehmung, Audiovision, See-

lenreise und anderen psychischen Fähigkeiten war für diesen
heiligen Beruf ein Muß. Dieses Wissen und diese Erfahrungen
waren für die indianischen Ärzte notwendig, um verschiedene
Krankheiten behandeln zu können, die von den westlichen Ärzten in der Regel ignoriert und gemieden oder als nicht real abge-
tan werden. Die indianische Heilkunst befaßt sich auch mit psychischen Phänomenen. Indianische Ärzte und Ärztinnen müssen daher über spezielle Kenntnisse und Fähigkeiten verfügen,
um heilen zu können.

Meine Urgroßmutter Nellie Griffin war die letzte unseres
Stammes, die drei Tattoostreifen am Kinn trug. Sie stammte aus
dem alten Geheimzeremonialgeschlecht Täl und galt als *Talth*,
das bedeutet, »angesehene spirituelle und religiöse Lehrmeiste-
rin«. Sie wurde 111 Jahre alt. Sehr wenige Indianer meines
Stammes wissen heute noch etwas über die geheime Medizin-
hütte und dieses aristokratische Geschlecht. All meine Vorfahren, unter ihnen auch meine Urgroßmutter Alice Spott, waren
Talth. Die einzigen zwei Menschen aus diesem Geheimbund,
die meines Wissens neben meinen nahen Verwandten noch exi-
stierten, waren zwei angesehene Männer, die meinen Mann aus-
bildeten: Dewey George, der Zeremonienmeister vom Dorf
Sregon, und Calvin Rube, der indianische Arzt vom Dorf Wahsek. Einige heutige Indianer mögen zwar von diesem alten
Geschlecht abstammen, gelten aber nicht als *Talth*, weil sie nicht
das esoterische Wissen haben und nicht in den Mythen, Ritualen und spirituellen Prüfungen ausgebildet sind, die für eine
Mitgliedschaft im Geheimbund *Täl* erforderlich sind.

Ein weiteres Kriterium, das für den Status eines *Talth* qualifi-
zierte, war die Ausbildung zum Arzt und die Weihe an Orten
wie Chimney Rock, Peak Eight, Sawtooth Rock und Doctor
Rock im heiligen Hochland. So erhielten die »Hohen Männer«,
die angesehensten männlichen Religionsführer, ihre Weihe am
Chimney Rock und am Peak Eight. Die angesehensten indianischen Ärzte und Ärztinnen dagegen empfingen ihre Weihe am

Doctor Rock, Sawtooth Rock und Chimney Rock. Heutzutage ist mein Mann der einzige, der seine Ausbildung auf traditionelle Weise und in allen heiligen Machtzentren erhielt und dazu den schwierigsten Weg wählte, indem er alle Strecken zu Fuß zurücklegte. Er ist kein Yurok. Er ist zum Teil Karuk und Seneca und hat auch weißes Blut in den Adern, aber das war sein Schicksal, so sollte es sein. Er erreichte sein Ziel durch die Ausbildung und Unterstützung der Ältesten, die in meinem Stamm als *Talth* galten. Darum empfand ich es als großes Glück, daß meine Arztausbildung zu diesem Zeitpunkt in seinen Händen liegen sollte. Die Ältesten waren zu alt, um die lange Pilgerfahrt mit mir zu machen, aber mit Sicherheit begleiteten mich ihr Wissen und ihr Geist, und mein Mann diente ihnen als Medium.

Endlich hatten wir den Summit Peak hinter uns und gelangten auf die vom Forstamt angelegte Straße, genannt G-O-Straße. Diese Straße hatte kein Recht, da zu sein. Sie bedeutete nicht nur eine Beeinträchtigung und Störung der Natur, sondern war auch eine Entweihung, eine Art offener westlicher Völkermord, der sich direkt gegen unser Volk richtete. (In späteren Jahren führten mein Mann und ich, zusammen mit den Ältesten, einen zehnjährigen politischen Kampf, um den Bau der Straße zu stoppen.) Im Hochland herrschte noch immer Stille. In hörbarer Nähe wurden gerade keine Bäume gefällt, und es schienen auch keine Baufahrzeuge oder Bauarbeiter auf der Straße beschäftigt zu sein. Wir ließen auf der geteerten Straße Tabak zurück, baten den Schöpfer und die Geister, den Menschen, die verrückt genug waren, diese Straße zu bauen, zu vergeben, und gingen hinüber auf den alten Ärztepfad, der auf der anderen Seite der Straße weiterführte. Es wurde immer heißer, und von dem Geruch erhitzten Straßenteers war mir ganz übel. Ich brauchte unbedingt eine Pause, aber es gab kein Wasser in der Nähe. Wir setzten uns für einige Minuten im Wald hin, in der Nähe einer alten Feuerstelle, die wohl Jäger im Herbst benutzt hatten. Zu diesem Zeitpunkt konnte ich keinen Schritt weitergehen, und ich begann, vor Müdigkeit und Frustration und wegen der ganzen Mühsal zu weinen. Mein Mann stellte am Stand der Sonne die Uhrzeit fest und entschied, mir eine etwas längere Pause zu gewähren. Ich holte eine Zigarette heraus, brachte den Tabak all den Dingen um mich herum dar und ließ mich anschließend auf den Boden fallen, um im Schatten auszurasten. Mein Mann tat das gleiche, gab mir aber vorher zur Stärkung noch ein paar Schluck Eichelsuppe zu trinken.

Wir lagen einfach da und ruhten uns aus, hörten den Vögeln und Eichhörnchen zu und nahmen die Geräusche und das Vibrieren des Hochlands wahr. Es war, als liefe irgendwo ein riesiger Generator, und zuerst fragte ich meinen Mann immer wieder, was das denn für ein Geräusch sei. Ich fühlte mich schon ganz benommen und schwindlig. »Nein, das Forstamt hat keinen großen Generator hier oben«, sagte er. »Was du hörst und fühlst, ist das spirituelle Vibrieren des Machtzentrums, Puls und Herzschlag der Heiligen Stätte, die hohe spirituelle Energie der Erde. Geh mit dem Strom, nimm ihn in dir auf, und er wird dich regenerieren. Er wird deine eigenen Vibrationsschwingungen erhöhen.« Also hörte ich auf den natürlichen Rhythmus und die Geräusche im Mittelpunkt des Universums und versank in Meditation. Nach kurzer Zeit fühlte ich wieder neue Kraft in mir. Es war erstaunlich.

Von diesem Zeitpunkt an wies mein Mann mich an, mucksmäuschenstill zu sein, alles zu beobachten, zu hören und wahrzunehmen, denn alles Sichtbare oder Unsichtbare hier konnte Teil meiner Vision sein. Der alte Pfad durch das Dickicht war zunehmend überwuchert, und es war offensichtlich, daß er nicht viel benutzt wurde. Wir brachten immer wieder Tabak dar, entschuldigten uns bei dem Baumvolk, dem Pflanzenvolk und den Geistern und mußten einige Pflanzen und Büsche kappen. Nach einigen Meilen konnten wir das Dickicht am Fuße des Peak Eight verlassen und sahen den Pfad, der sich in Richtung Doctor Rock weiterschlängelte. Es war atemberaubend, draußen in der Natur und mitten in der Wildnis zu sein. Der Doctor Rock sah aus wie ein riesiger Wal, der eigentlich in den Ozean gehörte. Kein Wunder, daß meine Tanten Florence Shaunessey, Geneva Maats und Ella Johnson ihn »Landwal« nannten.

Plötzlich war ich aufgeregt und nervös. Ich begann so schnell zu gehen, daß ich meinen Mann, der während der ganzen Pilgerfahrt vor mir gelaufen war, überholte. Hier oben war die Luft unglaublich frisch, klar und sauber. Der Himmel war strahlend blau, nur einige Wolken verteilten sich am Horizont, und die Sonne bezog im Westen über dem Meer Stellung. Ich fühlte mich wunderbar und vergaß die schmerzenden Knochen und Muskeln, die Hitzeausschläge und Fußblasen, die Mückenstiche und aufgesprungenen Lippen. Ich war von Ehrfurcht ergriffen, denn alles war genau so, wie ich es in meinen Träumen gesehen hatte, obwohl ich noch nie selbst hier gewesen war. Dann fing ich wieder an zu weinen, während zwei große Raben von Westen heranflogen. Das war ein sehr gutes Zeichen.

Mein Mann holte mich im Laufschritt ein. »Noch nicht«, warnte er. »Behalte deine Tränen, bis du auf dem Felsen bist. Dort wirst du wirklich das Bedürfnis haben zu weinen, denn mit dem Weinen kommen die Geister und helfen dir, aber sag, ist es hier nicht wunderschön und eindrucksvoll?« Wir warfen uns beide vor Demut, und auch weil wir erschöpft waren, auf den Boden und betrachteten eingehend die Macht, die Schönheit und das Wesen der Natur in all ihrer ursprünglichen Herrlichkeit. Ich fühlte eine gigantische und mystische Aura über dem gesamten Gebiet, die dem bloßen Auge sicherlich verborgen blieb.

Über eine kleine Wiese voller schöner, bunter Blumen, über einen kleinen Bach und von dort in einen alten Zedernwald und an einem großen Wasserloch vorbei führte der Pfad direkt zum Fuß des Doctor Rock. Es war kühl und schattig. Wir suchten nach einem geeigneten Platz, um zu kampieren. Auf der anderen

Seite des großen Wasserloches erblickten wir die Überreste eines
ehemaligen Jagdlagers. Ich weiß nicht, warum Menschen, wenn
sie ihre Sachen packen, den Müll nicht mit nach Hause nehmen
können. Sie haben wohl andere Werte. Wir wollten jedenfalls
nicht dort bleiben und wählten statt dessen einen zum Teil noch
in der Wiese gelegenen Platz auf der anderen Seite des Wasser-
lochs. Wir sprachen Gebete für die Wiese, für alle Lebewesen,
für die Lagerfeuersteine, die Bäume, das Wäldchen und das
Wasserloch. Wir zeigten den Geistern aller Lebewesen und
Dinge unseren Respekt, indem wir sie um Erlaubnis baten, uns
hier aufhalten zu dürfen, und sie um Vergebung baten, wenn
unser Eindringen für die Umgebung in irgendeiner Weise stö-
rend sein sollte. Sogar ein Insekt gilt hier oben als heilig, und wir
waren darauf bedacht, das nicht zu vergessen. Es begann kühler
zu werden. Eine kühle Brise aus östlicher Richtung setzte ein, als
hätte sie ein altes Abkommen mit der im Westen untergehenden
Sonne.

»Komm jetzt«, wies mich mein Mann an. »Wir haben nicht
viel Zeit. Leg dein altes Kleid, deine Pfeife, deine Mokassins,
deinen Tabak und deine Federn bereit, dann zieh dich aus und
bereite dich für das Bad vor. Du mußt dich hier in dem heiligen
Wasserloch wieder reinigen, dann werde ich dich mit Tannen-
ästen beräuchern, und anschließend gehen wir auf den Berg,
bevor es dunkel wird.«

Während er das Feuer und die Tannenäste vorbereitete,
begann ich mich auszuziehen. Er sprach Gebete, sang zu den
vier Kräften der Schöpfung und betete dann mit zum Himmel
erhobenen Augen, als warte er auf ein Omen. Ich betete zum
Geist des Wassers und war kurz davor, in das Wasser zu sprin-
gen, als plötzlich ein ganzer Haufen widerwärtiger Wasserhunde an die Oberfläche kam. Sie waren überall. Ihre eigenartigen
orangefarbigen Körper, großen Augen und ausgestreckten Hände hatten fast menschliche Züge. Sie starrten mich so intensiv
an, daß mir ein kalter Schauer über den Rücken lief. Ich wußte

nicht, was ich tun sollte. Sollte ich zu ihnen hineinspringen? Wenn ich nun einen verletzte? Wenn sie mich nun bissen und sich an mich klammerten? Ich wußte, sie waren keine gewöhnlichen Salamander. Sie waren besondere Kräfte, aber ich wußte nicht, welcher Art. Wenn sie nun schlechte Kräfte waren?

»He, was gibt es?« rief Bobby mir zu.

»Ich habe Angst und weiß nicht, was ich tun soll. Wie tief ist das Wasser? Und was ist mit diesen Wasserhunden?« rief ich kläglich zurück.

»O ja, ich dachte, ich hätte dir schon von ihnen erzählt. Das ist ein Ort, an dem Menschen auch nach Kräften suchen, und du hast recht, es kann sein, daß sie dich beißen und sich wie verrückt an dir festklammern. Also mußt du dich ihnen vorstellen und dein Anliegen vorbringen. Sage ihnen, wer du bist und warum du hier bist, und sage ihnen, daß du nicht diese Art von Kraft suchst, okay?«

»Gut«, sagte ich trotzig, »aber du gehst zuerst hinein!«

»Ist ja gut«, antwortete er widerwillig. Er legte all seine Kleider ab, brachte etwas Tabak mit und betete. Dann wirbelte er das Wasser zehnmal sanft im Kreise herum, ergriff meine Hand, und bevor ich wußte, wie mir geschah, zog er mich hinein. Oh, das Wasser war so kalt, es war eiskalt! Aber ich mußte wenigstens noch ein paar Minuten im Wasser bleiben und eine alte Gebetsformel sprechen, was ich zähneklappernd dann auch tat. Mein ganzer Körper war steif wie eine gefrorene Stahlkopfforelle, und ich glaube, meine Hautfarbe war nicht mehr braun, sondern grau.

Bobby mußte mir aus dem Wasserloch wieder heraushelfen, denn es war tief und die Seitenwände waren schlammig und schlüpfrig, und meine Muskeln vor Kälte ganz starr. Ich war zu nichts fähig, als in den Blumen zu liegen und nach Atem zu ringen, und Bobby hörte nicht auf zu lachen.

Langsam begann ich wenigstens so weit aufzutauen, daß ich mein Kleid überstreifen und nach meiner Pfeife langen konnte.

Bobby war schon vor mir angezogen und legte weitere Tannen-
zweige in das Lagerfeuer. Dann wurde ich wirklich gründlich
beräuchert. Ich dachte, ich würde an dem vielen Rauch sterben,
und während Bobby für mich betete, schnappte ich unaufhörlich
nach frischer Luft. Danach beteten wir gemeinsam weiter, während das Feuer zusammensank. Die Sonne verschwand langsam
über dem Bergkamm im Westen, und ein riesiger Schatten
kroch langsam über die Wiese. Ich nahm meinen Wanderstab,
meine Pfeife und Federn und folgte Bobby den Berg hinauf.

Eine Öffnung führt in das Innere des Berges. Früher muß
dort eine große Höhle gewesen sein, aber nun befand sich am
anderen Ende ein offener Gang. Die Felssprengungs- und Kon-
struktionsarbeiten beim Bau der G-O-Straße müssen das ganze
Felsgestein erschüttert und den heiligen Berg beschädigt haben,
denn man konnte noch immer sehen, daß das andere Ende früher einmal verschlossen gewesen war. Es war schwierig, über die
Felsbrocken zu klettern, aber schließlich gelangte ich in den
höhlenartigen Gang. Hier innen fand man noch die Spuren früherer Gebetsfeuer, die kleinen, aus Steinen gelegten Gebetskrei-
se am Boden und die schwarzen Flecken an den Seitenwänden.
Ich begann unwillkürlich am ganzen Körper zu beben, denn ich
spürte die enorme Kraft, die dem Ort innewohnte. Der Ort war
voller Geister.

Bobby sagte, ich sollte mir einen bequemen Platz suchen, der
mir genug Raum für einen kleinen Altar und ein Feuer böte, wo
ich Platz hätte zu tanzen, und wo ich mich auch hinsetzen und
ausruhen könne. Ich wußte, was ich zu tun hatte, wie ich beten,
was ich sagen und wie ich spirituellen Kontakt oder eine Vision
suchen müßte, aber ich wußte nicht genau, was da insgesamt
eigentlich auf mich zukommen würde. Darum war ich ängstlich
und nervös, aber ich machte trotzdem weiter mit dem, was ich
zu tun hatte. Bobby stand währenddessen auf der anderen Seite
der Felsbrocken, die den Eingang zum Teil blockierten. Er war
nahe genug, um mich mit Gebeten zu unterstützen, aber nicht

so nahe, daß er die mir bevorstehenden psychischen Begegnungen sehen oder in sie eingreifen konnte.

Der Altar war fertig; ich begann, ein kleines Feuer zu entfachen, zündete meine Pfeife an und sprach mein Gebet. Dann sang ich *remopho,* das sind Stoßtanz- und Arztinitiationslieder. Als ich die vier Lieder zu Ende gesungen hatte, war es draußen und drinnen sehr dunkel geworden. Ich fühlte, wie etwas Eigenartiges mich berührte, und ich hörte Stimmen, zuerst war es ein Murmeln, später konnte ich deutlich hören, wie Geister und Geisterwesen sprachen. Ich hatte fürchterliche Angst, und jedesmal, wenn mich plötzlich etwas streifte oder mich an Haaren, Kopf oder Armen berührte, wollte ich nach draußen rennen. Ich hatte plötzlich starke Schmerzen im Magen und in der Magengrube. Und ich hatte sehr großen Durst. Mein Feuer brannte bis auf die Asche herunter, und ich wurde müde. Ich warf einen Blick auf die Öffnungen zu beiden Seiten und konnte die Sterne sehen, die hell in der Nacht leuchteten und so nahe schienen. Ich fühlte mich wie hypnotisiert. Ich versuchte, weiter zu rauchen, zu beten und um Hilfe zu bitten, aber ich war zu müde.

Ich weiß nicht, wie lange ich schlief, aber plötzlich war mir sehr kalt. Ich hörte einen eigenartigen Schrei und fühlte etwas über meinen ganzen Körper krabbeln. Zuerst wußte ich nicht, was es war, jedenfalls war es äußerst unangenehm. Ich fühlte, daß mein Leben in Gefahr war. Dann hörte ich den Schrei erneut. Er klang wie der Schrei eines großen Berglöwen und kam immer näher. Ich wußte nicht, was ich tun sollte. Ich wurde immer verwirrter und ängstlicher, je mehr sich das Geräusch näherte. Intuitiv wußte ich, daß dies ein Teil meiner Prüfung war, aber ich wollte nicht von einem Berglöwen angegriffen und übel zugerichtet werden. Und was da über meinen ganzen Körper kroch, machte mich schon ganz verrückt. Weglaufen konnte ich nicht. In der Höhle war es zu dunkel und gefährlich. Es gab zu viele spitze und kantige Felsen, über die ich fallen und mir dabei Arme oder Beine brechen konnte. Und wie sollte ich in einem solchen Zustand wieder aus den Bergen hinauskommen? Mir schossen die Gedanken wie wild durch den Kopf. Ich begann, laut nach Bobby zu rufen. Ich hatte das Bedürfnis nach Sicherheit oder einem gewissen Schutz.

Zuerst ignorierte er mein Rufen. Aber als ich immer mehr in Panik geriet, hörte ich Bobby zurückrufen: »Alles geht gut. Du mußt nur stark bleiben. Ich bin ganz in der Nähe, also mach dir keine Sorgen. Das sind deine Prüfungen. Furcht ist ein böser Feind, und du mußt lernen, ihm gegenüberzutreten, ihn zu zähmen und mit ihm fertig zu werden, sonst wird du nie eine bedeutende Ärztin. Du mußt lernen, Vertrauen zu haben, Willenskraft zu entwickeln und deinen eigenen Schutzmechanismus wachzurufen. Und auf diese Weise lernst du aus deinen eigenen Erfahrungen. Nun behalte einen klaren, kühlen Kopf, egal was passiert. Nimm deine Pfeife und bete.«

Nun, da ich wußte, daß er bei mir war, fühlte ich mich etwas besser. Ohne etwas erkennen zu können, tastete ich den Höhlenboden ab, fand kleine Zweige, Blätter und Holzstückchen und konnte mein Feuer wieder aufflammen lassen. Ich merkte, daß es hier von Ungeziefer wimmelte; ich hatte es vorher nicht gesehen, fühlte aber, wie es in den Blättern und Zweigen herumkroch und nach allen Richtungen lief, während ich weiter nach Brennmaterial suchte. Eine Flamme schoß aus dem Feuer nach oben und bot neues Licht und neue Wärme. Sie verbreitete in der tiefen Dunkelheit eine solche Helligkeit, daß ich fast geblendet war. Nun hatte ich genug Licht, um meine Pfeife, die Engelwurz und meinen Stab zu finden und um singen und beten zu können.

»O nein, das gibt es doch nicht! Das darf doch nicht wahr sein«, weinte ich vor mich hin. Hunderte Skorpione und große schwarze Grillen waren überall auf meinem Körper und in meiner Nähe. Sie saßen auf meinen Armen, in meinen Haaren, auf meiner Kleidung und auf meinen Füßen. Eine Kreischeule flog durch den Gang und wollte mich angreifen. Schon wieder schlich der Tod an mich heran, und diesmal saß ich in der Falle. Ich konnte nirgendwohin laufen, um mich zu verstecken, und ich sah, wie sich ein unheimlicher Schatten in Gestalt einer Frau aus dem Dunkel des entfernten Höhlengangs auf mich zu bewegte. Der Schatten hatte furchterregende rote Augen!

Ich kauerte mich zusammen und begann zu wimmern. Ich weinte nach meiner Großmutter, die sich während der langdauernden Abwesenheit meiner Eltern um mich gekümmert hatte, als ich noch klein war. »Grandma Nellie, bitte hilf mir, wo bist du, Grandma!«

Dann hörte ich ein klapperndes Geräusch. Es kam näher. Es klang wie eine Klapperschlange, aber ich konnte sie nicht sehen. Es war wohl eine schwarze Klapperschlange. Obwohl meine Furcht wuchs, strengte ich meine tränenden Augen an und suchte in der Dunkelheit nach ihr, um sie zu erspüren und zu finden. Ich hob meinen Stab wie einen Speer. Der kalte Schatten kam näher, und hinter ihm erkannte ich einen riesigen, schwarzen Salamander mit großen, roten Augen. Weinend schrie ich nach Bobby. »O Gott, warum kann er mich denn nicht hören, warum kommt er denn nicht? An was für einen Ort hast du mich da gebracht? Ich dachte, es wäre ein heiliger Ort, an dem nur gute Geister wohnen – oh, wie ich dich hasse, warum kommst du nicht und hilfst mir?«

Grillen, Skorpione, Schatten, schwarze Salamander, schwarze Klapperschlangen und Kreischeulen gelten bei meinem Volk als dämonische Kräfte und Geister. Wir fürchten und hassen sie und betrachten sie als todbringend. Ein Hexenmeister kann eine Grille oder eine der anderen Kräfte schicken, um Menschen zu töten. »Wer tut mir das an und warum?« sagte ich zu mir selbst, als wäre ich schon verrückt geworden.

Dann hörte ich Bobby singen. Seine Stimme hallte von den Wänden, und etwas später hörte ich ein klirrendes Geräusch immer lauter werden. Der Wind tobte vor dem Eingang und der rückwärtigen Öffnung der Höhle. Ich konnte nicht aufhören zu weinen, aber je mehr ich sang, desto gleichgültiger wurde ich.

»Kommt und holt mich, ihr Bastarde – das macht mir nun gar nichts mehr aus. Kommt und tötet mich, wenn ihr wollt, aber davonlaufen werde ich nicht. Ich werde hier sterben, wenn es sein muß, aber aufgeben werde ich nicht. Großer Schöpfer, bitte hilf mir. Meine Vorfahren, bitte kommt und rettet mich«, weinte und schrie ich in einem fort. Dann fiel mir plötzlich das Paßwort ein. Ich hatte hier oben das Paßwort nicht gesagt. Also lehnte ich den Stab an die Wand, legte die Pfeife neben die Gebetsgrube und konfrontierte alle Dämonen mit einer Entschlossenheit, die einen Holztransporter zum Stehen gebracht hätte. Während ich in die Hände klatschte, rief ich dreimal hintereinander: »*Hey wogey. Hey wogey. Hey wogey.*«

Plötzlich drang ein warmer Windstoß durch die Öffnung im Osten. Er blies mein Feuer aus, und plötzlich herrschte völlige Dunkelheit. Ich hörte, wie das Echo mein Rufen widerhallen ließ. Ich hörte Wasser oder zumindest das Geräusch von tropfendem Wasser, das an der linken Höhlenwand abprallte. Dann herrschte Totenstille. Kein Schreien, kein Knurren, kein Fauchen, kein Klappern, kein Geräusch kratzender Ungeziefer. Ich beugte mich nach unten, um meine Pfeife hervorzuholen und zu beten, als plötzlich ein kleiner Vogel aus westlicher Richtung auf mich zuflog, meinen Kopf streifte und durch die Öffnung nach Osten wieder nach draußen flog. Gleichzeitig flammte mein Feuer wieder auf, und ich sah, daß es ein kleiner Rotkehlhüttensänger war, die gleiche Vogelart, zu der meine Urgroßmutter immer betete. In beiden Richtungen konnte ich aus weiter Entfernung Stimmen und später Singen vernehmen, und als ich meine Augen anstrengte, erkannte ich in Insignien gekleidete Geistwesen oder Geister. Dann wurde ich ohnmächtig und stürzte zu Boden.

Als ich aufwachte, war es Tag, und der Kupferspecht zwitscherte bei Sonnenaufgang. Dann hörte ich aus dem Wald das

Klopfen des großen Schopfspechts. Sein Klopflied hallte wider in perfektem Rhythmus, während er die fernen Täler des heiligen Hochlands entlang segelte. Ich fühlte mich steif und wund und hatte Schnitt- und Kratzwunden von meinem Sturz. Ich zog mich mit Mühe hoch und ging langsam auf den Höhleneingang zu, als ich hörte, wie mein Mann das Sonnenaufgangslied sang. Er hielt inne, kam zu mir und half mir. »Gut, komm herüber ans Lagerfeuer und ruh dich aus«, sagte er stolz. »Wir haben über vieles zu reden.«

Ich muß länger als einen halben Tag geschlafen und geträumt haben. Ich kann diese Träume niemandem mitteilen, denn sonst könnte ich die Kräfte, die mir der Schöpfer und die Geister gegeben haben, verlieren. Aber ich hatte viele Träume, gute, klare Träume, die eher wie Visionen waren. Anschließend nahm ich ein kurzes Bad in dem Bach, um mich zu erfrischen, aber noch immer durfte ich kein Wasser trinken. Die Hitze nahm wieder zu, die Sonne stand am Himmel, und Wolken waren nicht in Sicht. Die Wiesenblumen dufteten wunderbar. Unsere Sinneswahrnehmung schien hier oben viel ausgeprägter zu sein.

Den Rest des Tages bis zum Sonnenuntergang sangen wir Stoßtanzlieder und tanzten. Dann wurde ich wieder beräuchert und mußte auf den abgeflachten Teil des Felsens klettern, um dort zu beten, zu singen und zu tanzen. Ich bin kein Freund von Höhen, und dieser Umstand erschwerte es uns beiden, mich dort hinaufzubekommen. Erst nachdem ich mir an den Knien und Ellbogen einige weitere Kratzer eingehandelt hatte, gelang es mir, mich auf die flache Stelle des Felsens hochzuziehen und dort fallen zu lassen. Die Sonne ging gerade unter und stand über dem Meer. Ich drehte mich der Sonne zu, zündete meine Pfeife an, sprach meine Gebete und begann zu singen. Mein Mann stand unter mir und paßte auf, daß ich nicht an der Seite herunterfiel, und ich registrierte, daß er etwas beunruhigt war. Ich schloß meine Augen, klatschte in die Hände, rief und tanzte weiter.

Dann hörte ich es schreien, während es über mir kreiste und näher zu mir nach unten segelte. Es kam direkt aus dem Zentrum des Himmels: ein junges Rotschwanzbussardweibchen, das fast die gleichen Farben trug wie die untergehende Sonne. Ich konnte seine Kraft fühlen und begann zu weinen. Es flog zu mir, und ich konnte verstehen, was es mir sagte. Dann sah ich, wie es eine menschenähnliche Geistergestalt annahm. Ein Schmerz schoß mir durch den Magen, und ich wurde ohnmächtig. Ich schlief und träumte die ganze Nacht.

Am folgenden Morgen versuchte mein Mann mich aufzuwecken. Der Morgenstern ging gerade im Osten über dem Mount Shasta auf, und die ersten Sonnenstrahlen begannen, alles Leben mit ihrer Kraft zu erwecken. Während Bobby mir beim Aufstehen half, langte ich nach meiner Pfeife, hielt aber stattdessen Bussardfedern in der Hand. Sie fühlten sich an wie zwei glühende Kohlen. Ich weinte vor Freude über dieses Geschenk. Wir zündeten beide unsere Pfeifen an, sprachen unsere Gebete zur aufgehenden Sonne für meine Wiedergeburt und meinen Erfolg und kletterten von dem Felsen herunter. Der Brauch verlangte, daß ich meine alte Kleidung und meine Pfeife dort zurückließ. Ich mußte diese Dinge irgendwo verstecken und den Geistern überlassen. Zusätzlich hinterließ ich etwas Tabak und ein Gefühl der Dankbarkeit.

»Gut«, sagte Bobby, »wenigstens bist du nicht verrückt geworden und vom Felsen auf mich heruntergesprungen. Du hast das wirklich gut gemacht, und ich bin stolz auf dich. Aber es wird nicht allzu lange dauern, und diese Kraft wird dich verrückt machen. Man muß sie »kochen« und wegtanzen, und darum sollten wir uns jetzt auf den Weg nach Hause zur Schwitzhütte machen, einverstanden?«

Er fragte, welche Route ich für den Heimweg nehmen wollte. Wir konnten den Weg an der anderen Seite des Doctor Rock in Richtung Red Mountain und Blue Creek Golden Stairway einschlagen oder aber nach Elk Valley zurückgehen und dann den

Weg durch Orleans nehmen oder den gleichen Weg wie für den Hinweg benutzen.

Ich hob meinen Kopf zum Himmel, betete und lachte: »Großer Schöpfer, habe Mitleid mit mir, ich bin so müde und erschöpft. Laß uns bis zur G-O-Straße gehen und versuchen, dort eine Mitfahrgelegenheit bei einem Holztransporter oder ähnlichem zu bekommen!«

»Sei vorsichtig, welche Wünsche du hier oben äußerst. Denk daran, daß du auf Medizinsuche bist und bei allem richtig vorgehen mußt,« schimpfte Bobby.

»Bobby, darüber mach' ich mir jetzt wirklich keine Sorgen. Ich bin jetzt wirklich am Ende. Mein einziger Wunsch ist nun, irgendwie nach Hause zu kommen, und ich glaube nicht, daß ich noch zurücklaufen könnte«. Während ich das sagte, hob ich meine Sachen auf und schlug den Weg in Richtung G-O-Straße ein. Während Bobby sich mir anschloß, hörte ich die Rufe der Raben. Und dann konnten wir die Raben sehen, wiederum ein gutes Zeichen, und sie flogen mit uns in Richtung Straße. Da wußte ich, daß wir eine Mitfahrgelegenheit bekommen würden.

3
Rollenbilder und Lehrer

Wir erhielten tatsächlich eine Mitfahrgelegenheit, den ganzen Weg vom Hochland hinunter bis vor unsere Haustür. Meine beiden Vettern und mein Bruder waren im Hochland bei der Jagd gewesen und machten gerade Rast, als sie uns aus dem Wäldchen auf die Straße kommen sahen. »He, Schwesterherz«, sagte mein Bruder, »dich trifft man wirklich immer an den seltsamsten Orten. Was macht ihr denn hier?« Ich erklärte ihm, warum wir hier waren, und alle mußten mir versprechen, es niemandem weiterzusagen. Dann bat ich meinen Bruder, zu anderen Familienmitgliedern zu fahren und sie zu uns nach Hause zu bringen, damit uns helfen konnten, den Stoßtanz für mich zu zelebrieren und zu singen.

Ich versuchte alles richtig und nach altem traditionellem Brauch zu machen, aber die Zeiten haben sich geändert. Meine Ahnen benutzten für ihre Ausbildung noch die alten Plankenschwitzhütten, und die Frauen trugen Kleider aus Ahornrinde, aber zu meiner Zeit gab es davon nicht mehr viele. In Weitchpec oben bei den Ishi-Pishi-Fällen und in der Hupa-Reservation hatte man mit öffentlichen Geldern wieder Dorfschwitzhütten errichtet, aber meine Tanten rieten mir ab, von ihnen Gebrauch zu machen. Sie sagten, die wieder aufgebauten traditionellen Schwitzhütten seien eher als Ausstellungsstücke gedacht. Sie waren nicht richtig, gemäß altem Brauch und unter Berücksichtigung der Kräfte, erbaut worden, und meine Lehrer hatten Bedenken, daß ich dabei zu Schaden käme.

Darum verwendeten mein Mann und ich unsere eigene Schwitzhütte, den Typ mit Steinen und Dampf, der die Form eines umgekehrten Korbes hat und unter den anderen Stämmen in Amerika weit verbreitet ist. Bei unserem Stamm gab es diesen Typ ebenfalls, allerdings nur als Provisorium. Unsere Schwitzhütte besaß Kräfte. Sie war in der richtigen und traditionellen Weise gebaut worden und wurde richtig verwendet, und mir wurde unheimlich heiß darin. Die Schwitzhütte erfüllte einen guten Zweck: Vor der Medizinsuche reinigte sie Geist, Körper und Seele, und nach der Medizinsuche »kochte sie die Schmerzen und Kräfte«. Ich fastete, betete, schwitzte, legte Holz auf und tanzte fünf Tage vor der Pilgerfahrt, und das gleiche wiederholte ich auch nach der Pilgerfahrt. Die Stoßtanzzeremonie diente dazu, den Kreislauf zu vollenden und die Kräfte zu stärken. Insgesamt dauerte die Ausbildung zwanzig Tage. Um den kulturellen Veränderungen und dem geänderten Lebensstil Rechnung zu tragen, mußten wir improvisieren. Meine Ausbildung fiel nicht genau so aus wie die meiner Vorbilder früher, weil sie nicht mehr da waren und mich nicht mehr anleiten konnten. Aber ich verwendete auch eine Zeremonie, die die Veränderungen des Kreislaufs berücksichtigte.

In der heutigen Gesellschaft gibt es nicht viele Vorbilder, zu denen ein junges Indianermädchen aufschauen und von denen es lernen könnte. Es gibt überhaupt nicht mehr viele Rollenbilder für ein junges Mädchen in unserer westlichen Gesellschaft, gleichgültig welcher Rasse oder Kultur es angehört. Wir Frauen aller Rassen müssen uns heute anhören, daß wir in einer Männerwelt leben. Aber ich hatte in mancher Hinsicht Glück, denn ich wurde hauptsächlich von meiner Urgroßmutter großgezogen und hatte außerdem noch einige Tanten um mich, mit denen ich sprechen und von denen ich lernen konnte, wenngleich sie keine Ärztinnen oder Medizinfrauen waren. Die Legenden und Geschichten, die sie mir über frühere indianische Ärzte und Ärztinnen erzählten, gaben mir das Notwendige, um unsere Traditionen und unsere Kultur weiterzuführen. Meine Urgroßmutter starb im Alter von 111 Jahren – genauso alt waren auch die Tätowierungen auf ihrem Kinn. Als sie starb, wurde das

Gebiet von Crescent City bis nach San Francisco von Blitz und Donner heimgesucht, und das hielt ganze fünf Tage an. (Die Zahlen fünf und zehn sind meinem Volk heilig und finden symbolische Verwendung in all unseren Stammesritualen und Zeremonien. Andere Stämme wie die Lakota, Crow und Blackfeet-Blood verwenden die Zahl vier.)

Grandma Nellie, wie sie von jedermann genannt wurde, lebte auf der anderen Seite des Klamath River am Blue Creek. Um zu ihrem Haus zu gelangen, mußte man einen langen Marsch durch die alten Redwood-Wälder und durch die Prärien bis zum Fluß zurücklegen und dann mit dem Boot übersetzen. Hier mündete der Blue Creek, der vom heiligen Hochland und Gebirge kam, in den mächtigen Klamath River, und diese Stelle war sehr gefährlich. Der Blue Creek ist noch immer der reinste, klarste und schönste Bach in unserem Stammesgebiet. Diese Stelle gehört auch zu den besten Plätzen für den Fischfang, die man am Klamath River finden kann.

Grandma Nellie war sowohl Seherin als auch zeremonielle Medizinfrau. Sie heilte mit Kräutern, und man schrieb ihr hellseherische Fähigkeiten zu, weil sie in die Zukunft sehen und dabei Detailangaben machen konnte. Außerdem konnte sie verlorene Gegenstände und Menschen finden. Sie war in der Lage, Mordfälle aufzuklären, wahrzusagen und die Gedanken von Menschen zu lesen. Deshalb war sie von vielen gefürchtet und lebte allein auf der anderen Seite des Flusses. Sie wohnte am Hang eines kleinen, bewaldeten Berges, der den höheren Siskiyous-Bergen vorgelagert ist. Von ihrem Haus aus konnte man über die Golden Stairs zum Red Mountain aufsteigen und von dort zum Doctor Rock und in das Gebiet des Chimney Rock weiterlaufen. Ich bin mir sicher, daß sie in jungen Jahren viele heimliche Pilgerfahrten gemacht hat, denn sie war immer am Beten. Sie sagte: »Spirituell zu sein bedeutet nicht, einmal in der Woche in die Kirche zu gehen. Es bedeutet, jeden Tag zu beten und andauernd ein sauberes Leben zu führen.«

Das alte Farmhaus, das dort vor Jahren erbaut wurde, steht noch immer, und dahinter befindet sich eines der traditionellen Redwood-Plankenhäuser im Stil der Yurok, in denen unser Volk vor dem Einfluß der Europäer jahrhundertelang gelebt hat. Grandma verwendete die indianische Hütte alten Stils zum Trocknen, Sortieren und Lagern von Kräutern und als Meditations- und Gebetsstätte. Nicht weit entfernt davon befand sich auch die halb versenkte, heilige Schwitzhütte alten Stils, die sie für die Behandlung schwerer Fälle verwendete, und die alte Lachsräucherhütte, die sie zum Dörren von Lachsstreifen, von Hirschfleischstreifen und geräuchertem Aal benutzte. Sie hatte keinen Stromanschluß, keine sanitären Anlagen oder sonstigen Komfort. Sie hatte ein altes Aborthäuschen außerhalb des Hauses, ein gravitationsabhängiges Wasserversorgungsystem im Haus und einen alten Holzofen für die Küche und den vorderen Raum. Wenn jemand sie besuchen wollte oder ihre Hilfe benötigte, mußte er die Sache wirklich ernst nehmen und bereit sein, in der Zeit zurückzugehen. Sie war eine wirkliche Traditionalistin, vielleicht die allerletzte ihrer Art.

Grandma Nellie, mein erstes Rollenbild und meine erste Mentorin, war legendenumwoben. Sie galt als Frau mit außerordentlichem Wissen und außerordentlichen Kräften, die auch die einzigartige Fähigkeit besaß, das Wetter zu verändern oder zu beeinflussen. Es heißt sogar, sie habe die Macht besessen, den Verlauf des mächtigen Klamath River während der Überflutung 1964 zu ändern. Sie hatte die Menschen schon Monate zuvor vor der Überflutung gewarnt. Und so lautet die Legende:

Seit vielen Jahren lebte sie ganz allein in dem alten Haus in der Gegend, wo früher das alte Dorf gewesen war. Verwandte besuchten sie regelmäßig und brachten ihr Lebensmittel und auch einige moderne Versorgungsmittel wie Kerosin für die Lampen, Kleider, Töpfe, Pfannen und Klopapier. Sie baute selbst Tabak und verschiedene Teesorten an und lebte in engem Kontakt mit der Erde, aß Beeren, Pflanzen, Fisch und Hirschfleisch. Sie hatte auch einen Garten, der ihr mehr Nahrung bot, als sie selbst verbrauchen konnte, und so machte sie vieles ein.

Ihr Land gehörte zu den begehrtesten indianischen Grundstücken in der Reservation und im Gebiet des Klamath River. Darum gab es immer Interessenten, die versuchten, ihr das Land für ein Butterbrot abzuluchsen, die sie zum Verkauf drängten oder drohten, ihr das Land wegzunehmen. Aber sie gab nie nach. Ihr Ruf als Medizinfrau und vielleicht auch ihr besonders wertvolles Grundstück waren Anlaß für die verschiedenen Vertreter der örtlichen Kirchen, Grandma unentwegt zum Übertritt in ihre Konfession zu drängen. Es war allgemein bekannt oder zumindest ein verbreitetes Gerücht, daß der Reichtum der Kirchengemeinden in Crescent City durch Stehlen und Beten entstanden war, denn sie beteten für die vernachlässigten älteren Indianer und bestahlen sie gleichzeitig. Pastoren und Priester hörten nicht auf, die ältere indianische Bevölkerung zu bedrängen und zum Kircheneintritt zu bewegen, damit sie die heidnischen indianischen Seelen retten und die älteren Indianer, arm und vernachlässigt wie sie waren, mit netten sozialen Fürsorgediensten und Besuchen beglücken könnten. Für den Todesfall eines dieser älteren Indianer setzte man dann ein Testament auf, in dem der wertvolle indianische Grundbesitz und das gesamte Eigentum natürlich der Kirche überschrieben wurde. Manchmal gelangte der Landbesitz auch auf mysteriöse Weise in die Hände der großen örtlichen Holz- und Energiefirmen.

Grandma Nellie war bereits wütend auf die Regierung, die großen Konzerne und das BIA, weil sie ihr unter dem berüchtigten Dawes Act von 1887, dann unter dem Indian Reorganization Act von 1934 und schließlich durch die bundesstaatliche Regelung hunderte Morgen Land geraubt hatten. Sie hatte auch kein Verständnis für die Gruppe von Menschen, die sich Christen nannten und sie andauernd belästigten und bedrängten, zu ihren Gottesdiensten zu kommen. Als Seherin konnte sie deren wirkliche Absicht klar erkennen. Doch eines Tages beschloß sie, ihre Einladung anzunehmen. Sie begleitete eine Gruppe von Gemeindemitgliedern nach Crescent City und nahm als Gastsprecherin über die indianische Religion an ihrem Gottesdienst teil. Einige gleichaltrige Bekannte und Verwandte hatten sich schon bekehren lassen, und Grandma Nellie sehnte sich nach Gesellschaft und Familie und vielleicht auch nach einem gewissen gesellschaftlichen Leben. Aber als sie vor der versammelten Gemeinde stand, hörte sie den Schrei eines Bussards. Er flog in die Kirche und ließ sich auf einer der Kirchenbänke nieder. Mit Tränen in den Augen änderte sie plötzlich ihren Tonfall und das Thema des Vortrags. Ich werde versuchen, ihre Worte wiederzugeben, so gut ich kann.

Sie sagte: »Ich kann nicht. Ich kann nicht auch nur teilweise so sein, wir ihr mich haben wollt. Seht diesen Habicht. Der Große Schöpfer sandte ihn, genauso wie Gott dem Moses einen brennenden Busch, dem Hiob den Wirbelwind und dem Noah eine Wolke geschickt hat. Sie sind die religiösen Führer, von denen ihr uns erzählt und von denen ihr angeblich lernt. Nun, wir Indianer haben auch unsere Führer, und Gott spricht zu uns auf geheimnisvolle Weise. Ich weiß, warum ihr versucht, nett zu mir zu sein. Ich will nicht sagen, daß ihr alle schlechte Absichten habt, aber ich möchte euch warnen, daß die gesamte Natur Zeuge eurer Gedanken, eurer Taten und eures Handelns ist. Ich kann mich für euch nicht so ändern, daß ihr mich akzeptieren könnt. Ich kann und werde euch mein Land nicht geben oder verkaufen. Meine Ahnen sind dort begraben. Es ist ein heiliger Ort. Der alte Indianerpfad, den ich für spirituelle Pilgerfahrten zu den Red Mountains benutze, um für die Menschen zu beten und zum Großen Schöpfer zu sprechen, liegt auf diesem Land. Der Pfad beginnt vor meinem Haus, und er ist voller Geister oder Engel, wie ihr Weißen sagen würdet. Aber nun weiß ich, warum ich mich schließlich doch bereit erklärt habe, hierher zu kommen. Ich bin gekommen, um euch eine Botschaft zu überbringen. Ihr sagt doch, das Buch, das ihr studiert und an das ihr glaubt, *die Bibel*, sei das Wort Gottes, nicht wahr? Warum gehorcht ihr diesem Buch nicht? Wir Indianer sind anders als ihr. Wir sind nicht das, was ihr als Heuchler bezeichnen würdet. Unsere Frauen nehmen nicht an religiösen Zeremonien teil, wenn sie ihre Mondzeit, ihre Monatsblutung haben. Das wäre ein Verstoß gegen indianischen Brauch und indianische Gesetze, gegen die Naturgesetze und die Gesetze des Schöpfers. Steht dieses gleiche Gesetz nicht auch in eurer heiligen Schrift? Gibt es dieses gleiche Gesetz nicht überall auf der Welt in allen Kulturen? Vor der Großmutter Mond kann man sich nicht verstecken. Sie sieht alles. Man kann das Gesetz nicht ändern, indem man diese geheiligte und heilige Zeit für Frauen als Fluch oder Dämonenverehrung abtut. Eure Anschauungen zerstören unsere indianische Kultur und die Erde mit dazu. Ihr zerstört das Gleichgewicht und erzeugt Krankheit. Die Zukunft wird eine Vielzahl unbekannter und furchtbarer Krankheiten bringen, die mit Blut zu tun haben. Seid vorgewarnt!

Ich will jetzt gehen. Ich will zurück nach Hause, wo es derart Befremdliches nicht gibt. Dort kann ich beten, und das gibt mir ein gutes Gefühl. Aber eines muß ich euch noch sagen. Ich hatte einen Traum. Der Geist der großen Wasserschlange aus dem Klamath River kam und sprach zu mir. Er sagte, er sei wütend über das, was die Menschen seiner Heimat antun. Sie fällen alle Bäume, zerstören das Land, versuchen alle Fische zu fangen und verkaufen sie, ohne danach eine Zeremonie abzuhalten. Er sagte, die Menschen hielten sich nicht mehr an die traditionellen Bräuche, in denen sie ihm und dem Schöpfer Gegengaben darbrachten. Ihm behagt auch nicht, wie wir Indianer die alten und heiligen Tänze ins Lächerliche ziehen, indem wir in betrunkenem Zustand teilnehmen, die Frauen auch während ihrer Mondzeit, und jeder seine Abfälle in den heiligen Stätten verstreut. Er sagte, der Große Schöpfer werde ihn deshalb am nächsten Vollmond flußabwärts schicken, um den Fluß zu reinigen.«

Laut der Legende ging Grandma Nellie anschließend nach Hause und betete. Sie ging in den Wald, fand einen kleinen heiligen Schößling ich glaube, es war ein Hornstrauch – und verrichtete eine Zeremonie unter ihm. Sie nahm den jungen Strauch mit hinunter in den Vorgarten ihres Hauses, der zum Fluß hin lag. Sie blickte erst flußaufwärts, dann flußabwärts. Sie brachte ihre Pfeife und ihren Tabak dar und betete zur Wasserschlange: »Ich bin eine alte Frau, und das ist alles, was ich noch habe. Meine Ahnen sind hier begraben. Ich habe Nahrung hier angebaut. Ich respektiere alles hier. Der Boden ist mir heilig. Dieser Fluß ist heilig, und wir können ohne ihn nicht leben. Darum bete ich hier jeden Morgen bei Sonnenaufgang und jeden Abend bei Sonnenuntergang zum Großen Schöpfer und zu all meinen Verwandten. Nun bringe ich dem Mond, dem Flußgeist, der Wasserschlange und all meinen Verwandten Tabak dar. Ich rufe den Großen Schöpfer an und danke ihm für den Traum und die Warnung. Ich bitte, daß er mir oder meinem Volk nicht weh tut. Hier an dieser Stelle, in nur zehn Meter Entfernung von meiner Haustür, pflanze ich diesen heiligen Strauch. Laß das Wasser nicht höher steigen als bis an diese Stelle.« Dann weinte und sang sie viele Stunden lang.

Einige Tage später in diesem Jahr 1964 kam es zu einer gewaltigen Überschwemmung durch den großen Klamath River. Sie verwüstete das ganze Gebiet und zerstörte Häuser, Viehbestand und Menschenleben auf beiden Seiten des Flusses. Sie führte zu Hochwasser in Crescent City und zerstörte die Kirche, in der Grandma Nellie nur wenige Tage zuvor gestanden hatte. Das war das schlimmste Hochwasser in der Geschichte Kaliforniens überhaupt. Meine Grandma Nellie ist nun tot und an der Stelle begraben, wo früher das alte Dorf gestanden hat. Wenn man aus dem Boot steigt und den alten Pfad hinaufläuft, der über eine hohe Böschung zum alten Farmhaus führt, erkennt man noch, daß es hier einmal eine Überschwemmung gegeben hat. Das erste Haus am Wegesrand ist völlig zerstört, und man sieht nur noch zerbrochene Holzteile, die um das alte Fundament verstreut liegen. Das zweite Haus, das sich auf halber Höhe des Pfades befindet, ist innen fast ganz verschlammt. Das dritte Haus, in dem Grandma Nellie lebte, steht noch. Es steht zwischen fünf Bäumen. Das Wasser ging nicht höher als bis zu dem von ihr gepflanzten Schößling, der inzwischen zu einem jungen Baum gewachsen ist.

Zuletzt hörte ich, daß das BIA versucht, Grandma Nellies Grundbesitz unter sämtlichen Enkeln und Urenkeln aufzuteilen, so daß eigentlich niemand darauf wohnen kann. Inzwischen streiten sich alle um das Geld bzw. versuchen mit dem BIA auszuhandeln, daß sie statt dessen neue Unterkünfte in Stadtnähe bekommen. Mittlerweile ist die alte Schwitzhütte in sich zusammengefallen, das alte Plankenhaus ist zerfallen und von Unterholz überwuchert, und das Forstamt und die Holzfirmen sind eifrig dabei, an allen Seiten, die an Grandmas ursprünglichen Besitz angrenzen, die Bäume zu fällen. Die westliche Zivilisation verschiebt Grandmas alte Heimat langsam in die Vergangenheit.

Die Zyklen der Natur lehren uns, daß alles einmal stirbt und in die Erde zurückwelkt. Dem Zerfall folgt in der Regel Wiedergeburt und neues Wachstum. Aber was geschieht, wenn die Naturzyklen und die Umwelt zu sehr verändert werden? Was geschieht, wenn die Naturzyklen so verändert werden, daß sie sich nie mehr instandsetzen lassen? Was geschieht dann? Urgroßmutter Nellie weigerte sich, sich zu ändern, und wir können von ihr und unseren Ältesten lernen, wenn wir uns gleichzeitig eine gewisse Aufgeschlossenheit bewahren. Wir können von ihrem althergebrachten Wissen, den alten Bräuchen und ihren Erfolgen wie auch von ihren Fehlern lernen. Viele unserer Ältesten gehören heute der Vergangenheit an, aber vielleicht können wir trotzdem aus ihrer Lebensphilosophie lernen und ihr Wissen für die Gestaltung unseres heutigen und zukünftigen Lebens nutzen.

Grandma Nellie hielt beispielsweise an einem ganz speziellen und spirituellen Lebenskodex fest, der Verständnis, Respekt und Disziplin erforderte. Ihre Methode mag in den Augen heutiger Menschen allzu streng erscheinen, aber ihr Wissen und Lebensstil gründeten sich auf die Naturgesetze. Sie sagte mir immer wieder: »Enkeltochter, du wirst in die Schule der Weißen gehen und dort die Drei Rs, die drei mit dem Buchstaben R beginnenden Grundsätze, kennenlernen. Du wirst sie kennen müssen, um leben und in Zukunft überleben zu können. Aber vergiß nicht, wir Indianer haben auch unsere Drei Rs, von denen wir lernen und nach denen wir leben müssen.« Und das sind die Drei Rs, die sie mich lehrte:

RESPEKT: Habe Respekt für den Großen Schöpfer, die Naturgesetze und die Erde. Habe Respekt für die Geister in der Natur und all unsere Verwandten in der Natur. Habe Respekt für das Heilige des Lebens und laß es heilig bleiben. Habe Respekt für unsere alten Lehren, Überzeugungen, Rituale, Zeremonien, heiligen Tänze und Bräuche, auch wenn du sie nicht alle ganz verstehen kannst. Habe Respekt für die Medizin, die Pflanzen und Kräuter, die vier Elemente, und betrachte nichts als selbstverständlich, weder Luft noch Feuer noch Erde noch Wasser. Habe Respekt für alles Leben, denn es ist heilig. Dazu gehören auch dein Leben und das Leben anderer. Respektiere deinen Körper als Frau und sei vorsichtig zu Zeiten deiner Menses und bei der Geburt deiner Kinder. Respektiere das neue Leben, das du in dir trägst, wenn du schwanger bist, denn ist es richtig versorgt und physisch und spirituell beschützt, wird es selbst wiederum neues Leben bringen und das Überleben unseres Volkes gewährleisten. Respektiere deinen Partner, deine Familie, deine Kinder und Freunde. Respektiere die indianischen Ärzte, Zeremonienmeister, Medizinmänner und Medizinfrauen, indem du ihnen Tabak und ein großzügiges Geschenk gibst, wenn du um ihre Hilfe bittest. Respektiere das Essen und die Medizin, die du für deine Familie bereitest. Bereite nie Essen oder Medizin zu, wenn du ärgerlich und wütend bist, denn sonst gelangt negative Energie in die Nahrung und Medizin. Wut macht krank. Bete für das Essen und die Medizin und hege gute Gedanken. Auf diese Weise wird das Essen zu Medizin. Respektiere alle Teile der Schöpfung durch tägliches Beten und Danksagen. Respektiere dich selbst und bete für dich auf gute Weise; verfluche dich nicht selbst oder mache dich nicht schlechter als du bist, denn das macht dich krank. Versuche, immer respektvolle Gedanken zu hegen, auch wenn dich jemand oder etwas wütend stimmt.

RELATIONSHIP (VERWANDTSCHAFT):   Wir alle sind durch den großen Kreis der Schöpfung und im großen Netz des Lebens miteinander verbunden. Alles in der Natur, sichtbar oder unsichtbar, ist mit uns verwandt. Wie gehen wir mit unseren Verwandten um? Wie verhalten wir uns gegenüber denen, die um uns sind? Zeigen wir Respekt? Wenn du Pflanzen, Kräuter, Nahrung oder Naturstoffe sammelst, auf die Jagd gehst oder Fische fängst, solltest du immer gut über deine Verwandten denken und daran denken, wie alles miteinander in einer familiären Beziehung verbunden ist. Bete zu der Pflanze, dem Kraut, Baum, Tier, Fisch, Vogel oder je nachdem. Bringe ihm als Gegenleistung für sein Leben, seine Kraft oder seine Medizin Tabak dar. Sage ihm, daß es dir leid tut, ihm weh zu tun oder seinem Leben Schaden zuzufügen, daß du Tabak als Gegenleistung für sein Leben darbringst, und frage immer um die Erlaubnis, es nehmen zu dürfen. Bitte auch die Familie, zu der es gehört, um Erlaubnis: die anderen Pflanzen, Tiere, Reptilien, Vögel und Geister. Du solltest im Leben nichts verschwenden, auch nicht dein eigenes Leben.

RECIPROCITY (GEGENSEITIGKEIT): Das ist eines der ältesten Gesetze der Welt. Es bedeutet, daß man für alles, was man erhält, immer etwas Gutes zurückgibt. Es bedeutet nicht, auszubeuten, etwas ohne Erlaubnis zu nehmen oder als selbstverständlich vorauszusetzen. Bring immer Tabak oder ein anderes Geschenk dar, wenn du Dinge aus der Natur nimmst. Lerne, daß Beten einen Sinn hat. Es ist eine Form der Kommunikation mit dem Großen Schöpfer und den Geistern. Bete nicht nur, um Hilfe oder etwas Besonders zu erbitten. Nimm dir im Leben Zeit, um zu beten und um dafür Dank zu sagen, wie die Dinge sind, oder um dich für bereits erhaltene Geschenke zu bedanken. Sei großzügig und freundlich, gib und teile gerne, und du wirst immer etwas dafür zurückbekommen, denn das Leben ist ein heiliger Kreislauf.

Es gibt Legenden über andere Frauen, die großes Wissen und Macht hatten, die ich von meinen Tanten kenne. Im Nordwesten Kaliforniens wurde die indianische Heilkunst meist von Frauen ausgeübt, so daß junge Indianermädchen sich an zwei verschiedenen religiösen Rollenbildern orientieren konnten.

Das eine Rollenbild bzw. die eine religiöse Kategorie war die Medizinfrau. Indianerfrauen in dieser Rolle waren sehr wichtig für den Stamm, weil sie spezielles Wissen über die Verwendung von Gebetsformeln, Ritualen und bestimmten Medizinen hatten, die für den Bürstentanz, das Eichelsammelritual, den Blumentanz der Mädchen (der heute Mondzeremonie genannt wird) und die Geburtszeremonie von Bedeutung waren. Diese Zeremonien halfen nicht nur den jungen Mädchen und Frauen, mit Veränderungen in ihrem Lebenszyklus zurechtzukommen, sondern sie halfen auch der gesamten Gemeinschaft, mit den sich ändernden Zyklen der Natur in Harmonie zu bleiben.

Es gibt auch heute noch ein paar Frauen, die einige dieser traditionellen Rollen und Aufgaben wahrnehmen, Frauen wie Lila

Colegrove und ihre Tochter Adrienne Drake bei den Hupa, Elizabeth Case bei den Karuk, und vor ihrem Tod Mitte der 80er Jahre Bonita Rube Masten bei den Yurok. Heute haben die Yurok keine Medizinfrau mehr und bitten zu diesem Zweck Frauen der Hupa und der Karuk um Unterstützung. Eine Geburtsmedizinfrau gibt es inzwischen in keinem unserer Stämme mehr. Dieses Wissen und diese Medizin sind verloren, und die Insignien und Machtobjekte für diese Rolle wurden entweder gestohlen, in Museen gebracht oder von den früheren Medizinfrauen mit ins Grab genommen.

Die zweite religiöse Kategorie ist die der indianischen Ärztin. Diese Frauen sind Heilerinnen, Seherinnen, Träumerinnen und Spurensucherinnen und werden mitunter als »saugende Ärztinnen« bezeichnet. Dieser Begriff mag heute bei manchem ein ironisches Lächeln hervorrufen, leitet sich aber davon ab, daß indianische Ärztinnen Schmerzen, Gift und böse Geister aus dem Patienten heraussaugen. Eine saugende Ärztin wird zum Beispiel, während sie singt, tanzt und sich im Trancezustand befindet, mit ihrem Mund oder einem Röhrchen die Zyste vom Eierstock einer Patientin absaugen, Schlangengift aus dem Bein eines Holzarbeiters oder das Gift von Spinnenbissen aus dem Arm eines Patienten. Das gilt auch für psychisches Gift, wie das menstruelle Blut einer Frau, das den Mann krank machen kann. Diese indianischen Ärztinnen saugen beim Patienten an Bauch, Rücken, Beinen, Armen, Nacken, Kopf usw., jedoch niemals an den Geschlechtsteilen. Die Ärztin erhält ihre Saugkraft vom Kolibri, vom Schopfspecht, von der Milchschlange, vom Aal, vom Schildfisch, von den Wasserlarven, von Salamandern oder vom Frosch und von wirklichen oder spirituellen Schutzgeistern. Die Frauen haben diese Kräfte und Behandlungsfähigkeiten geerbt oder erhielten sie durch Träume, Visionen und ihre Ausbildung.

Es gibt eine alte Legende über eine indianische Ärztin aus unserem Gebiet mit Namen Weitchpec Susie. Sie war Yurokindianerin und lebte in einem Dorf am mächtigen Klamath River, genau dort, wo die Flüsse Klamath und Trinity zusammenfließen. Früher war dieses Dorf sehr bedeutsam für mein Volk, denn es lag genau zwischen drei Stammesgebieten – das Stammesgebiet der Yurok lag in der Mitte, das der Karuk im Norden, und das der Hupa im Süden. Man erzählt sich, daß ein Indianer und ein Weißer bei einem Trinkgelage wegen einer Frau in Streit gerieten. Es kam zu einem Handgemenge, bei dem beide Schußwunden erlitten, und der Weg von den Bergen bis zum nächsten Arzt in Eureka war sehr weit.

Den Indianer brachte man zur Behandlung zu Susie. Die Familie brachte Tabak, Geschenke und einen ansehnlichen Geldbetrag dar und bat sie, die Blutung zu stoppen und das Leben des Verletzten zu retten. Susie arbeitete mit der Kraft des Frosches, und sie kannte die alte Froschgebetsformel und Medizin für die Heilung. Für diese Medizin und Kraft benötigte sie bestimmte Pflanzen und Kräuter, die in Bachnähe zu finden waren, beinahe wissenschaftliche Kenntnisse über den Gebrauch von Wasser und Mineralien und die mysteriöse Kraft und das Licht der Großmutter Mond. Susie machte sich sofort an die Arbeit und nahm Kräuter wie Brennnesseln, um die Blutung zum Stillstand zu bringen. Sie rauchte ihre Pfeife, betete zum Großen Schöpfer und bat um das Überleben des Mannes. Dann sprach sie zu ihren verschiedenen Kräften über die zu verwendende Behandlungsmethode, sang, tanzte und saugte im Trancezustand das schlechte Blut und das Gift aus der Wunde des Mannes.

Später in der Nacht widmete sie der Großmutter Mond spezielle Gebete und Opfergaben. Als Bezahlung und Gegenleistung für die Hilfe und Kraft der Großmutter Mond, die sie in Anspruch genommen hatte, brachte sie Tabak, Eichelsuppe und Kräutersaft dar. Am folgenden Tag war das Fieber gesunken, die Wunde war verkrustet, und der Patient war zwar noch schwach, konnte aber in sein eigenes Dorf zurückkehren.

In der Zwischenzeit lag der weiße Mann im Sterben. Seine

Familie wußte, daß er den langen und schwierigen Weg von den Bergen bis zur Küste, wo er einen Arzt aufsuchen könnte, nicht verkraften würde. Sie fragten, ob Weitchpec Susie dem Mann helfen könne. Susie lehnte ab, es sei denn, sie seien bereit, dem Brauch und Gesetz zu gehorchen und Tabak, eine Geldgabe oder ein Geschenk darzubringen. Da wurde der christliche Pfarrer des Dorfes ärgerlich und protestierte. Schließlich stand er schon bereit, um den Weißen mit den Sterbesakramenten zu versehen, und außerdem konnte und wollte er »diese Art von Dämonenverehrung und Heidentum nicht zulassen.«

Die nichtindianische Familie war zwischen ihren Überzeugungen und der Möglichkeit, das Leben des Mannes zu retten, hin und her gerissen, da ihnen aber keine große Wahl blieb, entschieden sie sich für Susie. Die Behandlung verlief gut, bis Susie mit dem Saugen begann. Der Mann hatte starke Schmerzen und war halbtot, aber plötzlich sprang er vor sexueller Erregung auf und versuchte, die indianische Ärztin zu verführen. Zum Glück waren Susies Kräfte stark genug, um den Mann bewußtlos zu machen, während sie mit ihrer Behandlung fortfuhr. Allerdings mußte man den Pfarrer aus dem Haus bringen, damit Susie die Behandlung bei voller Konzentration und ohne böswillige Unterbrechungen zu Ende führen konnte.

Der weiße Mann wurde wieder völlig geheilt, und er und der Indianer, den er angeschossen hatte, wurden die besten Freunde. So kamen einige Indianer zu Namen wie Jones, McClellan, Colegrove, Oliver, Donahue, Smith usw. Und so kamen die Indianer in den Besitz des Geldes des weißen Mannes und lernten es auszugeben. Und darum bezeichnet man einige Frauen, die die indianische Heilkunst praktizieren, als indianische Ärztinnen und andere, die diesen kulturellen Beruf ausüben, als Medizinfrauen.

Es gibt einen alten Mythos, und man sagt, daß Susie ihn als beispielhafte Gebetsformel beim Heilen von Wunden verwendete. In diesem Mythos ist der Mond männlich. Für die Männer meines Stammes galt der Mond als männlich und für die Frauen als weiblich. Das führte zu einer gewissen Unstimmigkeit in der Medizin und Heilkunst. Ich kann hier nicht die ganze Geschichte wiedergeben, weil sie Eigentum meiner Familie ist. Ich erhielt sie von meiner Urgroßmutter Nellie Griffin vom Dorf Blue Creek, die selbst Medizinfrau war. Und das ist die Geschichte:

Mond- und Frosch-Gebet für Wunden

Eines Nachts reiste der Mond über die Gebirgskämme, als eine Horde eifersüchtiger Kreaturen geschlossen auf ihn losging. Unter den Angreifern waren hauptsächlich Eidechsen, Salamander, Schlangen, Spinnen und Nachtvögel wie die Eule. Sie hatten etwas gegen das helle Licht, denn es störte ihr heimliches Herumschleichen und böses Tun. Als sie den Mond zu Boden zogen, wurde es dunkel, und sie töteten ihn. Sie fügten ihm viele Schnittwunden zu. Der Mond war ganz mit Blut besudelt. (Das gilt auch heute noch als schlechtes Zeichen.)

Nun hatte der Mond zwei Frauen, die Fröschin und die Grizzlybärin. Sie hörten sein Rufen, und als sie die Angreifer erkannten, kamen sie ihm zu Hilfe. Die Grizzlybärin packte fünf der Angreifer auf einmal und lieferte sich einen harten Kampf mit ihnen. Aber es waren der Angreifer zu viele, und sie wurde getötet.

Die Fröschin aber, die man nicht so leicht erkennen konnte, folgte dem Mond mit ihrem heiligen Korb. Während die Angreifer unentwegt damit beschäftigt waren, Fleisch, Knochen und alles übrige des Mondes aufzufressen, lief sie hinterher und wischte die Bluttropfen mit einem speziellen Farn auf. Sie legte das Blut des Mondes in den mit Kräutern gefüllten Korb, den sie heimlich mit sich trug. Der Inhalt ihres Korbs bestand aus der Rinde des Menzieserdbeerbaums und Brennesseln.

Bald kam sie zur Grizzlybärin, die ebenfalls blutete. Sie sagte: »Schwester, viele Male hast du mir Tabak gegeben und mir geholfen. Du hast mir gezeigt, wo man die heiligen Pflanzen und Kräuter findet. Diesen Tabak will ich nun als Bezahlung annehmen, um dir zu helfen.« Sie sammelte das Blut der Grizzlybärin auf, fand ihr herausgerissenes Herz und legte es heimlich in die Pfote der Bärin. Fünfmal betete sie für die Grizzlybärin, fünfmal saugte und sang sie, und fünfmal wendete sie die Medizin aus heiligen Kräutern und speziellem Wasser an. Die Grizzybärin wurde wieder lebendig, war aber noch zu schwach, um zu helfen. So ging die Fröschin weiter hinter dem Mond her. Im Weggehen sagte sie: »Nun können sie dich nicht mehr so leicht töten, weil sie dein Herz nicht mehr treffen können. Sie wissen ja nicht, wo sich dein Herz befindet.«

Die Fröschin sammelte weiter das Blut des Mondes auf und mischte es in ihrem magischen Korb. Bald darauf verschwanden die Angreifer. Fünfmal sang, tanzte und saugte sie an den Wunden des Mondes. Fünfmal legte sie ihre Kräutermedizin auf seine Wunden und betete. Da war der Mond wieder wohlauf und blieb für lange Zeit gesund.

Will jemand diese Medizin verwenden, muß er zuerst dem Mond Tabak darbringen. Er muß zum Mond, zur Fröschin und zur Grizzlybärin beten. Bei Wunden und Blutungen muß der Patient viermal rufen: »Hey Wogay. Hey, Won-ouse-ley! Habe Mitleid mit mir und borge mir deine Medizin. Laß dein heilendes Licht auf meine Wunden scheinen und stoppe das Blut.« Genau fünfmal muß Blut aufgelesen werden, und fünfmal müssen die Wunden mit den Kräutern, dem Wasser und dem Korb behandelt werden. Nur fünfmal. Darum sind die Fröschin und die Grizzlybärin die besten Ärztinnen.

Meine Urgroßmutter Nellie erfüllte verschiedene Funktionen sowohl als Medizinfrau wie als Ärztin. Das galt auch für eine meiner Großtanten, Nancy Rube. Sie war sowohl Bürstentanz-Medizinfrau als auch indianische Ärztin. Man erzählt, daß sie ihre Ausbildung bei der indianischen Karuk-Ärztin Benonie Harrie erhielt. Benonie brachte sie zum Kewet Mountain in der Nähe des Fish Lake, von dort ins heilige Hochland zu den Bergen Chimney Rock, Salmon Mountain und Mount Shasta und sogar hinauf zum Lake Tahoe. Ich fragte meine anderen Tanten und Calvin Rube, warum sie bei ihrer Ausbildung so weit gehen mußte, und sie sagten, daß Nancy immer wieder von diesen Orten träumte. Sie träumte beispielsweise von einer dem Monster von Loch Ness ähnlichen Wasserschlange, die oben im Lake Tahoe und im heiligen Hochland hauste. Sie ging zu diesen Orten, weil ihre Träume sie dorthin gerufen hatten. Mit anderen Worten, die Arztgeister dieser Orte hatten sie gerufen. Wir sollen uns nur an den Orten ausbilden lassen, von denen wir träumen. Andernfalls erhalten wir womöglich keine Kräfte oder werden betrogen und verwundet.

Laut der Legende besaß Nancy Rube als Ärztin große Kräfte, und ihre Hauptkraft war die des Kupferspechts. Zu ihren Behandlungsinsignien gehörten ein Kopfband, eine Halskette und Armbänder aus Kupferspechtfedern. Es heißt, sie besaß die Kraft des Feuers: Sie nahm glühend heiße Kohlen aus dem Holzofen, legte sich die Kohlen auf die offene Hand, sprenkelte sie dann zur Beräucherung mit Engelwurz ein, kaute die glühend heißen Kohlen und schluckte sie schließlich hinunter, während sie mit Mund und Händen die Behandlung durchführte. Der Patient und seine Angehörigen konnten den Gestank von versengtem Fleisch riechen und sahen die schlimmen Brandblasen, aber man sagt, daß die Brandwunden am nächsten Tag alle wieder verschwunden waren.

Ich bin Großtante Nancy Rube nur als Kleinkind begegnet, aber eine Zeitlang erhielt ich meine Ausbildung von ihrer Tochter Bonita Masten und ihrem Sohn, dem indianischen Arzt der Yurok, Calvin Rube. Bonitas Töchter übten den heiligen Beruf nie aus, aber ihre Enkelin Debby erbte diese Kräfte. Debby und ich sind gleich alt und miteinander befreundet. Ich versuchte, sie für ihre Berufung und die Ausbildung als Ärztin zu interessieren, aber sie hatte Angst davor, und so habe ich sie im Lauf der Jahre aus den Augen verloren.

Ich hätte alles gegeben, wenn die legendären Medizinfrauen und indianischen Ärztinnen zu meiner Zeit noch gelebt hätten, um bei meiner Ausbildung zu helfen, denn ich hätte dann so vieles mehr lernen können. Aber ich wurde in einem falschen Zyklus geboren, einem Zyklus rapider Veränderungen, der von westlichem Fortschritt, westlichen Werten, westlicher Sozialisierung und Technologie geprägt ist. Um mit den Veränderungen in Harmonie bleiben zu können, mußte ich mich anpassen und war gezwungen, mir Mentoren in anderen Stämmen zu suchen, wie z. B. Flora Jones, eine indianische Ärztin der Wintun.

Flora war die letzte ihres Stammes und erbte ihr Wissen und ihre Kräfte von ihrem Vater, einem indianischen Arzt. Sie erhielt ihre Kräfte von einem Stern, einem Adler, dem Bären, dem Wolf und den Geistern früherer Ärzte und Ärztinnen. Sie war Trance-Ärztin. War sie im Trancezustand, mußte ein anderer übersetzen, während sie die Heilzeremonien durchführte. Ein Übersetzer namens Emery arbeitete mit ihr zusammen. Ihre Behandlungsmethode war anders als die meines Stammes, obwohl auch sie sang und tanzte und zum Heilen ihre Hände und Kräuter benutzte. Sie hatte eine kleine, schwarze, handgefertigte Schachtel aus Zedernholz. Sie enthielt geheime Machtobjekte, und niemand durfte je einen Blick hineinwerfen. Sie hatte das Medizinbündel und die Schachtel von ihrem Vater geerbt, der beides wiederum von seinem Vater bekommen hatte, und darum waren diese Dinge sehr alt. Zum Saugen benutzte sie nicht ihren Mund, sondern die kleine, schwarze Schachtel. Die Geister in der Schachtel pflegten dann zu ihr und zu dem Patienten zu sprechen und ihnen mitzuteilen, was die Krankheit ausgelöst hatte oder wer sie verursacht hatte und was weiter für eine Heilung getan werden müsse. Flora behandelte Menschen aus den verschiedensten Bundesstaaten, behandelte die verschiedensten Krankheiten und Verletzungen und verdiente viel Geld. Viele waren deshalb neidisch auf sie und redeten hinter ihrem Rücken schlecht über sie, weil sie immer einen neuen Cadillac fuhr, aber ich denke, sie hat sich das verdient.

Ich traf Flora zum ersten Mal, als ich schlimme Bauchschmerzen und Alpträume hatte. Calvin hatte mich deshalb schon einmal behandelt, worauf die Symptome zunächst verschwunden, nach einiger Zeit jedoch wiedergekehrt waren. Mein Menstruationszyklus war völlig durcheinander, darum hielt ich es für besser, den Rat und das persönliche Vertrauen einer weiblichen Ärztin zu suchen. Mein Mann stellte den Kontakt zwischen ihr und mir her, und als wir zum ersten Mal bei ihr anriefen, um telefonisch einen Termin zu vereinbaren und Vorbereitungen für die Behandlung zu treffen, schwieg sie zunächst für einen langen Moment, dann antwortete sie: »Ja ich kenne diese junge Frau. Ich habe schon oft von ihr geträumt. Bring sie sofort zu mir.« Also brachten wir ihr Tabak, Adlerfedern, handgefertigte indianische Körbe, Nahrungsmittel und drei Hundertdollarscheine als Geschenk und Gegenleistung für ihre Dienste.

Zunächst blieb ich für einige Tage allein bei ihr, weil mein Mann arbeiten mußte. Aber letztendlich mußte ich einige Monate bei ihr verbringen, weil mir dort plötzlich Heilkräfte beschert wurden. Flora gelang es, mich wieder gesund zu machen, aber sie sagte auch, daß ich das junge Mädchen sei, von dem sie geträumt habe, daß es eines Tages ihren Platz einnehmen werde. Ich fühlte mich froh, geschmeichelt und geehrt. Im Lauf der Jahre entwickelte sich eine sehr enge Beziehung zwischen uns, und ich blickte zu ihr auf wie zu einer Mutter und lernte viel von ihr. Zur Ausbildung nahm sie mich mit in ihre Berge und zum Mount Shasta. Dort traf mich eine weitere Quelle der Kraft, die mich meinen Namen in Star Hawk ändern ließ. Der Stern, von dem ich jahrelang geträumt hatte, der Stern, auf den ich mich als Kind hinaufgewünscht und zu dem ich als junges Mädchen gesprochen hatte, wenn ich traurig und beunruhigt war, wurde nun zu meiner spirituellen Schutz- und Heilkraft.

Eines Nachts befand ich mich auf Visionssuche mit Flora, als etwas Seltsames geschah. Ich sang und betete mit geschlossenen Augen. Ich hörte den Schrei eines Bussards, dann hörte ich ein lautes Läuten in meinem Ohr. Ich schaute zum Himmel hoch, um nach dem Bussard Ausschau zu halten, entdeckte ihn und sah plötzlich meinen Lieblingsstern. Die Kraft und die Demut brachten mich zum Weinen. Der Bussard flog höher und höher auf den Stern zu, bis er nicht mehr zu sehen war und die Dunkelheit das Tageslicht nahm. Es war Abend, und ich fühlte, daß der Bussard meine Gebete mit sich trug, aber plötzlich überkam mich ein eigenartiges Gefühl. Ich fühlte, wie es mir die Seele aus dem Leib zog, und ich begann am ganzen Körper heftig zu zittern. Meine Seele war nun in dem Bussard. Sie war mit dem Geist und der Kraft des Bussards verschmolzen. Ich war nun selbst der Bussard und flog direkt in den Nachthimmel hinein und war nicht mehr zu sehen, da die Sterne immer heller wurden. Das Läuten in meinen Ohren wurde immer lauter, und die ihn durchziehende Kraft ließ meinen Körper immer noch erzittern. Plötzlich sah ich, wie der Stern vom Himmel herunter kam und direkt in mich hineinschoß, und ein großer Lichtstrahl umgab meinen ganzen Körper, während Flora und Emery mich voller Erstaunen ansahen. Nach diesem Ereignis verlor ich das Bewußtsein und lag mehrere Tage im Koma. Während der ganzen Zeit betete Flora für mich. Ich weiß, wo ich war, was ich sah, und welche Erfahrung ich bei dieser Seelenreise machte, aber ich darf das keinem weitererzählen. Es ist mein Geheimnis und persönliches Wissen.

Ich versuchte, meine Ausbildung unter Flora fortzusetzen, während mein Mann seine Ausbildung unter Calvin Rube, Charlie Thom, Rolling Thunder, Georgina Matildon, Bonita

Masten und Dewey George fortführte. Einige seiner früheren Lehrer, wie z. B. Beeman Logan und Mad Bear Anderson, waren bereits gestorben, und so begleitete er mich ab und zu, um unter Flora zu lernen. Während wir unsere Ausbildung machten, halfen wir unseren Mentoren auch bei Behandlungen. Unsere Ausbildung wurde mit den Jahren komplizierter und umfangreicher, wir hatten beide neue mystische Erfahrungen, neue Träume und neue Lehrer, und das machte neue Ausbildungsformen erforderlich. Obwohl Bobby mich sehr unterstützte, war diese Zeit für mich noch schwieriger als für ihn, weil meine Rolle und Verantwortung als Mutter mich immer mehr beanspruchten.

4

Der weibliche Weg:
Noch mehr lernen, noch mehr weinen

Obwohl mein Mann fünfzehn Jahre älter ist als ich, bin ich gerne verheiratet, habe gerne Kinder und führe gerne ein traditionelles, religiöses Familienleben. Vielleicht brauchte ich eine »Vaterfigur«, wie ein Therapeut meinte, zumindest aber fand ich endlich die Liebe, Sicherheit, Achtung und Spiritualität, die in meiner Kindheit und Jugend gefehlt hatten. In einer Reservation aufzuwachsen, kann zu einer gewissen Schizophrenie führen. Armut, Alkohol, Drogen und die dauernde Diskriminierung in der Schule, auf dem Arbeitsplatz und durch die staatlichen Behörden erzeugen gestörte Familienverhältnisse und ein sehr ungesundes Gemeinschaftsleben. Diese Umstände machen viele Menschen automatisch zu Versagern, denn die Dominanz der westlichen Gesellschaft führt bei uns Indianern zu einem Mangel an Selbstachtung, zu Minderwertigkeitskomplexen und Haß auf die eigene Rassenzugehörigkeit. Das ist wahrscheinlich der Grund, warum meine Eltern und ihre Generation sich besiegt und geschlagen fühlten und auch so handelten. In ihrem Leben gab es einfach nichts, auf das sie sich freuen konnten. Außerhalb der Reservation sind wir mit der gleichen oder manchmal auch mit einer noch schlimmeren Situation konfrontiert.

Wie so viele meiner Verwandten, Cousins, Cousinen und Freunde wuchs auch ich gezwungenermaßen in zwei Welten auf: in der indianischen und in der westlichen Kultur. Ich war zwischen den zwei gegensätzlichen Wertsystemen und Kräften hin- und hergerissen und dauernd bemüht, mich an die Veränderungen beider Systeme anzupassen. Meine Eltern kamen über die Erniedrigung durch Internat, Bildungsmangel, Diskriminierung und Armut nie hinweg und suchten oft Zuflucht im

Meine Großmutter Alice Frank Spott, eine legendäre indianische Ärztin und Zeremonienmeisterin der Yurok. Man sieht sie hier im Jahre 1901 im Zeremonialkostüm vor dem alten Plankenhaus in Requa. *(Das Foto wurde vom Lowie Museum of Anthropology der University of California in Berkeley zur Verfügung gestellt.)*

Alice Frank Spott, Medizinfrau der Yurok, erhielt ihre Ausbildung am Trinidad Head Mountain. *(Das Foto wurde von Alveretta Mae Spott zur Verfügung gestellt.)*

Alice Spott und ein zahmes Reh. *(Das Foto wurde von der Bibliothek der Humboldt State University zur Verfügung gestellt.)*

Ruth Roberts in einem der Gewänder der Familie Spott in Requa. *(Das Foto wurde von der Bibliothek der Humboldt State University zur Verfügung gestellt.)*

Urgroßtante Fanny Flounder, eine bekannte indianische Ärztin der Yurok, im Jahre 1925. *(Das Foto wurde von der Bibliothek der Humboldt State University zur Verfügung gestellt.)*

Tom Hill, Medizinmann der Chilula, und seine Frau um 1870.

Nellie Griffin, Hebamme und Geburtshelferin der Yurok, Ritualkundige und Seherin. *(Das Foto wurde von Alveretta Mae Spott zur Verfügung gestellt.)*

Minnie Reeves.

Kind in Festgewand am Eingang des Brook-Hauses in Requa. *(Das Foto wurde von der Bibliothek der Humboldt State University zur Verfügung gestellt.)*

Rudolph Socktish, Zeremonienmeister der Hupa, vor einer der wenigen authentischen heiligen Schwitzhütten, die noch erhalten sind und für Stammeszeremonien verwendet werden. Im Vordergrund sieht man einen Kalenderstein, auf dem die heiligen Tage eingezeichnet sind.

Links außen: Meine beiden Töchter Chay-gam-em und Moon-Raven und ich.

Links: Mein Sohn Wind-Wolf.

Unten: Wind-Wolf, Moon-Raven und Chay-gam-em Lake.

Chay-gam-em Lake.

Frank Lake bei der Fertigung einer Korbreuse für den Lachsfang.

Korb der Yurok.

Vorratskorb.

Die blinde Molly, Korbflechterin der Yurok.

Babytrage.

Indianerbaby in einer Baby-decke. *(Das Foto wurde von der Bibliothek der Humboldt State University zur Verfü-gung gestellt.)*

Indianerkinder. *(Das Foto wurde von der Bibliothek der Humboldt State University zur Verfügung gestellt.)*

Gruppe von Kindern und eine Frau im indianischen Muschelkleid in Lighthouse, Crescent City. *(Das Foto wurde von der Bibliothek der Humboldt State University zur Verfügung gestellt.)*

Ein Indianermädchen in Requa. *(Das Foto wurde von der Bibliothek der Humboldt State University zur Verfügung gestellt.)*

Ein Karuk-Mädchen beim Pubertätsritus.

»Glückssteine« der Chilula-Frauen in Redwood Creek.
(Foto von Bobby Lake 1978)

Sprungtanz in Pekwan 1926. Mädchen in Muschelge-
wändern. *(Das Foto wurde von der Bibliothek der Humboldt
State University zur Verfügung gestellt.)*

Sprungtanz in Pekwan 1926. *(Das Foto wurde von der
Bibliothek der Humboldt State University zur Verfügung
gestellt.)*

Bürstentanz in Requa Anfang der zwanziger Jahre. *(Das Foto wurde von der Bibliothek der Humboldt State University zur Verfügung gestellt.)*

Tabakgebet.
(The Prayer © 1991 by David Ipiña/Yurok).

Alkohol. Sie waren dem einfach nicht gewachsen, acht Kinder zu versorgen und die damit verbundenen Belastungen zu ertragen. Ich wurde von meiner Urgroßmutter großgezogen, aber in den späteren Jahren, als sie zu alt wurde, brachten mich die Behörden bei Pflegefamilien unter. Als ich achtzehn war, hatte ich meine Mutter und meinen Vater schon viele Jahre lang nicht mehr gesehen. Man hat mich öfters geschlagen und sexuell mißbraucht. Ich wurde auch bei vielen Autounfällen verletzt, die Freunde von mir nach dem Genuß von Alkohol verursacht hatten. Mehrmals wurde ich in Heime für schwer erziehbare Jugendliche und in Strafanstalten eingewiesen. Ich erlitt Stichwunden bei Auseinandersetzungen auf wilden Parties und mußte mich schließlich auf gerichtliche Anordnung hin einer psychiatrischen Untersuchung unterziehen. Daraufhin wies man mich in die psychiatrische Klinik Napa State Mental Hospital ein. Da ich keine andere Wahl hatte, riß ich aus der Klinik aus und kehrte in die Reservation zurück. Ich hoffte, ich könnte mich dort vor der westlichen Gesellschaft verstecken und einen Verwandten finden, der mich beschützen würde. Mein Onkel Paul rettete mich, und mit Hilfe eines Anwalts wurde ich seiner Aufsicht unterstellt.

Wie so viele andere junge Indianer im heutigen Zyklus kämpfte auch ich um mein Überleben, so gut ich konnte. Hin und wieder hatte ich das Bedürfnis, die Reservation zu verlassen, weil so viele meiner Verwandten und Freunde an Krankheiten, Unfällen, Alkohol, Schlägereien und Selbstmord zugrundegingen. Dann ging ich in andere Reservationen, um dort neue spirituelle Kraft zu schöpfen und einem heiligen Tanz oder einer Zeremonie beizuwohnen, die mir wieder Auftrieb geben konnte. In mir dominierten Frust, Furcht, Wut, Haß, Verwirrung und ein innerer Konflikt – das weltliche Erbe meiner Eltern und anderer Verwandter, die uns jüngeren Indianern als Rollenbilder galten und an denen wir uns orientierten. Zu jener Zeit wußte ich nicht, daß noch andere Rollenbilder auf mich warteten: die

Medizinmänner und Medizinfrauen, die in den Bergen im Schutz der alten Wälder und Naturkräfte zurückgezogen von der Gesellschaft lebten.

Meine Lage wurde noch schlechter dadurch, daß mich seltsame Träume, spirituelle Begegnungen mit der Natur und bestimmten Kräften sowie ein Urverlangen nach Spiritualität plagten. Ich glaubte schon, ich wäre auf dem besten Weg, verrückt zu werden. Ich hörte und sah Geister, aber die anderen merkten davon gar nichts. Ich hörte Lieder und hatte starke Vorahnungen und Visionen, so daß andere meinten, ich wäre verrückt. Und ich hatte niemanden, der mir bei diesen Erfahrungen und in diesem Konflikt beistehen konnte. Mir erschien weder die indianische noch die westliche Lebensweise sinnvoll. Meine Lehrer, Schulberater, weißen Pflegeeltern und die Behörden sprachen von Halluzinationen. Sie dachten, ich nähme Drogen, und reagierten dementsprechend, was meine Situation nur noch weiter verschlimmerte. Als mein Mann mich dann im Hause meines Vaters am Klamath River kennenlernte, hatte man mich gerade aus der Klinik entlassen. Ich war krank und stand kurz vor einem Nervenzusammenbruch. Er war dreiunddreißig und machte gerade eine Scheidung durch. Ich war achtzehn und auf der Suche nach Ich-weiß-nicht-was.

Vielleicht war ich auf der Suche nach Liebe, um die Jahre der Mißhandlung zu heilen. Vielleicht war ich auf der Suche nach einer Spiritualität, die an die Stelle all der negativen Erfahrungen treten sollte. Vielleicht war ich auf der Suche nach jemandem, der mich einfach nur verstehen und mir helfen konnte, einen Weg aus meinem inneren Konflikt und meiner Verwirrung zu finden – oder vielleicht war ich auch einfach nur bereit für den richtigen Partner. Bobby schien all diese Bedürfnisse erfüllen zu können und auch die Antworten zu haben, nach denen ich im kulturellen wie im spirituellen Bereich suchte. Aber da war auch noch etwas anderes, was uns zusammenbrachte. Ich hatte schon von ihm und er schon von mir geträumt,

bevor wir einander begegneten. Vielleicht waren es darum letztendlich Schicksal und spirituelle Bestimmung, die uns zusam-
menbrachten. Wir sind nun seit sechzehn Jahren zusammen.
Wie in jeder Ehe gibt es auch bei uns gute Zeiten, schlechte Zeiten und auch tränenreiche Zeiten.

Obwohl man mich um bestimmte Zeremonien und Rituale,
die für ein junges Mädchen bei Veränderungen im Leben wichtig sind, betrogen hatte, versuchte ich als junge Frau das Ver-
säumte bei meinem »Hineinwachsen« in die Rolle der Ehepart-
nerin und Mutter nachzuholen. In den ersten Jahren nach unserer Heirat wohnten mein Mann und ich in einem entlegenen
Gebiet der Reservation an einem Berghang in der Nähe eines
alten Dorfes, wo wir beide in einem geheimen und ungestörten
Umfeld weiter von den Ältesten lernen konnten. Mein Mann
war damals Assistenz-Professor für Indianische Studien in der
Humboldt State University. In den Sommermonaten hatte er
darum frei, und jedes Vierteljahr gab es Collegeferien. Die Hinfahrt allein vom Yurok-Gebiet am Klamath River entlang durch
das Tal der Hupa-Reservation und dann über weitere Bergkäm-
me an die pazifische Küste dauerte jedoch schon drei Stunden.
Während seiner Abwesenheit verbrachte ich viel Zeit damit,
von Bonita Masten, Bürstentanzmedizinfrau der Yurok, und
Georgina Matildon, einer Seherin und Partnerin von Calvin
Rube, mehr über das Wissen und Wesen von Frauen zu erfahren. (Obwohl Georgina und Calvin schon seit vielen Jahren
zusammenlebten, glaube ich nicht, daß er sie nach indianischem
oder westlichem Brauch geheiratet hat. Beide erhielten ihre
Ausbildung von Nancy Rube, als sie noch jünger waren.)

In diesen ersten Jahren meiner Ehe erfuhr ich auch Genaueres
über die Mondzeremonie und die dazugehörigen Kräfte, Energien und Aufgaben. Auch lernte ich viel über die Geburtszeremonie, ihre Geschichte, Philosophie, Bedeutung und Kraft.
Dieses neue Wissen, die Ausbildung und Erfahrung unterschie-
den sich völlig von den Werten, mit denen ich bei den nichtin-

dianischen Pflegefamilien und in der westlichen Gesellschaft aufgewachsen war. Ich hatte nicht die Möglichkeit gehabt, meine erste Menstruation mit einem Blumentanz zu zelebrieren. Ich hatte nicht, wie meine weiblichen Vorfahren, die Gelegenheit, diese neue geheimnisvolle Kraft zu feiern. Als Mädchen und junge Frau bekam ich beigebracht, daß Menstruation, Schwangerschaft und Geburt Frauenleiden seien, deren sich alle Frauen schämen müßten, Unannehmlichkeiten, mit denen Männer nur ungern etwas zu tun hätten.

Als ich mit zehn Jahren meine erste Monatsblutung bekam, wußte ich nicht, wie ich damit umgehen sollte. Das Einsetzen der Menstruation machte mir furchtbare Angst. Vor lauter Blut dachte ich sogar, ich würde sterben. Wie so viele andere indianische und nichtindianische Mädchen heutzutage empfand ich Abscheu. Abscheu, weil ich die Blutungen fürchtete, die mir peinlich waren, und deren ich mich schämte. Die westliche Gesellschaft hatte mich gelehrt, die Menstruation als etwas Schmutziges, Übelriechendes, Schmerzvolles, Häßliches und Lästiges zu sehen. Als junges Mädchen hatte ich diese Vorstellung völlig übernommen. Ich wuchs auf mit einem dauernden Krankheitsgefühl, denn die westlichen Werte waren für uns junge Frauen wie eine »self-fulfilling prophecy«.

Weiblichkeit und Spiritualität waren Bereiche, die in meinem Leben sehr viel Wut, Frust, Verwirrung und psychische Probleme hervorgerufen hatten. Erst nach meiner Begegnung mit Bobby lernte ich von den Frauenältesten eine andere Betrachtungsweise. Dank ihrer Lehrmethode und Geduld lernte ich den dualistischen Charakter der Menstruation, ihre herausfordernde und ihre heilige Seite, zunehmend besser verstehen. Sie lehrten mich, daß der Menstruationszyklus sowohl heilig als auch profan ist, daß er natürlich und mächtig und für Ausgeglichenheit und Gesundheit notwendig ist und daß er selbst wiederum Auswirkungen auf die Gesundheit der einzelnen Frau, der Familie und der Gemeinschaft hat.

Zum ersten Mal in meinem Leben begann ich, meine Weiblichkeit zu feiern und mich nicht mehr zu schämen. Zum ersten Mal in meinem Leben fühlte ich mich nicht unterdrückt, sondern empfand ein gewisses Gefühl der Macht. Ich begann zu heilen, und das Heilen selbst bewirkt eine Reinigung von Gift und Dämonen, von Phantombildern und Trugvorstellungen und dem ganzen alten Müll. Aber ich lernte auch, daß der Heilungsprozeß desto länger dauert, je länger eine Krankheit oder Verletzung schon besteht, und daß unterschiedliche Krankheiten oft unterschiedliche Zeremonien benötigen.

Das Heilen ist kein einfacher Prozeß, und es ist eigenartig, wie sich in unserem Leben gewisse Dinge oft wiederholen. Bestimmte Situationen der Vergangenheit können uns wie Phantombilder verfolgen, bis wir einen Weg finden, uns mit ihnen auseinanderzusetzen und zu versöhnen. Diese Erfahrung machte auch ich. Obwohl mein Leben Schritt für Schritt wieder ins Gleichgewicht kam, mußte ich dennoch jedem alten Problem, jeder Furcht oder Krankheit gegenübertreten, bevor ich in meiner Entwicklung weiter nach vorne gehen konnte. Ich mußte einen verspäteten und sehr grausamen Übergangsritus durchleben und eine Zeremonie finden, die mich dabei unterstützte, so daß ich vorwärts gehen und mich anderen Lernstadien widmen konnte.

Ich wurde zum ersten Mal schwanger. Das bereitete mich auf neues Wissen und neue Erfahrungen vor. Ich war glücklich und aufgeregt, aber gleichzeitig auch ängstlich, da ich nichts über Schwangerschaften wußte. Auch hier hatte die westliche Gesellschaft und ihre Erziehung mir nichts Gutes getan. Zum Glück konnten die Frauenältesten mich nun unterweisen und unterstützen und für den Lebensabschnitt, um den die Gesellschaft mich betrogen hatte, Ersatz schaffen. Eine Zeitlang lief alles gut, doch dann passierte etwas Schreckliches.

Bonita und ich waren gerade dabei, am Berghang Kräuter zu sammeln, als wir plötzlich Hubschrauber über uns hörten. Kurz danach spürten wir, wie ein eigenartiger Sprühregen niederfiel. Wir machten uns darüber keine großen Gedanken, bis ich schließlich todkrank wurde, Grippesymptome wie Frösteln, Fieber, Niesen, Husten, Knochenschmerzen, geschwollene Lymphdrüsen entwickelte und mir laufend schwindlig wurde. Meine Mentorin hatte die gleichen Beschwerden. Deshalb brachte uns mein Mann am folgenden Tag in die Indian Health Clinic, die öffentliche Indianerklinik. Dort diagnostizierte man eine Grippe und gab uns Medikamente dafür. Vier Tage später verlor ich meinen Fötus auf dem Abort, wobei ich vor Schmerz und in panischer Angst schrie. Überall war Blut. Ich brauchte lange Zeit und viele Zeremonien und Heilbehandlungen, um mit dieser Erfahrung fertigzuwerden. Allerdings glaube ich nicht, daß ich sie wirklich psychisch und physisch verarbeitet habe.

Mein Mann und ich zogen aus dem Gebiet fort, und nach mehreren Monaten erfuhren wir, daß das amerikanische Forstamt und die Holzfirmen in der ganzen Indianerreservation das Entlaubungsmittel 2,4,5-T gesprüht hatten. Im gleichen Jahr kamen viele mißgestaltete Tiere zur Welt, viele Älteste starben auf mysteriöse Weise an Krebs und anderen Krankheiten, und viele Frauen hatten Früh- oder Totgeburten. Bonita starb an Kehlkopf- und Lungenkrebs.

Als wir wußten, was geschehen war, waren mein Mann und ich in der Lage, in der Gemeinschaft genügend Unterstützung und politisches Bewußtsein zu mobilisieren, um diesen Völkermord zu stoppen. Seit der Ankunft von Kolumbus hat unser Indianervolk schon viele verschiedene Arten des Völkermordes mitgemacht. Neben dem bisherigen Erbe an Infektionskrankheiten, Alkohol, sozialen Problemen und psychischen Krankheiten ist unsere zukünftige Generation nun noch zusätzlich mit den genetischen Folgen chemischer Vergiftung konfrontiert. [Ohne die Unterstützung der Organisationen Corrective Action Tracking System (C.A.T.S.) und Group Operational Access

Tester System (G.O.A.T.S.) sowie des Sierra Club und der Audubon Society wäre es uns nicht möglich gewesen, diese Vergiftung von Umwelt und Mensch zu beenden. Ich bin dankbar, daß man bei einigen Vertretern der westlichen Gesellschaft doch noch auf Menschlichkeit trifft.] Der Schaden war jedoch bereits geschehen. Wo konnten wir eine Zeremonie finden, die einen solchen Schaden wieder ins Gleichgewicht bringen konnte?

Wochen und Jahre vergingen. Wir beide arbeiteten weiterhin an unserer Arztausbildung und studierten unter verschiedenen Indianerältesten sowie Medizinmännern und Medizinfrauen verschiedener Stämme. Bei all meinen Schwangerschaften kam es zu irgendwelchen Komplikationen. Um mit ihnen fertig zu werden, wandte ich mich vielen verschiedenen spirituellen indianischen Methoden zu, und diese Erfahrungen lehrten mich mehr über unsere traditionellen indianischen Bräuche, Gesetze und Überzeugungen.

In der ersten Schwangerschaft nach meiner Fehlgeburt hatte ich eine schlimme Blutvergiftung. Während dieser Zeit traten mein Mann und ich öffentlich gegen das Fällen und die Entweihung der alten Redwood-Bäume und den Bau der G-O-Straße auf. Wir organisierten und leiteten Demonstrationen, hielten Vorträge und warben im Fernsehen um Unterstützung. Wir erhielten Drohbriefe, wurden wegen unserer Rasse schikaniert, unser Haus wurde beschossen, und wir mußten ständig umziehen. Es gab eine Zeit, in der wir beide von ständiger Furcht, Verfolgungswahn, extremem Streß und Sorgen geplagt waren. Diese Situation stellte unsere Ehe auf eine harte Probe und hatte zweifelsohne direkte Auswirkungen auf die Schwangerschaft. Aber wir hielten weiterhin an den alten spirituellen indianischen Bräuchen, Ritualen und Zeremonien fest und konnten so unser Studium, unser Wachsen und unsere Entwicklung fortsetzen und diese schwierige Situation meistern. Der ganze Konflikt und die Probleme waren ein wirklicher Prüfstein für unseren Glauben an die alte Religion und das alte Wissen.

Die Visionen, die mir am Doctor Rock erschienen waren, wurden Wirklichkeit. Wie ich mit diesen Visionen und medizinischen Fragen umging, erfahren Sie in einem späteren Abschnitt des Buches. Nach meiner ersten Fehlgeburt zwischen 1980 und 1990 mußte ich mich im Krankenhaus sieben schweren Operationen unterziehen. Alle Operationen betrafen Gebärmutter und Lymphdrüsen, und bei einigen Operationen galt ich sogar als klinisch tot.

Erst vor kurzem hatte ich eine Gallenblasenoperation, die zu Komplikationen führte: die Gallengänge waren nicht richtig verbunden und vernäht, so daß es zu einer schlimmen Entzündung von Bauchspeicheldrüse und Leber kam. Im vergangenen Jahr war ich sieben Mal im Krankenhaus und dabei jeweils für mehrere Tage in stationärer Behandlung, aber dieses medizinische Problem ist bis heute noch nicht gelöst. Noch immer bin ich darum bemüht, mit den Schmerzen, der operationsbedingten Verletzung und dem Leiden meiner Bauchspeicheldrüse und Leber fertig zu werden. Ständig habe ich Angst und mache mir Sorgen, welche Folgen das Austreten giftiger Gallenflüssigkeit und die Narbe für meine Bauchspeicheldrüse und Leber haben kann. Und gleichzeitig frage ich mich auch, wie viele Frauen sonst noch für die Experimente der westlichen Ärzte, die auf der Suche nach neuen Techniken und neuen Fertigkeiten sind, herhalten müssen. Noch immer sammle ich eigene Erfahrungen; Erfahrungen dieser Art lassen sich nicht wirklich aus Büchern gewinnen. Als Medizinfrau (Schamanin) oder indianische Heilerin muß ich wohl bei allem den schwierigen Weg gehen und durch eigene Erfahrung lernen. In früherer Zeit hatten Schamanen Pocken, Windpocken, Tuberkulose, Lungenentzündung, Geschlechtskrankheiten, Kriegsverletzungen, schlimme Wundinfektionen, Blinddarmentzündungen und andere Krankheiten. Offenbar war es notwendig für sie, sich diesen Krankheiten auszusetzen, an ihnen zu erkranken und daraus die Erfahrung zu gewinnen, wie diese Krankheiten geheilt werden können. Heute kommt es oft zu Beeinträchtigungen der weiblichen Geschlechtsorgane, des Herzens, der Gallenblase, der Niere und Blase, der Schilddrüse, zu Erkrankungen wie Krebs und Aids, ganz zu schweigen von all den Viruserkrankungen, die plötzlich den ganzen Erdball heimsuchen. Mein Gesundheitsproblem gab mir jedenfalls eine weitere Gelegenheit, neues Wissen in der Heilkunst zu sammeln, das anderen Menschen mit ähnlichen Erkrankungen, Verletzungen oder gesundheitlichen und emotionalen Problemen in Zukunft helfen mag.

Die Jahre physischer, geistiger, emotionaler und spiritueller Not und Entbehrung waren für mich wichtige Lektionen des Lebens. Die negativen Erfahrungen machten mich stärker und klüger. Ich mußte feststellen, daß wir ohne eine gewisse Spiritualität nicht überleben können, denn das Leben ist einfach zu kompliziert und gefährlich. Intelligenz und physische Ressourcen reichen nicht aus, um bestimmte Krisen in unserem Leben zu überwinden, denn fehlende Spiritualität und fehlendes Gleichgewicht schaffen Probleme. Fehlt es an Glauben und an bestimmten Erfahrungen, die zur Prüfung unserer Willenskraft notwendig sind, so kann das zur Niederlage führen. Obwohl die Ältesten mit anderen Problemen konfrontiert waren als wir heute, haben ihr altes Wissen und ihr spirituelles und zeremonielles Vorgehen auch in der modernen Welt noch Gültigkeit. Zeremonien geben uns Kraft. Ohne Kraft sind wir hilflos und anderen Menschen, Kräften und schwierigen Situationen, die wir nicht in der Hand haben, ausgeliefert. Jede neue Krankheit und jedes neue Problem erfordert eine andere Zeremonie, um einen Übergang zu ermöglichen, sonst sitzen wir fest.

Um ein Beispiel zu nennen: Ursache für meine Fehlgeburt mögen der giftige Sprühregen, die geballte gesellschaftliche Erniedrigung und der emotionale Streß gewesen sein oder auch die Tatsache, daß ich während meiner Menses kein spirituelles Leben führte. Die Fehlgeburt half mir vielleicht sogar, eine tiefsitzende Furcht vor Krankheit in mir zu bekämpfen, die mich von Geburt an, seitdem ich als Frühgeburt in einem Außenabort zur Welt gekommen war, verfolgt hatte. Was auch immer der Grund gewesen war, so wurde meine Fehlgeburt für mich doch zum Anlaß, mich mit unseren kulturellen Vorstellungen über Blut auseinanderzusetzen: Ist Blut Fluch oder Segen? Blut ist die Substanz des Lebens. Darum muß es als heilig gelten und auch so behandelt werden!

Bei meiner nächsten Schwangerschaft hielt ich mich so gut ich konnte an die alten Bräuche und Gesetze. Ich war vorsichtig in meinen Eßgewohnheiten und meinem Verhalten. Ich war vorsichtig in meiner religiösen Praxis und meinen spirituellen Überzeugungen, aber ich war nicht vorsichtig mit Feinden. Und Feinde haben wir alle, ob wir uns dessen bewußt sind oder nicht. Was mich betrifft, so hatte ich eine Feindin von meiner Familie geerbt. Unter unseren Familienmitgliedern ist eine mächtige Hexenmeisterin, oder wie wir sagen *umaah* (Indianische Dämonin). Sie besitzt *umaah*-Kräfte, oder was man in der westlichen Gesellschaft als schwarze Magie bezeichnet. Solche Menschen und ihre Kräfte haben etwas gegen gute Heiler und deren Kräfte, und seit Beginn der Schöpfung bekämpfen sich die Kräfte von Licht und Dunkel. Diese Frau wollte unter meiner Urgroßmutter Nellie lernen, aber Grandma unterrichtete sie nicht. Grandma Nellie wußte, daß diese Frau voller Eifersucht und Bosheit war. Nach ihrem Tod wollte diese Frau auch Grandma Nellies Grundstück haben und versuchte alles, um es zu bekommen. Sie ist einer der Gründe, warum meine Familie mit so vielen mysteriösen Krankheiten, Unfällen und Todesfällen zu kämpfen hatte.

Diese böse Frau erfuhr, daß ich heimlich bei den indianischen Ärztinnen studierte. Wahrscheinlich vermutete sie, daß ich Grandma Nellies Kräfte geerbt hatte, und das gefiel ihr überhaupt nicht. Immer wieder tauchte sie plötzlich und auf mysteriöse Weise im Hause meiner Mentorinnen auf, und zwar zu einem Zeitpunkt, wenn wir am allerwenigsten damit rechneten und wenn ich kurz vorher Begegnungen mit guten Kräften gehabt hatte. Damals war ich zu naiv, erst viele Jahre später wurde mir klar, daß diese Frau die ganze Zeit versucht hat, mich zu verhexen, und daß sie mich mit einem Fluch belegt hat, wie sie das auch bei meinen Familienmitgliedern getan hatte. Während meiner Schwangerschaft wurde ich von Schlangen angegriffen, im siebten Monat von einer Schwarzen Witwe gebissen und, als ich mit Wehen im Krankenhaus lag, von Dämonenkräften attackiert. Ihre Absicht und ihre Kräfte waren so stark, daß sie auch meinen Arzt mit »schlechter Medizin behandelte« (einige nennen das auch Hexerei). Als meine Wehen in die kritische Phase gingen, erkrankte der Arzt auf mysteriöse Weise: Er wollte gerade sein Haus verlassen, um ins Krankenhaus zu kommen, da wurde er auf der Vordertreppe seines Hauses plötzlich von einer großen Eule angegriffen. Mein Arzt fühlte sich so krank, daß er Kollegen um ärztliche Diagnose und Aufmerksamkeit bat. Er versuchte, einen Vertretungsarzt für die Entbindung zu finden.

Mein Mann hatte mich vor ihr gewarnt! Aber Sie wissen ja selbst, wie wir meist über unsere Männer denken. Wir lieben und respektieren sie, schenken ihnen in der Regel jedoch nicht allzuviel Glauben, oder? Darum wies ich den Gedanken einfach von mir, daß eine Verwandte von mir so schlecht sein könnte. Aber in der Nacht meiner ersten Entbindung wurde ich wirklich von Hexenkräften und bösen Mächten attackiert. Ich bekam eine Blutvergiftung oder Prä-Eklampsie, mein Blutdruck ging gefährlich in die Höhe, und der Vertretungsarzt riet zum Kaiserschnitt, was meine Furcht und den Streß nur noch verschlimmerte. Auch als ich im Krankenbett lag und die Ärzte am Überlegen waren, was sie mit mir machen sollten, fielen im angeblich sterilen Krankenzimmer Spinnen auf mich herunter, eine Kröte bemühte sich, zu mir hochzuspringen und mich zu beißen, und eine Schlange versuchte, über das Seitenfenster (wir hatten es kurz vorher für eine Schutzzeremonie mit Zedernberäucherung und Geburtsgebetsliedern geöffnet) ins Zimmer zu gelangen. Da tauchte die Hexe plötzlich aus dem Nichts auf und mußte von Sicherheitspersonal hinausbefördert werden.

Mein Mann blieb während dieser Zeit mit seinen Freunden in der heiligen Schwitzhütte, um für mich zu beten, und eine Freundin von mir besuchte mich, um während der Wehen und der Entbindung eine Zeremonie für mich abzuhalten. Wir hatten auch einen Medizinmann mit Namen Rolling Thunder verständigt und ihn um Unterstützung gebeten, weil unsere Ältesten in den Bergen wohnten und telefonisch nicht erreichbar waren. Ich bin mir ganz sicher, daß meine erste Tochter und ich heute nicht am Leben wären, wenn wir diesen negativen Psychoangriff nicht mit einer Zeremonie, einer spirituellen Methode und spiritueller Unterstützung neutralisiert hätten. Um wieder ein Gleichgewicht herzustellen, mußten wir positive Energien und Kräfte einsetzen und die negativen Energien und Kräfte bekämpfen.

Bei meiner nächsten Schwangerschaft war ich weit erfahrener und gründlicher vorbereitet, und die Schwangerschaft und Geburt verliefen viel besser. Aber meine zweite Tochter war bei der Geburt sehr groß und wog beinahe viereinhalb Kilo. Die Anstrengungen der Geburt führten zu Dammrissen, und die Wehen erschöpften mich völlig. Meine Tochter hatte Gelbsucht und mußte immer wieder kontrolliert werden; darum wurde mehrmals täglich aus ihrem kleinen Fuß Blut zur Kontrolle entnommen. Die arme Kleine, sie schrie vor Angst und Schmerz. Am zweiten Tag konnten mein Mann und ich es nicht länger mit ansehen, und gleichzeitig drohte der Kinderarzt mit einer weiteren stationären Behandlung des Babys, um eine maschinelle Blutreinigung und eine Bluttransfusion durchzuführen. Ich benachrichtigte einige meiner älteren Tanten, um zu sehen, ob sie uns helfen könnten, aber alle machten gerade eine Wintergrippe oder Erkältung durch. Meine Tante Auntie Florence Shaunnesy gab uns jedoch einen guten Rat. Sie sagte, wir sollten dem Baby ein Dampfbad aus Brennesseln bereiten, ihm von dem Brennesselsaft zu trinken geben und beten, daß der Regen aufhören und die Sonne wieder zum Vorschein kommen möge. Sie empfahl auch, dem Baby eine kleine Dosis Haimedizin zu verabreichen.

Aber wo um alles in der Welt sollte ich einen Hai herbringen? Doch der Große Geist hat eine wundersame Art zu handeln. Mein Mann ging hinunter zu den Flüßchen in der Nähe des Meeres, um Kräuter zu sammeln und für mich und das Baby zu beten. Danach ging er zum Hafen von Eureka, um herauszufinden, ob Berufsfischer zufällig einen Hai in den Netzen hätten, den sie in der Regel wegwarfen. Plötzlich kamen vier Raben angeflogen und kreisten unter Schreien in der Luft. Dann ließen sie sich am Ufer auf Felsen nieder. Das war ein gutes Zeichen, und Bobby ging zu ihnen hinüber, um sich dort umzusehen. Und wie durch ein Wunder entdeckte er dort einen halbtoten Hai, der sich hin und her warf. Er war klein, aber doch groß genug. Bobby betete für ihn, entnahm die benötigte Menge an Fischöl und brachte es für das Baby nach Hause.

Wir behandelten die Kleine mit medizinischen Dämpfen aus Kräutern und mit Schutzmedizin mit den Kräften des Hais und des Raben. Am folgenden Tag war ihre Gelbsucht zurückgegangen, und Bobbys Gebete in der Schwitzhütte zeigten Wirkung, denn der Regen hörte auf und die Sonne begann zu scheinen. Die medizinische Behandlung und die Heilungszeremonie haben wahrscheinlich das Leben unserer Tochter gerettet, auch wenn sie in späteren Jahren erneut wegen einer Nieren- und Lebererkrankung behandelt werden mußte.

In einigen Stämmen erhalten die Kinder ihren Namen von den Ältesten. In anderen Stämmen bringt die Familie einem Medizinmann ein Geschenk dar und bittet ihn um eine Namengebungszeremonie. Unser im Nordwesten Kaliforniens angesiedelter Stamm ist der Überzeugung, daß ein Baby seinen offiziellen Namen erst erhalten soll, wenn die Geburtszeremonie bereits zehn Tage zurückliegt. Bei all unseren Kindern ließen wir das Krankenhaus über den vollständigen Namen zunächst im unklaren, bis mein Mann gefastet, in der Schwitzhütte gebetet und eine Visionssuche durchgeführt hatte, um so den Namen für jedes Kind festzulegen. Weil unsere Kinder ihre Namen auf traditionelle Weise erhielten, wurden ihnen bei der Geburt auch bestimmte Kräfte übertragen. Unsere erste Tochter heißt beispielsweise Chay-gam-em-shan-Roll-tan. Das bedeutete »Kolibri von der Sonne«. Beim Fasten und Beten um eine Vision hatte Bobby spätabends in der dunklen und völlig abgeschlossenen Schwitzhütte die Vision eines goldenen Kolibris, der aus der Sonne heraus flog und ein heiliges Summen und Singen ertönen ließ. Bobby erzählte dem anderen Mann in der Schwitzhütte, was er gesehen hatte. Als sie bei Tagesanbruch hinausgingen, beteten sie zur Sonne. Plötzlich kam ein goldener Kolibri aus östlicher Richtung angeflogen, kreiste viermal über Bobbys Kopf und flog in Richtung Krankenhaus. Dort sah ich dann eine Kolibrimutter mit ihrem Kleinen auf meiner Fensterbank sitzen, und ich machte alle Krankenschwestern auf die zwei Vögel aufmerksam. Als Bobby später selbst ins Krankenhaus kam, sagte ich: »Ich weiß schon, wie das Baby heißen wird.« Er fragte kleinlaut: »Wie denn?« Ich sagte: »Kolibri!« Dann erzählte ich von den Kolibris am Fensterbrett, und er erzählte mir von seiner Vision in der Schwitzhütte.

Etwas Ähnliches ereignete sich auch bei unseren anderen beiden Kindern, die die Namen Moon-Raven (ein Mädchen) und Wind-Wolf (ein Junge) erhielten. Was Bobby in der Schwitzhütte zuerst als spirituelle Vision wahrnahm, wurde später physische Realität, die auch andere Menschen sahen. So erhielten unsere Kinder ihre Namen von den Ahnen und Geistern. Diese Namen verleihen bestimmte Kräfte, gewähren besonderen Schutz und schaffen besondere Verbündete in der Natur.

Können Sie nun den Wert und die Bedeutung dieses Wissens besser verstehen?

5

Operationen, Aberglaube und spiritueller Beistand

Es ist falsch zu denken, daß unsere traditionellen indianischen Überzeugungen, Werte und spirituellen Bräuche sich auf Aberglauben gründen. Was wie Aberglaube erscheinen mag, ist in Wirklichkeit eine andere Form von Wissen, und das gilt ganz besonders für den Bereich der Spiritualität. Dieses Wissen ist alt. Es hat sich viele Jahrhunderte lang entwickelt und unserem Volk gute Dienste geleistet.

Bei all meinen Schwangerschaften suchten wir zeremonielle und spirituelle Unterstützung zum Schutz für das Baby und mich. Meine letzte Schwangerschaft war voller Komplikationen und Gefahren und erforderte einen ganz besonderen spirituellen Umgang. Mein drittes und jüngstes Kind kam mit einem Kaiserschnitt zur Welt, und dieser operative Eingriff führte zu Komplikationen, die in den folgenden Jahren noch weitere Operationen nach sich ziehen sollten.

Die Visionen, die ich im heiligen Hochland erfahren hatte, hatten mich vor den zukünftigen Problemen gewarnt, aber noch war ich, was Alter und spirituelle Erfahrung angeht, zu jung und unerfahren, um Kräfte einzusetzen, die die Probleme, die ich vorhersah, hätten verhindern können. Die Geburt stürzte mich darum in einen Todeskampf, bei dem es um das Leben meines Kindes und um mein eigenes ging.

Zu dieser Zeit hatte auch unser politischer Kampf gegen den Bau der G-O-Straße, gegen das amerikanische Forstamt und die großen Holzfirmen seinen Höhepunkt erreicht. Das amerikanische Forstamt wollte mit dem Bau dieser Straße einen befestigten Verkehrsweg errichten, der von dem etwas über Crescent City gelegenen Ort Gasquet an der Nordwestküste des Pazifik durch unsere traditionellen heiligen Gebiete von Doctor Rock und Chimney Rock bis ins kalifornische Orleans führen sollte. Nach diesen beiden Orten, die durch sie verbunden werden sollten, trug die Straße den Namen G-O-Straße. Mit der Begründung, daß diese Industrien in der wirtschaftlich unterentwickelten Region Arbeitsplätze schaffen würden, sollte die Straße die Holzgewinnung, den Bergbau und den Abbau anderer natürlicher Ressourcen erleichtern. Die gesamte Straße war asphaltiert, bis auf das acht Meilen lange staubige Stück vor dem Chimney Rock, dem Ort, der allen Indianerstämmen des kalifornischen Nordwestens als Mittelpunkt der Erde gilt. Seit Urzeiten dienen diese heiligen Stätten uns Indianern für Visionssuche, Kräftetraining, Arztausbildung, Heilpilgerfahrten, zum Sammeln von medizinischen Heil- und Zeremonialkräutern und als Ort, an dem Zeremonienmeister fasten, beten und »Große Medizin« für die alten heiligen Tänze herstellen.

Die Stimmung war äußerst gereizt. Man spielte die Holzarbeiter und arbeitsuchenden Indianer gegen die traditionellen Indianer aus. Indianische Fischer und Berufsfischer schlossen sich dem Kampf gegen die Regierung und die Holzfirmen an, weil das Roden der Bäume die Bäche und Flüsse, erstklassige Laichgründe für Lachs, zerstörte. Schließlich taten sich auch die Organisationen Northcoast Environmental Centre, Sierra Club und Audubon Society mit der Organisation California Indian Legal Services zusammen und unterstützten die Forderung der Indianerältesten nach einem Baustopp der G-O-Straße. Die Straße war ein wirkliches Vergehen gegen den Indian Religious Freedom Act, die gesetzliche Grundlage für die Religionsfreiheit der Indianer. Das gesamte Bauvorhaben bedrohte die Religion der Indianer und zerstörte gleichzeitig die unberührte Natur und Umwelt.

Mein Mann und ich repräsentierten damals den Elders' Circle[1], für den wir all die Jahre auch in vielen anderen Angelegen-

---

1 Traditioneller Ältestenrat (Ein bürokratisch loser, aber spirituell fester Zusammenschluß von Stammesältesten aus Kanada und den USA; Anm. d. Übers.)

heiten wie bei Auseinandersetzungen über Begräbnisstätten oder Fischereirechte, im Konflikt über die alten Redwood-Bäume und in religiösen Angelegenheiten auftraten. Unsere Namen kamen oft in den Lokalnachrichten vor, wir beteiligten uns an Demonstrationen, und auf einigen hitzigen Versammlungen, Regierungsanhörungen und Debatten konnten wir handgreiflichen Nachstellungen nur knapp entgehen. Wir hatten uns sowohl unter Indianern als auch unter Nichtindianern viele Feinde gemacht. Wir erhielten Drohanrufe und anonyme Briefe, und häufig schikanierte man uns in aller Öffentlichkeit, wie z. B. im Einkaufszentrum und in den örtlichen Läden. Man vergiftete unser Brunnenwasser, feuerte untertags und auch nachts Schüsse auf unser Haus ab, an unserem Lastwagen lockerte man die Schrauben der Klappenvorrichtung, um einen Unfall zu verursachen, und bei unserem Auto zerschnitt man sogar die Bremsseile. Wir suchten Hilfe bei den örtlichen Behörden, aber sie ergriffen Partei für die Mehrheit und waren sowieso voller Vorurteile gegen Indianer. Darum wechselten wir ständig unseren Wohnsitz, änderten unsere Telefonnummern und beteten um spirituellen Schutz. Nur weil wir unsere indianische Religion und die heiligen Stätten schützen wollten, wurden wir zur Zielscheibe solcher Schikanen und Angriffe.

Gleichzeitig hatten wir unter Hexerei zu leiden. Angst, Verwirrung und psychischer Streß wurden allmählich unerträglich. Eulen attackierten unser Haus, irgendwer warf Salamander durch die Fenster, das Haus war ständig voller Schmeißfliegen, Schlangen verfolgten uns im Garten, und einige gelangten sogar ins Haus, wo sie versuchten, sich an unsere kleinen Kinder heranzumachen. Einmal drangen zwei Männer in unser Haus ein und verteilten im ganzen Haus Blutflecken mit einem Ziegenschädel. Sie hinterließen Verwünschungszeichen und hinterlegten an verborgenen Stellen verschiedene Machtobjekte, die negative Geister und Energien gegen uns freisetzen sollten. Die Situation wurde immer verrückter und entzog sich zunehmend unserer Kontrolle.

Ich bekam Bauchschmerzen und fuhr in die Klinik, um mich dort behandeln zu lassen. Der junge Arzt sagte, ich hätte eine akute Blinddarmreizung, und traf Vorkehrungen für eine sofortige Operation. Ich konnte meinem Mann nicht rechtzeitig davon Bescheid geben, weil er in der Reservation einer Versammlung der Ältesten beiwohnte. Bevor ich wußte, wie mir geschah, war ich auch schon operiert. Als ich aufwachte, stand mein Mann im Zimmer und stritt mit dem Arzt. Die Diagnose hatte sich als falsch erwiesen. Ich hatte in Wirklichkeit eine Eierstockzyste. Glücklicherweise hatte das keine Auswirkungen auf das Kind, mit dem ich schwanger war, und es kam weder zu einer Fehlgeburt noch zu sonstigen Beeinträchtigungen.

Aber die Schmerzen kamen in den nächsten Monaten immer wieder. Mit den Schikanen war das ähnlich, obwohl wir in der Kontroverse über die G-O-Straße allmählich immer weniger im Licht der Öffentlichkeit standen. Meinem Mann war es schließlich gelungen, einige unserer Peiniger zu identifizieren. Ein Indianer aus der Gegend und zwei seiner weißen Freunde hatten uns mit schlechter Medizin behandelt. Wir kannten diesen jungen Indianer, es hieß, er habe versucht, Medizinmann zu werden. Er gehörte zu jenen Menschen, die nach Macht streben, um Anerkennung zu finden und ihr Ego zu stärken. Die Art der Macht kümmerte ihn nicht weiter, solange andere ihn fürchteten und zu ihm aufsahen. Es stellte sich heraus, daß sein Wissen und seine Ausbildung in Hexerei gerade ausreichten, um gefährlich zu sein; zudem war er entschlossen und hartnäckig. Seine Gefährten waren New-Ager[2] aus dem Bai-Gebiet, die vorgaben, mit uns Indianern zu sympathisieren; aber ihr wirkliches Motiv war ebenfalls das Streben nach Macht und Anerkennung. Sie hatten sich mit allen möglichen verschiedenen Kulten be-

---

2 Die New-Age-Bewegung kommerzialisiert die Spiritualität und schlägt daraus Profit. Ihr gehören Nichtindianer an, die versuchen, Indianer zu imitieren; Anmerkung d. Übers.

schäftigt und an Schamanismus-Workshops teilgenommen und hatten sich dabei vor allem mit dem Bereich der Hexerei und schwarzen Magie befaßt. Ihr Vorgehen gegen uns glich daher einer Jagd, in der es gilt, den besten Revolverhelden zu schlagen. Solche Menschen wollen sich wichtig fühlen, sie suchen Anerkennung und wollen, daß andere zu ihnen aufsehen.

Einmal griffen sie mich zu dritt auf dem College-Gelände an. Ich hatte meine beiden kleinen Töchter bei mir und war gerade auf dem Weg zu Bobbys Klassenzimmer, da wir gemeinsam zu Mittag essen wollten. Die drei Männer verfolgten, beschimpften und verfluchten mich und sangen Unheimliches in monotonem Sprechgesang, als ob sie mich in eine Auseinandersetzung oder ein Kräftespiel verwickeln wollten. Ich hatte Angst und lief mit den beiden kleinen Kindern im Arm auf eines der Unterrichtsgebäude zu. Der größte der drei Männer packte mich, zog mich am Haar und riß mir ein Haarbüschel aus. Dann schleuderte er mich gegen die Mauer. Voller Stolz hielt er die erbeutete Skalplocke, wie er sie prahlerisch nannte, in die Höhe und sagte drohend: »Nun habe ich dich, du verdammte Hexe. Mit diesem Haar kann ich gegen dich alles tun, was ich will, und deine Magie reicht nicht aus, um das zu verhindern.«

Ich rief um Hilfe, meine Kinder schrien, und die Angreifer liefen zum Parkplatz und fuhren mit hoher Geschwindigkeit im Auto davon. Einer der Collegestudenten holte meinen Mann und das Campus-Sicherheitspersonal, aber der Schaden war bereits geschehen. Bei mir setzten die Wehen ein, ich mußte sofort ins Krankenhaus.

Uns blieb nicht viel Zeit, um eine Zeremonie vorzubereiten, aber zumindest war der Arzt, ein qualifizierter Frauenarzt und Geburtshelfer, damit einverstanden, daß mein Mann unter Verwendung von Engelwurz und heiligen Federn für mich betete. Ich wurde also vor der Operation beräuchert. Mein Mann betete auch für den Arzt und beräucherte ihn, und während ich auf dem Weg ins Operationszimmer war, bat er einige unserer engen

Freunde, sich um die Kinder zu kümmern. Dann ging er zu einer nahen Gebetsstätte etwas weiter oben an der Straße und führte eine medizinische Behandlung durch.

Ich träumte, daß ich bei der Operation starb. Ich träumte, daß ich in der Welt der Geister der Seele meines kleinen Sohnes begegnete, die von einem Nebel zurückgehalten wurde. Ich versuchte, meine Hand nach ihm auszustrecken, aber er wurde durch etwas oder jemanden zurückgehalten. Gleichzeitig war ich von allen möglichen seltsamen verstorbenen Menschen umgeben. Es waren nicht meine Ahnen, sondern sie erinnerten an Zombies. Sie lachten, stöhnten, ächzten und versuchten mich anzugreifen, und ich lief ohne Unterbrechung weiter. Ich hörte indianische Lieder, dann ging das Geräusch in ein Murmeln über, so als ob Menschen im Chor beteten. Eulen schrien, Schlangen glitten umher, und ich sah Menschen in schwarzen Roben, die sich mit einem Messer und einem Neugeborenen über einen Altar beugten, und überall war Blut. Ich fühlte mich in die Enge getrieben und sah keine Möglichkeit zu entkommen. Ich rief und weinte nach Bobby und seiner Hilfe, bis ich ihn mit einigen Wölfen im Licht stehen sah. Er sang. Die Wölfe begannen die Menschen in den schwarzen Roben zu attackieren, dann kam ein heftiger Wind auf, der wie ein Wirbelwind Kerzen, Stühle, Menschen und sonstige Gegenstände umher schleuderte. Danach sah ich mich, wie ich zusammen mit Bobby und einem riesigen Grizzlybär davonlief. Hin und wieder hielt der Grizzlybär an, richtete sich auf, brüllte und hielt nach Verfolgern Ausschau. Dann kämpfte der Grizzlybär mit den Verfolgern, während wir auf das Licht zurannten, in dem die Wölfe standen, und ich trug ein Baby bei mir, das in einem alten indianischen Korb lag und in Blätter gehüllt war.

Als ich aus meinem Traum erwachte, stellte ich fest, daß ich mich nicht mehr im Operationsraum, sondern in einem separaten Krankenzimmer befand. Mein Mann und ein Ältester standen über mir, beteten, sangen und beräucherten mich. Ein großer Habicht flog ganz nahe vor meinem Fenster vorbei, und der Wind heulte laut. Ich glaube, einen derart heftigen Wind habe ich zuvor noch nie erlebt.

Als ich wieder klare Gedanken fassen konnte, streckte ich meine Hand nach Bobby aus und fragte nach dem Kind. Er begann zu weinen. Er sagte, der Arzt und die Krankenschwestern hätten ihm zuerst gesagt, daß das Baby gestorben sei und ihn nicht in den Operationssaal gelassen, um das Baby zu sehen. Man traf bereits Vorkehrungen, um das Baby zur Autopsie nach unten zu bringen. Aber, sagte er weiter, er habe die Auskunft des Arztes und der Krankenschwester nicht akzeptieren können, er habe sich an ihnen vorbeigedrängt, sei in das Zimmer gegangen, habe das Neugeborene ergriffen und voller Verzweiflung für das Kind gebetet. Wie durch ein Wunder sei es wieder lebendig geworden. Anschließend habe man ihm das Baby abgenommen und in einen Inkubator auf der Intensivstation gelegt. Ich fing an zu weinen und konnte nicht mehr aufhören. Ich wollte mein Baby sehen.

Es war gut, daß wir die Unterstützung eines mutigen und fürsorglichen Arztes und einer Oberschwester hatten. Wäre das Personal nicht so engagiert und flexibel gewesen, wäre mein Sohn oder ich vielleicht heute nicht mehr am Leben. Mein Baby und ich blieben eine Woche im Krankenhaus, und wir konnten in dieser Zeit weiterhin Heilzeremonien abhalten, bis es uns gut genug ging, um nach Hause zu gehen. Mein Sohn war zwei Monate zu früh mit aufgeblähten und beschädigten Lungen zur Welt gekommen. Darum erhielten er und ich während eines ganzen Mondzyklus eine indianische Heilbehandlung. Mein Mann und ich setzten die medizinische Behandlung, bei der Flora Jones uns anfangs unterstützt hatte, auch weiterhin fort, und wir hatten die permanente spirituelle Unterstützung von Charlie Red Hawk Thom. Ich lernte wirklich eine Menge aus dieser schrecklichen Erfahrung, unter anderem auch das, daß ich keine weiteren Kinder mehr würde haben können. Meine Eileiter mußten abgebunden werden.

***

Ich weiß, daß viele Menschen der westlichen Gesellschaft schlechte Geister, Geistwesen und Hexerei als reinen Aberglauben abtun. Sie glauben nicht, daß diese Dinge Wirklichkeit sein können, oder sie meinen, daß sie nur bei denjenigen Wirkung zeigen können, die an sie glauben. Das mag stimmen oder auch nicht. Vielleicht sind diese Dinge Wirklichkeit, vielleicht auch nicht. Vielleicht hängt es auch einfach davon ab, inwieweit ein Mensch fähig ist, die Wirklichkeit um sich herum zu verstehen. Für mich sind diese Dinge Wirklichkeit, weil ich mein ganzes Leben mit ihnen zu tun hatte, und darum bin ich vielleicht auch empfänglicher für diese Dinge als andere. Wahrscheinlich ist es auch unerheblich, ob die westlichen Ärzte und das Krankenhauspersonal daran glauben oder nicht. Ausschlaggebend ist, daß sie bereit sind, mit dem Patienten zusammenzuarbeiten, und berücksichtigen, daß der Patient an diese Dinge glaubt. Fehlt eine solche Zusammenarbeit, so kann eine äußerst komplizierte und schädliche Situation entstehen.

Ich will Ihnen etwas sagen: Eine nur angenommene Bedrohung und eine tatsächliche Bedrohung erzeugen in einem Menschen gleichermaßen Angst. Angst ist etwas sehr Reales, und Menschen haben sehr verschiedene Wahrnehmungen von Angst und können unterschiedlich viel Angst aushalten. Bedrohung und Angst erzeugen Streß und lösen Reaktionen in Geist, Körper und Seele eines Menschen aus. Derartige Reaktionen können zu Krankheiten und Verletzungen führen oder ein bestehendes Gesundheitsproblem verschlimmern. Streß ist nicht sichtbar, außer für Menschen mit hellseherischen Fähigkeiten oder für Menschen, die Streß an Zeichen, Symbolen und Omen ablesen können. Streß läßt sich nicht operativ entfernen, kann aber geistig und spirituell vermindert oder beseitigt werden.

Die Eule beispielsweise ist ein schlechtes Zeichen. Sie repräsentiert schlechte Kräfte, Krankheit und Tod. Der Patient, der in Wirklichkeit oder im Traum eine Eule sieht und weiß, was die

Eule repräsentiert, reagiert darauf mit Streß, außer er hat gelernt, damit umzugehen. Andere Symbole, Zeichen und Omen lösen, abhängig von den jeweiligen kulturellen Überzeugungen und Werten und dem kulturellen Wissen, wiederum andere Reaktionen aus. Westliche Ärzte haben in ihrer Ausbildung nicht gelernt, wie Menschen reagieren und welche Auswirkungen Streß auf sie hat. Der Durchschnittsmensch, ob Indianer oder Nichtindianer, hat eigentlich keinen Zugang zu dem alten Wissen, das besagt, wie Menschen auf Furcht und Streß reagieren.

Was aber geschieht, wenn diese Nichtgläubigen mit einer Situation konfrontiert sind, die sie im Unterbewußtsein verletzt, eine Krankheit verursacht bzw. eine bestehende Krankheit oder Verletzung verschlimmert? Ich vermute, solche Menschen sterben dann aufgrund ihres Unwissens einen unerklärlichen Tod. Und wie viele Menschen sterben schließlich an einer nicht geklärten Komplikation oder ohne erkennbaren Grund.

Die Welt und alles in ihr ist eigenartig, mysteriös und gefährlich. Gut, zuweilen mag sie auch sehr schön und friedlich sein, aber wir wissen nicht alles von der Welt, genausowenig wie wir alles über das menschliche Denken wissen. Innerhalb und außerhalb unseres Erfahrungsbereiches gibt es alle möglichen Realitäten, ob wir es glauben oder nicht. Menschen haben zum Beispiel die Fähigkeit, wirklich zu sterben und dann wieder ins Leben zurückzukommen. Ich habe schon eine Reihe solcher Erfahrungen gemacht. Sie sind angsteinflößend und furchterregend, aber sie haben mir ein einzigartiges Wissen und die Fähigkeit der Seelenreise vermittelt. Diese Realität läßt sich nicht theoretisch oder aus Büchern erlernen, und die Fähigkeit der Seelenreise läßt sich auch schwerlich nachweisen. Nur Menschen, die sie selbst erfahren haben, wissen, worum es hier geht. Um indianischer Arzt zu werden, muß man zuerst sterben, ins Land der Toten reisen und lernen, wie man von dort wieder zurückkehrt und ins Leben zurückgelangt. Nur so ist man qualifiziert, dieses Wissen einzusetzen, um anderen zu helfen.

Einige Jahre nach meiner letzten Schwangerschaft und Entbindung bildeten sich Zysten an meinen Eierstöcken, und man diagnostizierte eine Endometriose. Der menschliche Körper kann nur eine bestimmte Menge an Streß vertragen, dann beginnt er zu versagen. Das Immunsystem läßt nach, geschädigte Organe und Körperteile werden geschwächt, und wenn noch mehr Streß hinzukommt, gibt der Organismus schließlich auf und versucht, diesen Teufelskreis zu durchbrechen. Der Arzt riet mir zu einer Hysterektomie und zum Entfernen aller endometrioseverdächtigen Stellen. Ich hatte zuvor traditionelle Heilmethoden angewandt, die aber das Problem nicht völlig heilten. Schmerzen und Krankheit waren zwar zunächst zurückgegangen, hatten sich danach jedoch wieder verschlimmert. Vielleicht lag die Ursache der Krankheit in Angst, Wut und Haß, die in meinem Unterbewußtsein saßen, sich in negative Energie verwandelt hatten und mich nun bei lebendigem Leibe fraßen. Vielleicht war die Ursache auch der ständige Streß, dem ich ausgesetzt war, da ich meine Verantwortung als Mutter wahrnehmen und gleichzeitig meine Ausbildung als indianische Ärztin voranbringen mußte. Vielleicht handelte es sich um ein genetisch bedingtes Erbe oder einfach um eine organische Funktionsstörung. Ich forschte nach der Krankheitsursache, um eine Antwort und Heilmethode zu finden. Doch wie alle anderen auch war ich schließlich so frustriert, daß ich in die westliche Behandlungsmethode einwilligte und einer Operation zustimmte.

Das war im Winter 1983. Ich lernte eine Frauenärztin kennen und hatte den Eindruck, daß ich bei ihr besser aufgehoben sein würde. Bisher hatten mich immer männliche Ärzte behandelt, und diesmal ging es schließlich um ein typisches Frauenproblem. Sie war bereit, mit mir zu kooperieren, so daß wir eine Schutzzeremonie abhalten konnten. Die Möglichkeit, spirituelle Machtobjekte zu sehen, zu fühlen, zu riechen und zu verwenden, gab mir ein Gefühl der Sicherheit und verminderte meine Furcht. Die Zeremonie gab mir die spirituelle Unterstützung, die ich brauchte. Ich glaubte an unsere indianische Medizin und Kraft, und ihre Anwendung war für mich wie eine Versicherungspolice.

Zunächst schien alles gutzugehen. Die Zeremonie wurde mit Zustimmung des Chirurgen und des Krankenhauspersonals abgehalten. Die Operation schien gut verlaufen zu sein, und ich durfte das Krankenhaus bereits vor den Weihnachtsfeiertagen verlassen. Die Ärztin freute sich auf einen lange überfälligen Urlaub auf Hawaii. Ich fuhr nach Hause und ging alles ruhig an. Wie immer in solchen Situationen kümmerte Bobby sich um den Haushalt, denn von meinen Schwestern, Brüdern oder anderen Familienmitgliedern konnte ich dafür keine Hilfe erwarten. Ich galt bei ihnen als das schwarze Schaf der Familie und war ihnen etwas unheimlich.

Am ersten Tag, als ich wieder zu Hause war, hatte ich Verstopfung, aber eine Darmentleerung war wirklich notwendig. Ich muß zu stark gepreßt haben, denn plötzlich bemerkte ich, wie ich anfing zu bluten, und der Anblick von Blut löste in mir panische Angst aus. Zunächst warteten wir, ob die Blutung von allein zum Stillstand käme, aber sie hörte nicht auf. Ich brauchte eine Binde nach der anderen. Schließlich packte Bobby alle Kinder ins Auto und fuhr mich zur Unfallstation. Der diensthabende Arzt war jung, und ich glaube nicht, daß er wirklich wußte, was er tat. Er half mir auf ein Bett und hängte meine Füße in die Haltebügel. Dann griff er zu einem dieser schrecklichen und gemeinen Vaginalinstrumente und drückte es in mir hoch, um die Blutungsquelle zu lokalisieren. Ich ging vor Schmerzen fast an die Decke. Er meinte, es handele sich nur um eine kleine offene Stelle, sie müsse nur besser versorgt werden und würde dann von selbst zuheilen. Er gab mir Schmerztabletten, versorgte die offene Stelle und schickte mich nach Hause mit der Empfehlung, mich auszuruhen. Er gab mir auch Abführmittel gegen die Verstopfung mit.

Etwas später an diesem Tag hatte ich einen schrecklichen Traum über Calvin Rube. Ich träumte, er sei gestorben. Er kam aus seinem Grab auf mich zu, und aus irgendeinem Grund war er auf mich und meinen Mann böse. Ich wollte ihn abwehren, und er versuchte, mich mit hinunter in das Grab zu ziehen. Er rang nach Luft und murmelte vor sich hin, und ich konnte nicht verstehen, ob er um Hilfe bat oder mich beschimpfte. Mein Mann und ich hatten großen Respekt vor Calvin Rube, denn er gehörte zu den Ältesten und war einer unserer Mentoren. Mein Mann liebte ihn wie einen Vater und verehrte ihn abgöttisch. Im weiteren Verlauf des Traumes erschienen noch weitere Tote. Es waren Familienmitglieder, die schon lange gestorben waren: Onkel, Tanten und Großeltern. Auch sie streckten aus ihren Gräbern die Hände nach mir aus, um mich zu packen, während ich über die Grabsteine sprang und zu fliehen versuchte. Ich verstand nicht, warum alle so böse auf mich waren, und war entsetzt. Ich schrie, so laut ich konnte, und sprang in den Nebel. Als nächstes nahm ich wahr, wie Bobby mit einem Beräucherungsgefäß durch das Haus eilte und dabei betete und weinte.

Ich fragte, was passiert sei, und zuerst wollte er es mir nicht sagen. Dann erzählte er, daß ein Vogel aus westlicher Richtung in das Haus geflogen und gleichzeitig eine Zwergohreule aus östlicher Richtung kommend an das rückwärtige Fenster des Hauses geprallt sei. Beides waren schlechte Zeichen. Er sagte, er habe versucht, den Vogel zu fangen, um an ihm eine traditionelle medizinische Behandlung durchzuführen. Dazu gehörte, ihn auf zeremonielle Weise zu töten. Aber der Vogel sei unter dem Garagentor hinausgeflogen, bevor er ihn habe fangen können. Während er weinte und betete, sei plötzlich aus Norden ein Sperber angeflogen, habe den kleinen Vogel geschnappt und ihn tot vor seinen Füßen auf den Boden fallen lassen. Bobby sagte, er habe dem Sperber anschließend gedankt und die Zeremonie zu

Ende geführt. Nach unseren Vorstellungen war dieses Ereignis kein Zufall. Es bedeutete, daß in der Familie ein Todesfall bevorstand, wenn nicht genug Wissen und Macht vorhanden war, um ihn abzuwenden. Darum weinte Bobby. Er wußte, daß es zwei Todesfälle geben könnte, und daß einer mich betreffen könnte.

Ich war von dem Traum und der ganzen Situation zu erschöpft und frustriert, um etwas zu tun. Gleichzeitig verschlimmerte sich die Blutung. Draußen wurde es dunkel, es blitzte und donnerte. Ich hatte das Bedürfnis, meinen Darm zu entleeren, und ging zur Toilette. Da bemerkte ich, daß ich erneut zu bluten begann. Das Blut kam herausgeschossen und versetzte mich in Panik. Gedanken an Verstorbene, an Gräber und an mein eigenes Begräbnis jagten mir durch den Kopf. Wahrscheinlich war ich schon halb im Delirium. Ich begann, im Gang hin und her zu laufen, um von dem Blut wegzukommen, aber es quoll immer mehr hervor. In der Zwischenzeit versuchte Bobby Flora Jones herbeizurufen, damit sie uns spirituell unterstützte, aber sie war verreist. Er versuchte Rolling Thunder herbeizurufen, aber der war verreist. Er versuchte Martin High Bear herbeizurufen, aber der war verreist. Er versuchte Freunde herbeizurufen, aber sie waren nicht zu Hause. Es kamen noch mehr Eulen, flogen um unser Haus und schrien, und Bobby versuchte mich festzuhalten und zu beruhigen. Er legte mir ein Handtuch zwischen die Beine und betete für mich. Dann versuchte er, den Arzt und die Unfallstation im Krankenhaus zu erreichen, um Rat zu holen. Zwischendurch versuchte er, die Kinder, die angesichts ihrer schreienden und in all dem Blut herumstolpernden Mutter vor Angst weinten, zu beruhigen. Er versuchte das Blut aufzuwischen.

Ich schlief vor Erschöpfung ein, und Bobby dachte wohl, daß sich alles beruhigt hätte, und konzentrierte sich auf die Kinder. Er gab ihnen zu essen, badete sie und brachte sie ins Bett. Es waren wohl einige Stunden vergangen, als ich wieder aufwachte.

Ich rief nach Bobby und bat ihn, mich zur Toilette zu führen. Da stellten wir fest, daß das ganze Bett blutdurchtränkt war. Ich drehte fast durch. Die Kinder wachten auf, und ich lief wieder in Panik den Gang entlang. Ich war zu allem bereit, nur um von diesem verdammten Blut wegzukommen. Aber je mehr ich lief, desto schlimmer wurde die Blutung, und der Holzboden im Vorzimmer und Flur wurden zu einem schlüpfrigen Chaos. Ich glitt aus und fiel in mein eigenes Blut. Die Kinder liefen hinter mir her und schrien nach mir. Sie wußten nicht, was los war. Bobby versuchte, uns alle einzufangen, uns zu beruhigen und anzukleiden, um ins Krankenhaus zu fahren. Bis die Kinder und ich fertig angezogen waren, waren noch zwei weitere große Handtücher blutgetränkt. Ich übertreibe wirklich nicht.

Schließlich nahm Bobby mich hoch und setzte mich in das Auto, dann lud er die Kinder ein. Er nahm seinen Medizinbeutel, und wir fuhren los in Richtung Krankenhaus. Ich fiel in Ohnmacht. Später erfuhr ich, daß es stark geregnet hatte und wir beinahe in einen schlimmen Autounfall mit einem Holztransporter geraten wären. Als ich wieder aufwachte, lag ich in der Unfallstation auf einem Tisch. Hier war alles aus dem Häuschen. Man brachte alle möglichen Verletzten nach Autounfällen herein, und nur ein Arzt hatte Dienst. Ich lag auf einem Tisch und war am Verbluten, und die Kinder und Bobby weinten. Ich konnte fühlen, wie meine Seele langsam meinen Körper verließ, und in weiter Ferne hörte ich indianische Lieder. Ich schwebte über meinem Körper und schaute auf Bobby und die Kinder herab und war entsetzt, als ich merkte, daß er meine Seele tatsächlich sehen konnte, und er rief mich zurück. Aber meine Urgroßmutter war bei mir und zog mich weg, und so ging ich fort.

Wir wanderten auf einem geheimnisvollen Pfad durch den Nebel. Eulen schrien, aber sie sagte, ich solle keine Angst haben. In weiter Ferne sah ich ein Licht und dann eine Gruppe von Menschen. Als erstes sah ich viele meiner verstorbenen Verwandten, dann eine Frau mit zwei großen Hunden, die dastand, als ob sie den Weg zum Fluß bewachte. Dann bemerkte ich plötzlich, wie ich auf ein sehr helles Licht zuschritt. Andere Menschen unterschiedlicher Rasse und unterschiedlichen Alters gingen ebenfalls auf dieses Licht zu, aber hinter mir hörte ich Bobby rufen, Hunde wie im Kampfe bellen und Wölfe heulen. Als ich mich umwandte, um zu sehen, was dort geschah, stieß ich in einen Mann, der vor mir lief. Es war Bobbys Stiefvater. Ich wußte nicht, daß er gestorben war. Ich fragte, was er hier mache und wo wir uns befänden, und er sagte: »Im Land der Toten.« Zunächst erschrak ich, dann stellte sich jedoch ein Gefühl des Friedens ein. Ein Teil von mir wollte hier bleiben, aber ein anderer Teil rief nach meinem Mann und meinen Kindern. Plötzlich packte mich jemand. Es war Bobby mit den Wölfen.

Er sagte: »Komm, Tela, du gehörst noch nicht hierher. Komm, wir haben nicht viel Zeit. Wir müssen hier raus.« Dann wandte er sich erstaunt an seinen Stiefvater und fragte: »Was machst du hier, Dad? Willst du hier bleiben? Wenn nicht, so kann ich dich vielleicht hier rausbringen.« Sein Stiefvater sagte, er wolle nicht zurückgehen, er habe sein Leben auf der Erde vergeudet, und es gebe keinen Grund für ihn zurückzukehren.

Also begannen wir zu laufen. Verschiedene Menschen riefen uns und versuchten uns zu fangen, aber wir liefen, ohne anzuhalten, auf den Nebel zu. Dann sprangen wir durch den Nebel, und ich hörte den Schrei von Raben, als ob sie neben uns flögen und uns den Weg zurück zeigten. Dann erwachte ich und sah Bobby, der sich mit Rabenfedern über mich beugte und betete. Ich wurde in ein anderes Bett verlegt. Ich hing an einem Infusionsgestell mit Blutplasmaflaschen. Bobby sprach mit dem Arzt, während man mich eilig in den Operationssaal brachte. Dort leuchtete ein blaues Warnlämpchen unter Summen immer wieder auf, das Zeichen dafür, daß einem Menschen das Herz stehenbleibt.

Ich weiß nicht mehr, wie lange die Operation dauerte. Ich hatte beinahe viereinhalb Liter Blut verloren, und der menschliche Körper hat nur fünfeinhalb Liter. Man erklärte mich für klinisch tot, bis Dr. Koke kam, mich wiederbelebte und eilends die Operation einleitete. Ich blieb eine Woche in der Klinik, bis ich wieder ein wenig Kraft gewann, der Heilprozeß einsetzte und ich mich kräftig genug fühlte, um nach Hause zurückzugehen. Bobby war Tag und Nacht bei mir, er hat Tag und Nacht für mich gebetet. Zwischendurch gab er den Kindern zu essen, badete und versorgte sie und kümmerte sich um den Haushalt. Und ich merkte plötzlich, daß er älter wurde, er bekam graue Haare und nahm an Gewicht zu. Früher war mir das gar nicht aufgefallen; daß ich es gerade in diesem Moment merkte, lag wohl daran, daß ich selbst mich endlich für eine Weile wirklich lebendig fühlte.

6

Kampf gegen den Krebs:
Der Mann mit dem bemalten Gesicht

Am nächsten Tag kam der Sheriff ins Krankenhaus und fragte nach Bobby. Er sagte, sein Stiefvater sei in Santa Monica an einem schweren Schlaganfall mit Hirnblutung gestorben. Kurz nach meiner Rückkehr aus dem Krankenhaus erfuhren wir auch vom Tod des indianischen Arztes Calvin Rube. Die Probleme mit mir, der Todesfall in seiner Familie und der Tod seines Mentors stellten meinen Mann auf eine harte Probe. In solchen Zeiten braucht ein Mensch dringend eine Form von Religion und Spiritualität, damit der Streß nicht zum Nervenzusammenbruch führt. Darum bin ich dem Schöpfer dankbar, daß er uns die heilige Schwitzhütte gegeben hat. Immer wenn wir psychische und spirituelle Unterstützung brauchen, ziehen wir uns in die Schwitzhütte zurück, um uns zu reinigen und zu beten, und wir müssen nicht, wie viele andere Menschen unserer Gesellschaft, Indianer wie Nichtindianer, Trost bei Alkohol und Drogen suchen.

Wochen, Monate und Jahre vergingen, und wir konzentrierten uns im wesentlichen darauf, unsere Familie zu heilen. Ich setzte meine Ausbildung unter Flora Jones, einer Trance-Ärztin und Spezialistin auf dem Gebiet der Seelenreise, fort. Sie lehrte mich, mich hinzusetzen und mit meinen Bussardfedern zu beten, eine Zeremonie abzuhalten und so zu meditieren, daß meine Seelenreisenerfahrung bei meinem Tod im Krankenhaus in mir wieder lebendig wurde. Es fiel mir schwer, mich dieser Furcht und diesen Rückblenden wieder auszusetzen, aber es war wohl notwendig, denn diese Methode war wie eine Therapie für mich. Während ich im Sitzen meditierte, versuchte ich, mein Bewußtsein mit dem Geist des Bussards verschmelzen zu lassen.

Ich stellte mir vor, wie der Bussard über mir hereinflog, wie meine Seele meinen Körper am Scheitel verließ, und versuchte dann, meine Seele mit dem Körper des Bussards zu verschmelzen. Ich brauchte viel Übung, Disziplin und Konzentration, aber schließlich gelangte ich an den Punkt, an dem ich fühlte, daß ich wirklich der Bussard war und fliegen konnte. Während ich flog, sah ich auch, wohin ich flog, ich fühlte den Wind in den Flügeln und spürte alles, was um mich war. Ich sprach Gebete für den Großen Schöpfer, für den Bussard und die Medizingeister meiner Ahnen und bat sie, mich beim Lernen zu unterstützen. Nach kurzer Zeit war ich bereit für eine Visionssuche mit Flora.

Vom Ablauf her war es ganz ähnlich wie bei unserer Ausbildung, aber der Zeitraum war kürzer. Ich mußte fasten, mich in der Schwitzhütte reinigen und fünf Tage lang sauber bleiben. Das hieß: keine Drogen, kein Alkohol, kein Sex und kein störendes Menstruationsblut oder störende Menstruationsenergie, weder von mir noch von anderen. Flora betete lange und intensiv für mich. Dann brachte sie mich zu ihrer Ausbildungsstätte, wo auch ihre Ahnen ausgebildet worden waren. In früheren Zeiten hatte hier eine prunkvolle Hütte gestanden, eine große Zeremonialhütte, die allen indianischen Ärzten und Ärztinnen zur Ausbildung und für Zeremonien diente. Der Bau steht inzwischen nicht mehr, aber die Macht und die Geister des traditionellen Ortes sind noch immer lebendig und wirksam. Ich sang und tanzte die ganze Nacht und merkte, wie ich in einen Trancezustand gelangte. Der Tagesanbruch nahte, und ich hörte den Schrei meines Bussards. Ich schaute nach oben und sah ihn am Himmel kreisen. Direkt hinter ihm war der Morgenstern. Ich konzentrierte all meine Kraft darauf, mit ihm eins zu werden, bis ich mich schließlich selbst als Bussard wahrnehmen konnte und direkt auf den Stern zuflog. Das Klingen in meinen Ohren wurde unerträglich, und mein Körper begann zu beben, als ob ich von einem Anfall geschüttelt würde. Dann sah ich, wie der Morgenstern plötzlich aus dem Himmel direkt zu mir nach unten schoß; ich versuchte mich zu ducken, aber ein gigantisches helles Licht traf mich, und ich wurde bewußtlos. Später erfuhr ich, daß ich drei Tage lang bewußtlos war. In all der Zeit dachte ich, daß ich träumte, aber diese Träume waren in Wirklichkeit Visionen, es waren Träume über den Stern, den Bussard und über Geister von Ahnen, die Ärzte waren. Und ich hörte neue Traumlieder und Heillieder. Ich erinnere mich verschwommen an einen Traum von einem Indianer mit einem bemalten Gesicht, der auf einem Pferd durch die Prärie ritt; ich wußte, daß er nicht meinem Stamm angehörte.

Hin und wieder half ich Flora im Rahmen meiner Ausbildung bei der Behandlung ihrer Patienten, aber ich fühlte, daß sich in mir allmählich etwas veränderte. Ich war die ganze Zeit müde und reizbar und wollte nur noch schlafen. Darum beschloß ich, Flora für eine Weile nicht mehr aufzusuchen. Mein Mann konnte mich morgens kaum mehr aus meinem Tiefschlaf wach bekommen. Er ertappte mich, wie ich beim Kochen am Herd stehend einschlief. Mein Zustand war so schlimm, daß ich sogar am Steuer einschlief, als ich die Kinder in den Kindergarten brachte. Ich hatte einen Unfall, und es war nur Glück, daß es uns an der alten Straße vor Trinidad nicht über die Klippen trug. Ich hatte Prellungen, Schürfwunden und war sehr erschrocken, aber sonst war mir nichts passiert. Ich fand, es war nun an der Zeit, mich ärztlich untersuchen zu lassen, um festzustellen, was physisch und psychisch mit mir los war.

Bald wurde mir bewußt, daß sich neben den verschiedenen Operationen und Gebärmutterproblemen langsam eine andere schlimme Krankheit entwickelte. Offenbar handelte es sich um eine seltene und ungewöhnliche Allergie, die meine Schilddrüse beeinträchtigte und auch alle anderen Hauptdrüsen in Mitleidenschaft zog. Schließlich diagnostizierte man Krebs. Über ein Jahr lang versuchten mein Mann und ich gegen diese potentiell tödliche Krankheit anzukämpfen. Er tat alles, was in seiner Macht und im Bereich seines Wissens und seiner Fähigkeiten stand, um mir zu helfen. Manchmal ging es mir nach seiner Behandlung besser, und es blieb eine Weile so, doch später verschlimmerte sich mein Zustand dann wieder. Er brachte mich zu vielen verschiedenen indianischen Medizinmännern und Medizinfrauen, um dort Hilfe zu suchen. Dort sammelte ich neue Erfahrungen, die für meinen Beruf wichtig waren. In der Hoffnung, ein Heilmittel zu finden, gab ich ein Vermögen für Spenden, Geschenke und Medizin aus.

Die Krankheit stellte unsere Ehe auf eine harte Probe, richtete bei unseren Kindern, damals noch im Kindergartenalter, verheerenden Schaden an und verleitete mich auf der Suche nach einem Ausweg zu einem Selbstmordversuch. Ein männlicher Geist mit einem rotschwarz bemalten Gesicht hielt mich davon ab, tatsächlich Selbstmord zu begehen, und während ich ihn sah, hörte ich ununterbrochen Lieder, die ich mit den Liedern und Trommelweisen der Plains-Indianer assoziiere; sie sind anders als die Lieder und Weisen meines Volkes. Dann wurde ich von einem anderen Traum gerufen, und wie unter Hypnose mußte ich ihm folgen. Aus Neugier hatte ich mit einem alten Freund, Archie Fire Lame Deer, gesprochen. Er war zu dieser Zeit ebenfalls in Ausbildung, um als Medizinmann für sein Volk tätig zu werden. Er betete für mich mit seiner Pfeife und sagte, daß ich von einem Sonnentanzgeist seines Stammes und seiner Heimat in den Plains von South Dakota gerufen würde. Also beschloß ich, zum ersten Mal an einem Sonnentanz teilzunehmen. Der Sonnentanz wurde in der D-Q-University in der Nähe von Davis, Kalifornien, abgehalten, und ich hoffte dort die Antwort auf meinen rätselhaften Traum über den Mann mit dem bemalten Gesicht und womöglich auch ein Heilmittel für meine Krankheit zu finden. Nach dem heiligen Tanz schien es mir gesundheitlich besser zu gehen, aber kurze Zeit später kehrte die Krankheit zurück.

1986, gerade als mein Mann den Höhepunkt seiner beruflichen Laufbahn erreicht hatte (er hatte eine volle Professur, und die Universitätsstelle war ihm bis zur Pension zugesichert), gab er seinen Posten auf, und jeder von uns beiden ging seinen eigenen neuen Lebensweg. Wir standen beide unter enormem Druck, empfanden starke Unsicherheit und Furcht. Darüber hinaus waren wir durch die Arzneikosten stark verschuldet, da die Universitätskrankenversicherung diese Kosten nicht übernahm. Ich nahm die Kinder und verließ meinen Mann und hoffte, einen Weg zu finden, um den Kampf um mein Leben zu gewinnen.

Ich wußte nicht, was ich anderes tun sollte. Ich versuchte alles nur Denkbare und wandte mich an Therapeuten, Psychiater, Psychologen und viele verschiedene Ärzte aus vielen verschiedenen und doch verwandten Fachgebieten, um eine Heilmöglichkeit zu finden. Unter den Ärzten, die ich konsultierte, waren Homöopathen, Akupunktur-Therapeuten, Chiropraktiker, Reflexologie-Therapeuten, Hypnotiseure und so weiter, und sehr viele unterschiedliche indianische Medizinmänner und Medizinfrauen. Obwohl ich meinen Mann respektierte und liebte und Vertrauen in seine Heilkunst und Heilfähigkeiten hatte, erreichte ich einen Punkt, an dem mich alles anwiderte und ich den Glauben an ihn und auch an alle anderen verlor. Ich wollte nicht sterben. Ich war jung und hatte drei Kinder, die mich brauchten. Darum lief ich fort, weg vom Meer, das mich mit Jod langsam vergiftete; ich lief fort vor den ewigen Spötteleien und Gerüchten der indianischen Gemeinschaft; ich lief fort vor all den verdammten weißen Ärzten, die mich als Versuchskaninchen für ihre Theorien und Medikamente mißbrauchen wollten; und ich lief fort vor dem patriarchalischen Gehabe meines Mannes.

Ich lief fort, und dabei vernahm ich in meinem Inneren ständig und penetrant, Tag und Nacht, das Geräusch von Trommelliedern, und wenn ich dann einmal schlief, quälte mich der Mann mit dem bemalten Gesicht. Ich wußte instinktiv, daß ich dieses Problem irgendwie lösen mußte, und kam schließlich nach

South Dakota. Ich weiß, daß diese Zeit für Bobby sehr schwer gewesen sein muß, denn er hatte nicht die leiseste Ahnung, wo ich und die Kinder uns aufhielten, aber zu diesem Zeitpunkt mußte ich einfach in erster Linie an mein eigenes Leben denken und durfte mir keine Gedanken um andere machen. Schließlich ging es um Leben und Tod, um reine Selbsterhaltung.

Bevor ich nach Green Grass kam, hatte ich in den Jahren zuvor bereits an drei verschiedenen heiligen Sonnentänzen teilgenommen. Ich dachte, der Mann mit dem bemalten Gesicht sei vielleicht ein älterer Medizinmann von einem anderen Stamm und aus einer anderen Gegend des Landes, der das Wissen und die Macht hatte, meinen Schilddrüsenkrebs, der sich bereits weiter ausbreitete, zu heilen. Ich wollte nicht auf die westliche medizinische Methode der Bestrahlung und Chemotherapie zurückgreifen. Ich hatte bereits Erfahrung mit den Medikamenten und dem Gift der westlichen Medizin, und sie schienen meinen Gesundheitszustand nur zu verschlimmern.

Es war Mitte Juli, als ich nach Green Grass kam. Die Lakota Sioux-Indianer und Indianer anderer Stämme waren gerade mit den Vorbereitungen für diese alte Zeremonie beschäftigt. Auch Archie Fire Lame Deer, Martin High Bear, der mich früher einmal behandelt hatte, und Wallace Black Elk, den ich kannte, waren anwesend, und ich lernte einen jungen Medizinmann namens Crow Dog kennen, den spirituellen Führer des American Indian Movement (AIM). Ich fühlte mich an diesem fremden Ort wohl und angeregt. Das Erbe, die Kultur, die religiösen Stammesaktivitäten und die Umgebung waren anders. Auch Freunde meines Mannes waren da, Carter Camp und Russel Redner, Mitglieder des AIM, die damals, als wir den Schikanen im Zusammenhang mit der G-O-Straße ausgesetzt waren, in Eureka geholfen hatten, mich zu schützen. Obwohl ich ängstlich war, hatte ich auch das Gefühl, als wäre ich zu meiner Familie zurückgekehrt.

Die Plains-Indianer zelebrieren den alten Sonnentanz seit

Anfang der Schöpfung. Die westliche Gesellschaft und die christlichen Kirchen versuchten jahrelang, diesen Tanz zu verbieten, weil sie ihn fürchteten und nicht verstanden. Sie nannten ihn heidnisch, barbarisch und dämonisch und behaupteten, er führe zur Selbstverstümmelung. Aber keines dieser negativen Attribute trifft zu.

Der Sonnentanz dient dazu, durch den Großvater Sonne zum Großen Geist zu beten, der die gesamte Schöpfung durchdringt. Der Sonnentanz bedeutet, Leid und Opfer zu bringen, um dem Großen Schöpfer und der gesamten Natur für die vielen wundervollen Geschenke, die man uns zum Leben und Überleben gegeben hat, zu danken. Opfern Büffel, Hirsche, Elche und andere Tiere nicht auch ihr Leben für uns, damit wir Essen, Kleidung und Schutz haben? Opfern die Pflanzen, Kräuter, Fische, Insekten, Schlangen und alle anderen Lebewesen nicht auch ihr Leben für uns, damit wir als Menschen überleben können? Und wie lange könnten wir ohne Luft, Feuer, Erde und Wasser überleben? Wie lange könnten wir ohne die Sonne oder ohne das Gleichgewicht auf der Erde überleben? Und was können wir Menschen Gott zum Dank geben, was er nicht schon besitzt, außer unsere persönlichen Wünsche, unsere Bedürfnisse und unseren Körper? Darum fasten und schwitzen wir und reinigen uns, darum leiden, tanzen und opfern wir und bringen unseren körperlichen Schmerz als Gegenleistung oder als Wiedergutmachung für unsere Sünden dar. Manche kommen, tanzen und opfern, um eine Vision zu bekommen, die sie durch die tückischen Strömungen und Wechselfälle im Leben geleitet. Manche kommen, um zu leiden und zu opfern, zu singen und zu beten und für die Heilung eines kranken Verwandten zu bitten. Manche Männer tanzen, leiden und bluten, um für die Frauen zu beten und eine Gegenleistung zu erbringen, weil Frauen während der Menstruation und Geburtswehen für die Männer und für die Gemeinschaft leiden und bluten. Es ist eine Form der Danksagung, der Danksagung an die Schöpfung und an die

Menschen, und eine Möglichkeit, die Macht und positive Energie mit dem Ziel der Verbesserung wieder in Umwelt und Gemeinschaft zurückzutragen und zu recyceln. Und darum muß diese Zeremonie richtig und unter strenger Einhaltung von Disziplin, Brauch und Gesetz durchgeführt werden: Verboten sind Drogen, Alkohol, Tonbandgeräte, Fotoapparate, Videokameras, menstruierende Frauen, Sex, Nahrung und Wasser. Werden diese Punkte nicht alle beachtet, wenn die Kräfte mobilisiert werden, setzt der Große Kreislauf der Schöpfung eine negative Reaktion in Gang, bei der Mensch und Umwelt zu Schaden kommen. Was vergeht, kehrt auch wieder, und der gegenwärtige Zustand bestimmt auch den zukünftigen. Vielleicht sind unsere traditionsbewußten Indianer in den meisten Stämmen gerade darum so besorgt um ihre Religion und Spiritualität. Sie wollen nicht, daß sie mißbraucht werden.

Endlich wußte ich, welche Trommellieder mich so verrückt machten – die heiligen Sonnentanzlieder. Und es war sehr heiß draußen auf den offenen Plains. Es hatte fast 50 Grad Celsius. Man errichtete traditionelle schattenspendende Lauben, die hauptsächlich für Zuschauer gedacht waren. Die großen Tipis dienten als Unterkunft für den Sponsor, die Fürsprecher und Zeremonienmeister. Es gab zwei Schwitzhütten, eine für die Tänzer und eine für die Tänzerinnen. Sie dienten dazu, Geist, Körper und Seele von allen negativen Gedanken und Energien zu reinigen, uns innerlich auf unser Ziel auszurichten und uns psychisch auf die Herausforderungen und Entbehrungen vorzubereiten.

Es gab freiwillige Helfer, die die Beaufsichtigung und Versorgung der Kinder übernahmen, was für mich eine große Erleichterung war. Hier behandelte man jeden wie einen lange verloren geglaubten Verwandten, auch wenn er eigentlich ein Fremder war. Jeder leistete in irgendeiner Form einen Beitrag zum Gelingen der Zeremonie. Einige gaben Essen, Geldgeschenke und Insignien. Andere stellten ihre Zeit und Arbeitskraft zur Verfügung. Die Tänzer wurden von den anderen isoliert, so daß sie mit den Zuschauern und Sympathisanten weder sprechen noch sie besuchen konnten. Man entfernte sie aus der sozialen Welt, damit sie Teil der Welt voller alter Geister werden konnten. Sie erhielten die nötigen Informationen, spezifische Anweisungen über die Erwartungen an sie und wie die Aufführung durchgeführt werden sollte, und sie bekamen Zeit zur Vorbereitung, um ihre Zeremonialinsignien und religiösen Tanzmaterialien herzurichten.

Inzwischen hatte man die heilige Stätte aufgeräumt, mit indianischer Medizin und Naturkräften wie Wind und Regen gereinigt. Die Gebäude waren alle nach einer auf traditioneller Astronomie beruhenden Gebetsformel ausgerichtet, die möglicherweise ihren Ursprung in den prähistorischen Medizinrädern hat. Der heilige Baum des Lebens wurde gefällt und nach genauen und zeremoniellen Vorgaben in den Mittelpunkt der Tanzfläche gebracht, dort in eine Vertiefung gesetzt und mit neuen Tabakschnüren, Seilen, Federn, Gebetsopfergaben und Zierat neu eingepflanzt. Er ragte hoch über uns und reichte bis in den Himmel, in das Unbekannte hinein, die ausgestreckten Äste wiesen in alle Richtungen, und sie alle trugen die Gebete für die gesamte Schöpfung.

Der heilige Tanz wurde bei Sonnenaufgang mit einem Trommellied eröffnet, und ich fühlte, wie mein Herz im Einklang zu diesem alten Rhythmus schlug. Wir Sonnentänzer kamen einer nach dem anderen aus der Laube hervor. Nacheinander und im Uhrzeigersinn betraten wir die zeremonielle Stätte und traten damit in den Großen Kreis des Lebens. Der Kreis ist heilig; er hat keinen Anfang und kein Ende, er ist unendlich. Wir gingen zu dem Baum, knieten vor ihm nieder oder umarmten ihn, wir weinten und sprachen spezielle Gebete für ihn, machten Gelübde, und jeder versuchte, den eigenen Geist mit dem Geist des heiligen Baumes zu verschmelzen. Jeder versprach, dem Großen Schöpfer, der Natur und den Menschen etwas zurückzugeben, bevor man sich durchstechen und zum Tanzen aneinander binden ließ. Einige ließen sich einen Tag lang piercen, andere ließen sich piercen und legten dann vor dem nächsten Piercing eine Pause von mehr als einem Tag ein, wieder andere ließen sich durchstechen und an den weiteren vier Tagen dann nicht mehr. Die Männer ließen sich an Brust und Rücken durchstechen, indem sie Büffelschädel hinter sich herzogen und schleiften, und die Frauen verwendeten Adlerfedern, um sich die Arme durchstechen zu lassen.

Genau vier Tage lang tanzten wir zum dauernden Schlag der Trommel und zu alten Liedern in der glühend heißen und blendenden Sonne. Wir tanzten in perfektem und hypnotisierendem Rhythmus, der Schweiß lief an uns hinunter und verdampfte. Wir sangen und tanzten ohne Unterbrechung und sprachen dabei ernsthafte Gebete zum Großen Schöpfer, dem Baum des Lebens und der gesamten Schöpfung. Ein *heyoka* (Clown) zeigte sich gelegentlich und versuchte, uns unter dem Gelächter der Zuschauer mit Wasser in Versuchung zu führen, und wir litten weiter Qualen. Am Körper bildeten sich überall Blasen, unsere Lippen wurden spröde und rissig, unser Hirne waren gesättigt mit Sonnenenergie, unsere Muskeln und Knochen schmerzten fürchterlich und unsere Füße waren versengt, aber wir waren in guter Stimmung. Gelegentlich erlaubte man uns eine kurze Rast und Ruhepause, aber wir mußten auch jeden Tag in der Schwitzhütte schwitzen, und jeden Tag wurde die Schwitzhütte heißer. Schließlich erreichten wir einen Punkt, an dem wir entweder ohnmächtig wurden und unser Bewußtsein verloren oder ein anderes Stadium von Bewußtsein und Vision erlangten.

Adlerknochenpfeifen, gehalten von ausgetrockneten Mündern, die in den tränengezeichneten, sonnenverbrannten Gesichtern kaum zu erkennen waren, tönten hinaus in das Universum. Aus allen Richtungen kamen Adler angeflogen, um auf die Töne zu antworten. Sie flogen kreisend heran und hielten ihre Klauen bereit, um die Rauchspiralen von Zedernholz und

Salbeikräutern einzufangen, um den Tabak aus den mit Gebeten gefüllten Pfeifen und die Seelen der Tänzer zu ergreifen und sie nach oben in die höheren Gefilde der Spiritualität zu tragen. Sie kamen wie Urväter, die Ahnen mit goldenen, schwarzen, weißen und gefleckten Federn, um das Einzige, was wir dem Großen Schöpfer und der gesamten Schöpfung zu geben hatten und was wirklich uns gehörte, zu akzeptieren – das, was die eigentliche Substanz unserer Lebenskraft ausmacht. Sie kamen, um unser Blut anzunehmen, das an unserem Körper herunterlief und von Mutter Erde aufgenommen wurde. Ohne Blut kann nichts existieren, kein Teil der Schöpfung und nicht einmal die Erde.

Ich betete zum und für den Großen Schöpfer. Ich wünschte ihm ein langes Leben, Glück und Wohlstand. Ich dankte ihm für all die wundervollen Dinge, die er mir in diesem Leben geschenkt hatte. Ich betete zu Großvater Sonne und dankte ihm für sein Licht, seine Kraft und Energie, denn ohne diese könnten wir nicht überleben. Ich betete zur gesamten Schöpfung und für alles, was gehen, kriechen, fliegen und schwimmen kann, ob es für uns sichtbar ist oder nicht. Ich betete für unsere Ahnen und Ältesten. Ich betete für all die verschiedenen Medizinmänner und Medizinfrauen, die in meiner Ausbildung geholfen hatten, und für diejenigen, die diese Zeremonie abhielten. Ich betete für die Brüder und Schwestern in den Gefängnissen, Krankenhäusern und psychiatrischen Kliniken und für diejenigen, denen es schlecht ging. Ich betete für die anderen Sonnentänzer und für die Zuschauer. Ich betete für meine Mutter und meinen Vater, meine Brüder und Schwestern. Ich betete für meinen Mann und meine Kinder und für meine Ehe. Ich betete sogar für meine Feinde und diejenigen, die mir und meiner Familie über die Jahre Schmerz zugefügt hatten, und ich fand in mir die ernsthafte Bereitschaft, ihnen zu verzeihen. Und ich betete von ganzem Herzen und mit meiner ganzen Seele, daß ich von all den Jahren des Mißbrauchs, der Schmerzen und des Leids und nun auch vom Krebs geheilt würde.

Tagelang betete, tanzte und sang ich in der heißen Sonne. Ich denke, das war meine eigene Bestrahlungsmethode, denn ich betete, daß Großvater Sonne meine Krankheit wegbrennen solle, und während ich betete, kam das Bussardweibchen angeflogen. Ich hörte seinen Schrei und suchte im Himmel nach seinem Geist. Aus Westen kommend fiel ein Schatten auf mich und die anderen Tänzer. Viermal kreiste es über uns, dann stieß es herab und berührte meinen Kopf. Es war der letzte Tag und die letzte Stunde der Zeremonie, und das Bussardweibchen war mit meiner letzten Energie gekommen, und ich wollte mit ihm für immer wegfliegen.

Der Tanz war vorüber, und die Tänzer ruhten sich aus. Einige bereiteten sich auf die Verschenkungszeremonie vor, und ich wollte meine Kinder sehen. Instinktiv hielt ich nach meinem Mann Ausschau, und mehrere Male dachte ich, ihn tatsächlich in der Laube zu sehen, wie er für mich betete. Aber das muß seine Seele gewesen sein. Er konnte unter keinen Umständen wissen, wo ich mich zu diesem Zeitpunkt befand. Ich hatte ihm nie erzählt, wohin ich gehen würde, und ich war fortgelaufen, ohne eine Nachricht zu hinterlassen.

Eine Gruppe älterer Medizinmänner kam zu mir herüber, um mit mir zu reden, während ich nach meinen Kindern sah und mich ausruhte. Einer der Männer sagte, er hätte von einem Mann mit einem bemalten Gesicht geträumt. Er sagte, dieser Mann sei ein Geist, der in einer Höhle in den heiligen Black Hills lebte, und er fragte mich, ob ich zur Visionssuche dorthin gehen wolle. Ich hatte bereits sechs Tage des Fastens und Leidens hinter mir. Ich glaubte nicht, daß ich noch mehr ertragen könnte, aber ich hatte das Gefühl, als ziehe mich eine unbekannte Kraft wie ein Magnet an, und ich konnte mich ihr nicht entziehen, auch wenn ich dabei sterben sollte. Ich brachte Tabak sowie Adlerfedern, Adlerkrallen, Adlerschwänze und Adlerflügel als Opfergabe dar, die von Insignien stammten, die mein Mann und ich gesammelt, uns verdient und über die Jahre für eine spezielle Gelegenheit aufgehoben hatten. Ich erklärte mich mit der Visionssuche einverstanden, erhielt die nötige Unterweisung und wurde zum Heiligen Bezirk gebracht.

Sie bemalten mich, bevor ich meinen Weg aufnahm und den Pfad bergauf ging und an einen Ort kam, an dem ich – außer im Traum – noch nie gewesen war. Crow Dog, Archie Fire Lame Deer, der alte Pete Catches, Martin High Bear, Frank Fools Crow und Wallace Black Elk repräsentierten die sechs heiligen Richtungen des Universums der Lakota Sioux-Indianer. Sie sangen und beteten für mich und sahen zu, als ich mit sechs verschiedenfarbigen Tabakschnüren (rot, gelb, schwarz, weiß, grün und blau für die vier heiligen Richtungen des Universums, für die Erde und den Himmel) den Pfad entlangging. Völlig ausgeglichen lief ich den alten Pfad entlang und konnte sehen, wie die Geister der Ahnen vor und hinter mir gingen, während Klapperschlangen mir langsam und demütig aus dem Weg gingen.

Vier Tage und Nächte blieb ich in der dunklen Höhle. Ich war ohne Essen und Wasser und hatte auch kein Verlangen danach. Ich nährte mich ganz von meiner geistigen Kraft, meiner Willenskraft und einer unbekannten Kraft. Und nacheinander kamen sie, um meinen Tabak anzunehmen, um mein Hilfeflehen zu hören und für mich zu singen und zu tanzen. Ich saß in einem Kreis mit Salbei und Hunderten verschiedener Adlerfedern. Ich saß auf altem, heiligem Boden, um Heilung zu suchen. Ich saß genau in der Mitte des Herzens der Erde, und ich spürte seinen Puls. Die Geisteswesen und Schutzgeister behandelten mich einer nach dem anderen, anschließend behandelten sie mich gemeinsam, und meine eigenen Kräfte und Geister unterstützten mich, bis ich nicht länger wach bleiben konnte und bewußtlos wurde. Ich war vermutlich mehrere Tage bewußtlos, denn ich hörte mein Bussardweibchen draußen schreien, und dann erschien Crow Dog und meinte, es sei Zeit zu gehen. Er erkundigte sich nicht einmal nach meinem Befinden, denn er brauchte mich nur anzusehen; er wußte schon darüber Bescheid.

Als wir den Pfad bergab einschlugen, flog mein Bussardweibchen über mir, als würde es mir den Weg zeigen, dann hörte ich hinter ihm die Schreie von Adlern. Es mußten an die zwölf Adler oder mehr gewesen sein, und sie kreisten und folgten mir, bis ich den Medizinmann und eine größere Gruppe von Menschen, die mich erwarteten, erreichte.

So bekam ich meine heilige Friedenspfeife und wurde als Medizinfrau für verschiedene Stämme anerkannt. So wurde ich von den anderen Stämmen adoptiert und fand eine neue Familie und Gemeinschaft, die mich als diejenige schätzte, die ich wirklich war, und die schätzte, was ich der Erde und den Menschen wirklich zu bieten hatte. Meiner eigenen Familie, meinem Stamm und meiner Gemeinschaft hingegen schien gleichgültig zu sein, wer oder was ich war. Ich denke, zu Hause brauchten sie einfach keine indianischen Ärztinnen mehr, und darum fühlte ich mich von ihnen nicht akzeptiert und anerkannt. Vielleicht akzeptierten sie mich nicht, weil sie dachten, ich sei noch zu jung. Vielleicht waren sie bereits zu assimiliert, oder vielleicht war auch einfach noch nicht der richtige Zeitpunkt für mich gekommen. Jedenfalls mußte ich mein Zuhause im schönen Nordwesten an der pazifischen Küste verlassen und mein Wissen und meine Fähigkeiten an einen anderen Ort tragen. Ich war nun vom Krebs geheilt, und es war an der Zeit, meinen Mann zu suchen und ein neues Leben zu beginnen.

7

Heilbehandlungen, Dämonen und übernatürliche Erscheinungen

Folgende Beispiele und Lebensgeschichten sollen dem Leser einen Einblick in die Erfahrungen geben, die ich bei der Behandlung verschiedener Menschen gemacht habe. Die meisten dieser Patienten sind Indianer, aber in den vergangenen Jahren habe ich, weil es sich um Mischehen handelte, auch Menschen anderer Rasse und Kultur behandelt. Oder ich half diesen Nichtindianern, weil sie mir leid taten und der Große Schöpfer mich anwies, ihnen zu helfen.

Die Welt ist voller Geister, Kräfte, Dämonen und übernatürlicher Kräfte. Hat ein Mensch andere Anschauungen und Überzeugungen, oder weigert er sich, diese Phänomene anzuerkennen, bedeutet das nicht, daß sie nicht wirklich existieren. In vielen Fällen machte ich die Erfahrung, daß Patienten das erst aus eigenem Schaden lernten. Anfangs glaubten sie nicht daran, daß ein Geist, eine Kraft, ein Geistwesen, eine übersinnliche Kraft oder etwas Übernatürliches Auslöser ihrer Krankheit sein könnte. Meistens hatten diese Patienten im Vorfeld bereits eine Reihe verschiedener Ärzte, Psychologen, Ganzheitstherapeuten und sogar Pfarrer und Priester konsultiert, um ein Heilmittel für ihren schlechten Gesundheitszustand und gegen ihre mysteriöse Krankheit zu finden. Ich will meine Überzeugungen und mein Wissen nicht aufdrängen, hoffe aber, daß einige der hier wiedergegebenen Beispiele eine andere Perspektive von Gesundheit und Heilung vermitteln oder sogar Ideen und Antworten auf eigene Probleme geben können. Aus verständlichen Gründen möchte ich hier keine Namen von Patienten nennen, werde aber über die Lebensgeschichte eines jeden kurz berichten, um die Vielfalt der Fälle zu demonstrieren.

Fall 1 (Besessenheit)

Vor einigen Jahren wurde ich während meiner Ausbildung gebeten, meiner Mentorin Flora Jones, einer bekannten indianischen Ärztin der Wintun in Redding, zu assistieren. Eine ältere Indianerfrau von einem unserer hiesigen Stämme war zur Behandlung gekommen, weil sie unter quälenden Träumen und Schlaflosigkeit litt. Zur Vorgeschichte ist zu sagen, daß in ihrer Familie eine Reihe seltsamer und schrecklicher Todesfälle und Selbstmorde aufgetreten war. Sie stand unter ständigem Druck, hatte Angst und litt sogar unter Verfolgungswahn. Die Träume erweckten in ihr immer wieder das Verlangen, sich die Finger abzuschneiden, und in anderen Situationen hatte sie im Wachzustand immer wieder den starken Drang, ein Messer zu nehmen und ihren Mann niederzustechen. Das löste in ihr offenbar Beschämung, große Besorgnis, Verwirrung und Angst aus. Darum wollte sie auch den Arzt oder Psychologen des Indian Health Service nicht konsultieren. Eines Nachts war der Drang so stark, daß sie tatsächlich nach einem Messer griff und die Spitze ihres kleinen Fingers abschnitt, bevor ihr Mann sie davon abhalten konnte. Aus unserer Sicht ist das ein klassisches Beispiel für den inneren psychischen Konflikt bei möglicher Besessenheit. Obwohl Fachleute in der westlichen Gesellschaft ein derartiges Phänomen abstreiten, ist es bei uns Indianern und in anderen Kulturen schon immer Bestandteil der Überzeugung und Wirklichkeitsvorstellung.

Nach indianischem Brauch und Recht brachte die Patientin der Wintun-Ärztin eine Opfergabe (und mir als ihrer Assistentin ein kleines Geschenk). Die Frau schenkte einen Karton Zigaretten, indianische Kunstgegenstände und etwas Geld und bat um eine Heilzeremonie. Es war bereits Abend, als wir mit den Vorbereitungen begannen. Ich wurde angewiesen, das Haus, die Patientin und ihre Familienmitglieder mit Zedernholz zu beräuchern, denn dieser Baum ist bekannt dafür, schlechte Geister und negative Energien abzuwehren und dient darum sowohl der Reinigung als auch dem Schutz. (Diese Eigenschaften finden sich sowohl im Geist der Pflanze als auch in ihrer physikalischen Natur. Man könnte sie mit einem Desinfektionsmittel vergleichen. Es wirkt ähnlich wie andere Baumprodukte, z. B. Pinesol, dessen Verwendung die westliche Gesellschaft von den Indianern gelernt hat; damit lassen sich Keime, Bakterien, Viren und lästige Insekten, die übrigens negative Energien darstellen, in Häusern beseitigen.)

Im nächsten Stadium der Zeremonie zündeten Flora und ich unsere heiligen Pfeifen an und begannen mit den Gebeten. Zuerst riefen wir den Großen Schöpfer und die guten Geister, mit denen jeder von uns arbeitet, an und baten sie, uns bei der Behandlung der Frau zu helfen. Die Patientin mußte ebenfalls beten und den Großen Schöpfer und die guten Geister in ihrer eigenen Sprache um Heilung bitten. Sie mußte ihren Namen, das Problem des Stammes und ihre Bitte nennen.

Flora Jones ist Trance-Ärztin. Sie singt und tanzt, bis sie einen höheren Bewußtseinszustand erreicht. In diesem höheren spirituellen Zustand ist sie in der Lage, hellseherische Kräfte und Fähigkeiten zu aktivieren, so daß sie die Geister sehen und hören und eine Diagnose erstellen kann. Dann singt sie verschiedene Lieder, mit denen sie verschiedene Geister herbeiruft, damit sie die Behandlung unterstützen. Kraft und Geist des Adlers werden beispielsweise verwendet, um zu »sehen«, um welche Krankheit es sich handelt und welche Ursache sie hat; der Wolf (als Symbol und als Schutzgeist) wird verwendet, um schlechte Geister, Geistwesen oder Kräfte von bestimmten Vögeln oder Tieren abzuwehren und zu verjagen. Auch kann der Geist eines heilenden Berges oder Wasserfalls angerufen werden. Manchmal legt Flora auch ihre kleine, schwarze Schachtel auf den Patienten, um den schlechten Geist einzufangen und auszutreiben. In anderen Situationen wiederum singt und tanzt sie und nimmt ihre Hände zur Übertragung heilender Kräfte und Energie, wenn ein Patient verletzt ist. Die Zeremonie mochte eine Stunde oder aber auch die ganze Nacht dauern. Alles hing davon ab, wie schwierig der Fall und wie stark die negativen Kräfte waren.

Flora leistete stundenlang harte Arbeit, konnte aber den dämonischen Geist nicht loswerden. Eulen fingen draußen an herumzuschreien, ein mysteriöser Wind setzte ein, die Hunde bellten wie verrückt, die Patientin begann zu weinen und zu schreien und wälzte sich schließlich wie bei einem Fieberkrampf oder epileptischen Anfall hin und her. In diesem Moment wurde Flora plötzlich von einer unsichtbaren Kraft durch den Raum geschleudert. (Das Ganze war keineswegs inszeniert, das können Sie mir glauben.) Diese Kraft schien sie anzugreifen, und sie schrie nach mir, damit ich sie unterstütze. Ich rief meine eigenen Kräfte an, und obwohl ich Angst hatte, konnte ich den schlechten Geist übersinnlich wahrnehmen (die Patientin allerdings nicht). Ich packte ihn und geriet mit ihm in ein Handgemenge. Es war, also kämpfte ich gegen einen schlechten Engel oder dergleichen. Dieses Wesen war unheimlich, es war halb Mensch und hatte große fledermausartige Flügel, schreckliche rote Augen und lange Krallen.

Es wohnte in einer Höhle in den Bergen am Klamath River. Ein Stammesgenosse hatte dieses Wesen gegen die Zeremonienmeisterin gesandt. Er kannte sich mit schlechten Ritualen aus und hatte das Wissen, Dämonen gegen andere auszusenden. Er tat das entweder aus Eifersucht oder für Geld. Mein Feuergeist packte den Dämon und zerstörte ihn. Zurück blieb nur eine übelriechende Rauchwolke. Ich sang und tanzte weiter für die Patientin und versuchte, ihr mit Hilfe von Habichtsfedern heilende Energie auf Kopf, Brust, Magen, Beine und schließlich auf die verletzte Hand und den Finger zu übertragen. Anschließend verabreichten wir der Patientin verschiedene Kräutertees, um den inneren Heilungsprozeß zu unterstützen, und versorgten ihre Wunde, indem wir sie äußerlich mit anderen Kräutern behandelten. Obwohl sie ein Glied ihres Fingers verloren hatte, erholte sie sich völlig und blieb für lange Jahre frei von Krankheiten und quälenden Träumen.

Fall 2 (Krankheit als Folge von Fehlverhalten)

Zur Zeit, als ich noch meine Ausbildung unter Flora, meinem Mann, Calvin Rube und Georgina Matildon absolvierte, lebten wir in Trinidad an der Küste Nordkaliforniens. Eines Nachts hatte ich einen schlechten Traum. Ich träumte, daß eine meiner Cousinen ständig unter Magenkrämpfen, starken Kopfschmerzen und Hautausschlägen litt. Sie war eine sehr schöne Indianerin mit langem, schwarzem Haar, das ihr über die Hüfte reichte, und war in der Gemeinschaft sehr beliebt. Einige der Stammesältesten hatten allerdings den Eindruck, als flirte sie etwas zu gerne, insbesondere mit den Männern anderer Frauen. Einen Tag nach diesem Traum besuchte sie mich. Sie sagte, sie sei krank, und machte auch einen kranken Eindruck. Sie erzählte, daß sie wegen Magenkrämpfen und starken Kopfschmerzen beim Arzt gewesen sei und im Gesicht einen schlimmen Ausschlag habe. Keines der verordneten Medikamente, keine Behandlung schien zu helfen, darum hatte sie beschlossen, daß es an der Zeit sei, eine indianische Ärztin aufzusuchen. Sie räumte ein, Christin zu sein und nicht wirklich an die traditionelle Kultur und Lebensweise zu glauben, sie habe jedoch Angst und sei verzweifelt (und vielleicht war sie auch etwas eitel und um ihr Aussehen besorgt).

Ich erzählte ihr, daß ich schon von ihr geträumt hätte, und tatsächlich war ich mir über die Ursache ihrer Krankheit schon weitgehend im klaren. Ich begann mit der Heilzeremonie, beräucherte sie und das Haus, zündete meine heilige Pfeife an und rief den Großen Schöpfer und meine Geister zu Hilfe. Nachdem ich ungefähr eine Stunde für sie getanzt und gesungen hatte, hielt ich inne und sagte ihr, daß sie krank sei, weil der Große Schöpfer sie bestrafe. Sie habe einen Verstoß begangen, weil sie mit zu vielen verschiedenen Männern geflirtet und bei deren Frauen schlimme Gefühle verursacht habe. Sie sei dafür verantwortlich, daß die Ehen anderer zerbrachen. Nach spirituellem Gesetz, das mitunter den Gesetzen der Physik ähnelt, gilt das Prinzip von Wirkung und Gegenwirkung. Um wieder gesund zu werden, mußte sie ihre Vergehen zugeben und den Großen Schöpfer um Vergebung bitten und dafür bezahlen, indem sie den betroffenen Parteien Entschuldigungen und Geschenke darbrachte. Das nennt man Rückerstattung oder Wiedergutmachung. Auch bat ich in ihrem Namen und betete für sie. Ich bereitete verschiedene Kräuter für sie zu, wie z. B. Engelwurz-Tee zum Trinken und anschließend Bananenblättertee zum Trinken und Auftragen auf das Gesicht. Die Kopfschmerzen und die Magenkrämpfe verschwanden in dieser Nacht und der Ausschlag nach einigen Tagen.

Fall 3 (Verfolgung durch Schlangen)

Eine Afroamerikanerin aus dem Gebiet der Bucht von San Francisco besuchte mich, nachdem sie mir telefonisch ihr Problem geschildert und um Heilung gebeten hatte. Sie sagte, sie hätte von einigen Indianerinnen und Angehörigen anderer ethnischer Minderheiten aus ihrer Umgebung über mich gehört. Sie erzählte, daß sie ständig schlechte Träume über Schlangen habe und daß sie immer wieder und überall von Schlangen angegriffen werde: ob im Haus ihrer Cousinen auf dem Land, in der Wüste, in den Bergen beim Zelten oder an Seen und Flüssen. Sie hatte dieses Problem schon seit Jahren. Sie war ungefähr fünfunddreißig Jahre alt und geschieden. Auch hatte sie eine chronische Gelenkarthrose im Nacken, in der Wirbelsäule und den Beinen und konnte nur noch mit Mühe gehen.

Gegen vier Uhr nachmittags, während ich auf ihre Ankunft aus Santa Rosa wartete, begann ich das Haus aufzuräumen. Ich nahm an, sie würde bald eintreffen, und dachte über ihr Problem nach, als ich draußen plötzlich einen Bussard rufen hörte. Ich schaute aus dem Fenster und sah, wie der Vogel über dem Haus immer wieder im Tauchflug auf und nieder flog und dabei dauernd schrie, als wollte er vor einer Gefahr warnen. Meine älteste Tochter, damals noch ein Kleinkind, spielte im Vorderzimmer. Plötzlich hörte ich sie weinen und schreien. Ich rannte aus der Küche hin zu ihr und sah voller Entsetzen, wie eine große Bullenschlange auf meine Tochter losging. Ich habe selbst Angst vor Schlangen, aber mein mütterlicher Instinkt ließ mich nach dem Besen greifen und mich schnell zwischen die aggressive Schlange und meine Tochter stellen. Ich versuchte, die Schlange zu schlagen und durch die Haustür nach draußen zu befördern. Nach mehreren verzweifelten Versuchen gelang es mir schließlich, sie auf die Veranda zu stoßen. Die ganze Zeit über betete ich um Schutz und sang ein heiliges Lied. Als die Schlange langsam fortglitt, näherte sich der Bussard im Sturzflug, packte die Schlange mit seinen Klauen und trug sie fort. Als Zeichen von Respekt zündete ich eine Zigarette an, verbrannte etwas Engelwurz (als Weihrauchopfer) und sagte dem Bussard Dank. Wenige Minuten später bog die Patientin in unsere Einfahrt ein.

Bevor ich mit der Heilzeremonie begann, beräucherte ich zunächst meine Tochter und betete für sie; ich nahm meinen Bussardfederfächer, um den negativen Geist der Schlange und mögliche übersinnliche Auswirkungen auf meine Tochter zu vertreiben. Ich sang und wiegte sie in den Schlaf. Anschließend hatte ich ein Gespräch mit der Afroamerikanerin, erklärte, worum es bei der Heilzeremonie ging, und bat sie, sich vorzubereiten. Während der Diagnose erfuhr ich von meinen Geistern, daß die Frau die Naturgesetze und die Gesetze des Schöpfers spirituell verletzt hatte und daß die Schlangen ihr nachstellten, weil sie ihnen nachgestellt hatte. (Wie konnte ich das beispielsweise einem westlichen Arzt erklären, der ein bestimmtes theoretisches Wissen über Arthritis hat, aber die Ursache doch nicht wirklich erklären kann und auch keine Heilungsmöglichkeit kennt?) Folglich hatte ich auch Schwierigkeiten, das der Patientin zu erklären, denn ihre Überzeugungen und Wirklichkeitsbereiche waren anders als meine. Ich erklärte es ihr dann einfach so, wie ich es sah.

Offenbar hatte sie im Gebiet der Bucht an einem bestimmten Ritual und an Parties teilgenommen, bei denen die Leute mit verschiedenen Schlangen tanzten, aßen und spielten. Sie hatte teilgenommen, während sie ihre Menstruation hatte. Auf weiteres Nachfragen hin räumte sie ein, daß sie an diesen Dingen vor mehreren Jahren beteiligt gewesen sei, aber nun nichts mehr damit zu tun habe. Es fiel ihr schwer zu verstehen, daß das die Ursache für ihre Krankheit und Qualen sein könnte. Ich versuchte mein Bestes, um ihr das zu erklären. Ich klärte sie über den Begriff der Menstruation und die damit verbundenen Gesetze und Vorstellungen auf, die, wie ich wußte, in jeder Kultur grundlegend gleich waren (zumindest waren sie das zu einer bestimmten Zeit). Ich sagte ihr, sie müsse ihr Vergehen gestehen und dem Großen Schöpfer und den Schlangen versprechen, nie wieder eine solche Tat zu begehen.

Ich mußte ihre Krankheit fortbeten. Schlangen in Geistergestalt umschlangen sie am ganzen Körper und machten, daß sie sich vor Arthritis krümmte. Wenn wir davon ausgehen, daß Streß – egal, wie man ihn definiert – Arthritis hervorrufen kann, so müssen wir auch davon ausgehen, daß »übersinnlicher Streß«, der Auswirkungen auf Geist, Gehirn und Körper hat (die jedoch für den Laien in der Regel nicht sichtbar sind), ebenfalls Arthritis hervorrufen kann. Das war hier der Fall. Darum mußte ich singen, tanzen und verschiedene Geister und Kräfte am Patienten anwenden, um die quälenden Geister der Schlangen zu vertreiben. Zu meinen »Behandlungsinstrumenten« für diese Operation gehören Habichts- und Adlerfedern – Geist, Symbol und Kraft dieser Vögel –, weil sie Schlangen fressen. Und wenn der Geist der Schlange einen wirklichen oder spirituellen (übernatürlichen) Kampf mit mir führen will, dann muß er sich mit meinen Schutzgeistern und Helfern auseinandersetzen.

In diesem Fall war eine weitere Behandlung notwendig. Ich mußte die Patientin auch in die heilige Schwitzhütte bringen, für sie beten und sie dem Dampf von Beifuß aussetzen. Zur Darmentleerung verabreichte ich ihr über einige Tage abführende Kräuter, ließ sie fasten und nur Fruchtsäfte zu sich nehmen, ließ sie für vier Tage auf Fleisch, Milchprodukte und Alkohol verzichten, gab ihr dann für weitere vier Tage Beifußtee zu trinken und ließ sie in der Badewanne in heißem Beifußtee baden. Die Patientin rief mich zwei Wochen später an und sagte, sie sei völlig geheilt – sie habe keine Arthritis und auch keine quälenden Träume mehr. Ich traf sie einige Jahre später wieder, und sie war noch immer bei guter Gesundheit, beachtete jetzt aber die Mondzeremonie (genauere Details über Konzept, Gesetze und Praxis der Mondzeremonie finden Sie im letzten Kapitel).

Fall 4
(Inzest und sexueller Mißbrauch im Kindesalter)

Eine weiße Frau machte einen Termin bei mir, weil sie ein prämenstruelles Syndrom und Probleme mit ihrem Menstruationszyklus hatte. Sie sagte, sie fühle sich die ganze Zeit müde, die letzte Menstruationsblutung liege über sechs Monate zurück, und sie leide unter Blähungen, Kopfschmerzen und erhöhter Gewichtszunahme. Außer diesen Informationen hatte ich so gut wie keine Anhaltspunkte. Ich sagte ihr, ich würde einige Tage darüber nachdenken und mich wieder bei ihr melden. Ich lege für gewöhnlich Wert darauf, zu beten und den Rat des Großen Schöpfers und meiner Geister einzuholen, bevor ich einen neuen Fall übernehme, außer es handelt sich um einen wirklichen Notfall. So kann ich feststellen, ob es mir erlaubt ist, eine Heilung zu versuchen, und womöglich auch schon vorzeitig herausfinden, was mich erwartet.

Wir vereinbarten einen Zeitpunkt für die Behandlung. Gemäß unserem spirituellen Brauch und Recht muß der Patient vier Tage vor, während und nach der Zeremonie rein bleiben. Das heißt, daß wir beide in dieser Zeit keine Drogen oder Alkohol zu uns nehmen und auch keinen Sex haben dürfen (im übrigen trinke ich sowieso keinen Alkohol und nehme auch keine Drogen, aber bei einigen Patienten gehört das durchaus dazu). Manchmal bitte ich den Patienten auch zu fasten, um die Heilkraft zu erhöhen.

Bei der Diagnose fragte ich die Frau, ob sie jemals sexuell mißbraucht worden sei und seit wie vielen Jahren ihr Menstruationszyklus gestört sei. (Im Geiste sah ich, daß ihr Vater sie im Teenageralter sexuell mißbrauchte, und meine Geister sagten mir, daß eine psychische Belastung, die sich in Scham- und Schuldgefühlen äußerte, ihrer Krankheit zugrunde lag. Nach spirituellem Recht ist Inzest ein Vergehen.)

Zunächst versuchte sie zu leugnen und so zu tun, als wisse sie nichts darüber. Ich fühlte, daß es wichtig war, sie mit diesem Thema zu konfrontieren, und schlug eine etwas härtere Tonart an in der Hoffnung, »das Faß zum Überlaufen zu bringen«. Sie brach in Tränen aus und gab zu, daß ihr Vater sie mißbraucht habe. Obwohl er vor einigen Jahren gestorben war, hatte sie noch immer schlechte Träume, in denen er immer wieder versuchte, sie zu mißbrauchen. In dieser Situation benötigte die Patientin meines Erachtens sehr viel Rat und Hilfestellung, und ich erklärte ihr, daß sie, auch wenn sie keine Schuld für das Vergehen trug, es doch »gestehen« könne. Ich wollte ihr damit keine Schuld zuweisen, sondern ihr helfen, die Schuld- und Schamgefühle, die sie all die Jahre empfunden hatte, loszuwerden. Ich sagte, meine Geister würden sie reinigen, die guten Geister würden die Seele ihres Vaters vertreiben und ins Land der Toten bringen, wohin sie gehörte, und sie würde danach keine quälenden Träume mehr haben.

Ich sagte ihr auch, daß ihre Vagina mit bestimmten Kräutern gereinigt werden müsse und daß sie andere Kräuter wie z. B. Schafgarbe als Tee zu sich nehmen solle, um den Menstruationszyklus und die Blutung wieder anzuregen und ins Gleichgewicht zu bringen. Außerdem müsse sie an einer heiligen Schwitzhüttenzeremonie teilnehmen, um Geist, Körper und Seele von sexueller Verletzung und Beschmutzung zu reinigen. Diese Maßnahmen dauerten eine Woche. Darüber hinaus verschrieb ich ihr eine Spezialdiät und gab ihr über mehrere Monate noch therapeutische Hilfestellung. Sie begann wieder zu arbeiten, lernte einen Mann kennen, und ungefähr ein Jahr später heiratete sie.

Fall 5 (Unfälle und Poltergeister)

Dieses Beispiel trug sich in Vermont zu. Man bat meinen Mann und mich, eine vermeintliche Cherokee-Medizinfrau namens Dyhani Yahoo zu unterstützen. Die Frau hatte ein Buch über die traditionellen Lehren der Cherokee in North Carolina geschrieben. Ihr spiritueller Bereich umfaßte Kristallheilkunst und Kristallehren, und darüber hinaus engagierte sie sich sehr für die Religion der Tibeter und hatte Kontakt zu einigen Lamas.

Wir kannten sie nicht sehr gut, sind aber in der Regel gerne bereit, anderen spirituellen Indianern und Nichtindianern zu helfen. Sie bat uns, in ein Gebiet im Osten der USA zu kommen, um einigen Stammesältesten zu helfen, Vorträge über Spiritualität zu halten und, wenn möglich, um einige Leute zu behandeln. Ihre Organisation übernahm die Flugkosten, stellte uns eine Unterkunft zur Verfügung und sorgte für unsere Mahlzeiten. Wir verbrachten ungefähr vier Tage in Vermont. Es war unsere erste Reise so weit in den Osten der USA. Vor der Hinfahrt hatten wir beide einen schlechten Traum. Wir entschieden, daß wir starken Schutz bräuchten, hielten eine Zeremonie ab und schickten die reinigenden Kräfte Blitz und Donner. Wie die Leute in dem Camp sagten, war das Wetter wochenlang klar und trocken gewesen, und sie sehnten sich nach Regen. Das plötzliche Unwetter brachte sie darum ganz aus dem Häuschen. Aber als unser Flugzeug in Burlington zur Landung ansetzte, waren auch wir durch das heftige Schaukeln und die Erschütterungen etwas beunruhigt. Doch es war gut, daß wir diese spirituelle Hilfe und Unterstützung hatten, denn eine Zeitlang sollte die Situation (angesichts der Angriffe durch sogenannte übersinnliche oder übernatürliche Herausforderer) durchaus ungemütlich werden.

Nach den Vorträgen kam ein junges Paar zu mir und fragte, ob ich eine Heilzeremonie für sie abhalten könne. Die Frau war zum Teil Indianerin, ihr Mann war Nichtindianer, und sie hatten zwei Kinder. Ihr Problem war, daß die Kinder immer wieder Unfälle erlitten. Zu Hause fielen sie die Treppe hinunter, sie fielen auf dem Spielplatz und in der Schule. Auch die Frau hatte Probleme und klagte über Beulen, blaue Flecken und Knochenschmerzen. Seit Jahren hatte sie immer wieder Unfälle. Beide waren besorgt, weil ein Arzt sie wegen Verdachts auf Kindesmißhandlung und/oder häusliche Gewalt überprüfen lassen wollte. Beide Elternteile tranken weder Alkohol, noch nahmen sie Drogen; bis auf das Problem mit den vielen Verletzungen machten sie den Eindruck glücklicher, gesunder, engagierter und sehr liebevoller Eltern.

Man erlaubte mir, ein eigenes Lagerfeuer abseits der übrigen Camp-Geschehnisse zu errichten. Ich ließ alle Familienmitglieder zur Behandlung kommen und bat meinen Mann, mir zu helfen und mich zu unterstützen. Ich wußte bereits, daß die Familie den Angriffen von Geistern und quälenden Geisterwesen ausgesetzt war, denn ich konnte sie sehen und fühlen. Darum hatten wir auch die reinigenden Kräfte vorausgeschickt. An diesem

Beispiel wird deutlich, daß Verstorbene, Geister und bestimmte Geisterwesen viel Macht besitzen und sehr gefährlich sein können, ob man an sie glaubt oder nicht.

Ich hatte das Gefühl, daß die Heilzeremonie im Freien stärker wirkte, als das normalerweise in einem Haus der Fall ist. Ich sang, tanzte, betete und setzte bestimmte Kräfte wie die der Wölfe und kriegerischen Geister ein (diese Geisterwesen gleichen menschlichen Kriegern in Kleidung und Verhalten). Sie kämpften, überwältigten die Geister und nahmen sie als Geiseln, so daß ich die Gelegenheit bekam, sie zu fragen, warum sie dieser Familie nachstellten. Sie sagten, die Frau habe die schlechte Angewohnheit, jeden Tag mit ihrer Freundin zu einem Friedhof zu gehen und dort ihr Mittagessen zu sich zu nehmen. Beide Frauen würden sich dort, auch während ihrer Monatsblutung, auf Grabsteine setzen, essen, lachen, Gräber von Bekannten aufsuchen und sich auf makabre Art über die Verstorbenen lustig machen. Die Geister fühlten sich durch dieses Verhalten beleidigt und folgten darum den Frauen nach Hause, um sie und ihre Familien zu plagen.

Um zu einer Lösung zu kommen, fragte ich die Frau, ob das wahr sei. Sie war schockiert. Sie wollte wissen, wie ich das wissen und sehen könne. Schließlich waren wir einander völlig fremd und lebten fast 5000 Kilometer voneinander entfernt. Ich sagte, sie hätte einen Frevel begangen, ein spirituelles Vergehen, und, damit alles wieder in Ordnung käme, müsse sie ihre Sünde gestehen. Auch müsse sie den Geistern und Geistwesen als Wiedergutmachung für die Beleidigungen und Kränkungen Nahrungsmittel und Tabak darbringen. Ihr und ihrem Mann kamen die Tränen. Sie sagten, daß in ihrem Haus seit Jahren ein unheimlicher Poltergeist sein Unwesen trieb, aber auch, wenn ihre Freunde ihn sehen konnten, bekamen sie es nur mit der Angst und weigerten sich, zu glauben, daß sie ihn wirklich gesehen hatten. Sie dachten, daß ein Umstand dieser Art die Ursache für all ihre ungewöhnlichen Unfälle und Verletzungen sein müsse.

Die Frau gestand und bekannte sich zu den begangenen Übertretungen, bat um Vergebung und machte eine Opfergabe aus Nahrung und Tabak. Auch ich bat und betete für ihre Vergebung. Dann vertrieb ich die Geister mit meinen spirituellen Kräften. Ich gab der Familie aber zusätzlich die Anweisung, in der folgenden Woche ihr Haus zur Reinigung, zum Schutz und um die Umgebung von schädlichen Einflüssen zu säubern, mit Salbei und Zedernholz zu beräuchern. Ich riet der Frau auch, jede Nacht einen großen Topf mit Beifuß aufzukochen und sich und die Kinder im Kräutersud zu baden, um die Verletzungen zu heilen. Ich verordnete ihr für eine Woche Beinwell-Tee und eine kleinere Menge davon für die Kinder. Eine Woche später rief sie mich an und sagte, daß die Schmerzen und blauen Flecken verschwunden seien. Es gebe keine Probleme mehr mit Unfällen oder Poltergeistern, und der Familie gehe es wunderbar. Und von nun an werde sie Friedhöfe meiden wie die Pest!

Fall 6 (Blutvergiftung)

Vor einigen Jahren behandelte ich eine Plains-Indianerin. Sie war Sonnentänzerin. Sie suchte mich auf, weil sich die Stellen, an denen sie sich hatte durchstechen lassen, immer wieder entzündeten. Sie erzählte, daß sie schon viele Male weiße Ärzte aufgesucht und verschiedene Antibiotika eingenommen habe, aber daß die Wunden einfach nicht heilten. Die Haut näßte, und die Stellen waren ganz entzündet. Ich hielt eine Heilzeremonie für sie ab und begann plötzlich zu lachen. Sie wollte wissen, worüber ich lachte. Ich erzählte, wie ich mich vor einigen Jahren mit einem ähnlichen Problem und in einer ähnlichen Situation zur Heilung an meinen Mann gewandt hatte, und wie mir der gleiche Fehler unterlaufen war. Mein Mann erklärte sich bereit, mich zu behandeln, aber er knurrte und schimpfte mich, weil ich mich nicht richtig verhalten hätte. Sie fragte: »Was meinen Sie damit? Ich habe gefastet, habe mich an die Sauberkeitsregeln gehalten und habe während meiner Menses nicht am heiligen Tanz teilgenommen; ich habe geschwitzt und bin sogar noch einen ganzen Monat danach sauber – d. h. ohne Drogen, Sex oder Alkohol – geblieben. Was habe ich denn falsch gemacht?«

Ich erzählte ihr, daß mein Mann mir gesagt hatte, es sei falsch, daß Zeremonienmeister unsere Haut mit einem Metallmesser oder Metallskalpell schneiden oder durchbohren. Ich hatte ihm damals genauso knurrig geantwortet: »Nun, was zum Teufel weißt du eigentlich über Sonnentänze? Du hast in dieser Religion gar keine Ausbildung und hast noch nie selbst getanzt!« Mein Mann sagte, er sei schließlich Arzt, und seine Geister und die Sonnentanzgeister würden ihm mitteilen, was die Ursache für mein Gesundheitsproblem sei. Er sagte, unter den alten traditionellen Indianern herrsche die allgemeine Überzeugung und der Brauch, sich bei einer Zeremonie niemals mit Metall zu schneiden. Wir sollten Feuerstein, Quarz, Obsidian oder Knochen verwenden, denn so verlangt es das spirituelle Gesetz. Die Schneidewerkzeuge müssen heilige Objekte sein, für die gebetet wurde, die beräuchert und sogar vor und nach dem zeremoniellen Schneiden in Kräutersud gelegt wurden. Mein Mann schalt mich und sagte, wenn ich ihm nicht glaube, solle ich doch die Ältesten in South Dakota anrufen und sie nach ihrer Meinung und Überzeugung fragen.

Ich sagte der Patientin, daß ich später feststellen mußte, daß mein Mann recht hatte. Und ich sagte ihr auch, daß sie das gleiche tun müsse wie ich damals, wenn sie wieder gesund werden wolle. Sie müsse ihr spirituelles Vergehen gestehen und sich dazu bekennen. Außerdem müsse sie den Geistern und dem Großen Schöpfer als Wiedergutmachung für den Gesetzesverstoß Tabak darbringen und versprechen, den gleichen Fehler in Zukunft nicht mehr zu begehen. Mehrere Stunden lang sang und tanzte ich und behandelte ich sie mit meinen Händen, um das wirkliche und spirituelle Gift zu entziehen und heilende Kraft auf die Wunden zu übertragen. Dann stellte ich einige Kräuter für die Reinigung von Darm und Blut für sie zusammen, und zur direkten Wundbehandlung benutzte ich Kräuter und Banane in getrockneter, pulverisierter Form. Ich wies sie an, zuerst vier Tage lang das Laxativum Chitumrinde einzunehmen und in den folgenden Tagen Echinacea- und Salbeitee zu trinken. In der darauffolgenden Woche sollte sie dann Oregontraubentee und Princess-Pine-Tee zu sich nehmen, und zwar täglich mehrmals. Ich empfahl ihr auch, Vitamin E-Öl auf die bereits geheilten Wunden aufzutragen, um einer Narbenbildung vorzubeugen, aber sie bestand auf den Narben als Beweis für im Sonnentanz erbrachtes Leid und Opfer.

Einige Jahre später, bei einem Aufenthalt in Montana, traf ich Bekannte von ihr. Sie erzählten, daß die Frau wieder an einer Sonnentanzzeremonie in South Dakota teilgenommen habe und sich wieder habe durchstechen lassen, und daß einige der Zeremonieteilnehmer sich mit Aids infiziert hätten. Offenbar hatte man ein Metallskalpell verwendet. In diesem Zusammenhang möchte ich eigentlich nur betonen, daß manche Menschen einfach nicht hören können und erst durch schlimme Erfahrungen lernen. (Und zu diesen Menschen zähle auch ich selbst. Schließlich habe ich mir einmal durch zeremonielle Wunden eine Staphylokokkeninfektion zugezogen. Bei meiner nächsten Teilnahme an einem Sonnentanz nahm ich dann meine eigenen Schneidewerkzeuge aus Quarz mit.)

Fall 7 (Kolitis)

Eine junge weiße Frau lag mit Kolitis im Krankenhaus, und ihr Zustand verschlechterte sich zusehends. Sie hatte dauernd Diarrhö und Darmbeschwerden, konnte die Nahrung nicht im Magen behalten und wurde körperlich und geistig immer schwächer. Offenbar litt sie bereits seit Monaten an der Krankheit und hatte verschiedene Ärzte konsultiert, aber ihr Gesundheitszustand verschlimmerte sich so sehr, daß der Internist ihr im Krankenhaus eine intravenöse Infusion legte und sie an ein Kontrollgerät anschloß.

Ich war ins Krankenhaus gekommen, um einen anderen Patienten zu besuchen und das Beten für ihn zu unterstützen. Plötzlich hörte ich, wie die Frau mich beim Namen rief. Sie schien sehr verzweifelt und durcheinander. Ich kannte sie nicht, aber sie erinnerte sich an mich von einem Vortrag, den ich in einem örtlichen College im Fach Indianerstudien gehalten hatte. Ich ging den Krankenhausflur entlang und schlug die Richtung ihres Zimmers ein, um zu sehen, wer da nach mir rief. In ihr Krankenzimmer selbst ging ich jedoch nicht, denn ich hatte das plötzliche Gefühl, daß in ihrem Zimmer etwas Schlechtes zugegen sei, und als sie sich dann vorstellte und um Hilfe bat, bemerkte ich an ihrem Körper ein Gewusel von Klapperschlangen (es handelte sich um symbolische Schlangen in Geistergestalt). Auch die Frau selbst strahlte etwas Negatives aus – ich fühlte mich mit ihr nicht wohl. Ich hörte mir ihr Hilfegesuch an und sagte ihr, daß ich einen Besuchstermin bei einem anderen Patienten, einem Indianer, hätte, der sich gerade von einer bei einer Messerstecherei erlittenen Stichwunde erholte.

Etwas später am Abend rief mich die Frau zu Hause an und »forderte«, daß ich zum Krankenhaus kommen und sie behandeln solle. Ihre Art, ihr unhöflicher Ton und der fehlende Respekt stimmten mich sehr ärgerlich. Ich sagte ihr, ich dächte nicht, daß ich ihr helfen könne, und außerdem hätte ich nicht die Erlaubnis ihrer Ärzte, mich in ihre Behandlung einzumischen. Am folgenden Tag rief sie wieder an, wohl aus lauter Verzweiflung, und sie weinte und bat um Hilfe. Obwohl ich wirklich kein gutes Gefühl mit ihr hatte, unterwies ich sie in Sachen »Protokoll«. Schließlich gibt es eine bestimmte und richtige Art und Weise, sich mit Tabak und einem Geschenk an indianische

Ärzte zu wenden, wenn man um spirituelle Unterstützung und Heilung bittet. Sie sagte, sie habe das Gefühl, als müsse sie sterben. Sie hatte kein Zutrauen mehr zu den westlichen Behandlungsmethoden, und, obwohl sie Nichtindianerin war, bat sie mich, ihr zu helfen.

Etwas später an diesem Tag überbrachte mir ein Bekannter von ihr Tabak und bat in ihrem Namen um Hilfe. Ich sagte, ich müsse zuerst für ihren Fall beten und würde mich später am Abend wieder bei ihr melden.

Ich ging zu meinem Betaltar im Freien, betete dort und konsultierte den Großen Schöpfer, die guten Geister und meine Ahnen. Sie sagten mir, die Frau werde nicht glauben, was ich ihr zu sagen habe, und sie werde auch nicht an das glauben, was ich würde tun müssen, um ihr zu helfen. Also rief ich sie an und sagte, ich glaubte nicht, daß ich ihr helfen könne. Sie bat mich, wenigstens einige Kräuter für sie zuzubereiten, oder ein Gebet für sie zu sprechen, weil sie in ihrem Krankenzimmer ständig einen Geist sehe, der ihr Angst einjage. Der Pfarrer habe zwar gesagt, das sei der Heilige Geist, der sie besuche, aber trotzdem mache der Geist ihr Angst und verschlimmere ihren Gesundheitszustand. Offenbar handelte es sich um den gleichen Geist, der ihr schon die ganze Zeit zusetzte.

Aus Mitleid betete ich doch für sie. In der Nacht hatte ich einen Traum. Ich träumte von dem Geist, aber er war keineswegs heilig. Ich träumte auch von den Klapperschlangen, die ich überall auf ihrem Bauch gesehen hatte, und während ich träumte, hörte ich den Schrei von Eulen. Ich träumte, der böse Geist sei ein Eulengeist, der in einer Höhle in der Wüste wohne, in der die Frau einmal kampiert hatte. Der Traum offenbarte, daß sie an einem Ort geschlafen hatte, an dem schlechte Geister wohnten, und daß sie dort, da sie ihre Monatsblutung hatte, einen Tampon zurückgelassen hatte. Sie fand einige Eulenfedern, die sie mit nach Hause nahm, weil sie dachte, es handele sich um glücksbringende Machtobjekte. Dann hatte ich noch einen anderen seltsamen Traum. Ich träumte von einem Mann in der Wüste, der mit Bauarbeiten beschäftigt war. Er fuhr einen Bulldozer. In regelmäßigen Abständen lief er mit seinen Kollegen das Gebiet ab und tötete Klapperschlangen. Dann legten er und seine Kollegen Dynamit und jagten ein ganzes Nest voller Klapperschlangen in die Luft. Meine Geister und die Geister der Klapperschlangen teilten mir mit, daß dieser Mann der Vater der kranken Frau sei.

Der Traum beunruhigte mich. Die Geister begannen nun auch mich zu quälen und anzugreifen, so daß ich eine Zeremonie zu meinem Schutz abhalten mußte. Etwas später an diesem Tag rief mich die junge Frau aus dem Krankenhaus wieder an. Ich sagte, was ich in Geistergestalt gesehen hätte und was meiner Meinung nach die Ursache für ihre Krankheit sei. Ich sagte auch, daß ich wieder im Krankenhaus vorbeikommen würde, um den Indianerpatienten zu besuchen. Ich würde zwar nicht zu ihr ins Zimmer kommen und eine Zeremonie für sie abhalten, aber ich würde einige heilige Quarzkristalle und etwas Salbei für sie zum Beten zurücklassen und ihr die Behandlung ihres Problems selbst überlassen. (Ich wußte auch, daß die weißen Ärzte und der Pfarrer nicht wollten, daß ich mich in ihren Fall einmischte. Unter diesen Umständen und aus Mitleid für die Frau war das das beste, was ich für sie tun konnte.) Ich erzählte ihr von den Träumen und den Dingen, die ich hellseherisch wahrgenommen hatte und die ich für die Ursache ihrer Krankheit hielt.

Einige Tage später rief sie mich an und beschimpfte mich: »Ich wußte, ich hätte Sie nicht um Hilfe bitten sollen. Sie sind wirklich verrückt. Sie haben mich vor meiner Mutter, meinem Arzt und dem Pfarrer lächerlich gemacht. Die haben mich wirklich geschimpft, weil ich Sie um Hilfe gebeten habe, und haben gesagt, Sie müßten das Böse in sich haben, wenn Sie etwas Derartiges denken und sagen. Sie würden meine Krankheit nur noch schlimmer machen, und Sie sollten mich zum Teufel noch mal in Ruhe lassen, sonst würden sie gerichtlich gegen Sie vorgehen!«

Und weiter sagte sie: »Mein Pfarrer hat gesagt, er habe für mich gebetet und den Heiligen Geist geschickt. Wenn Sie denken, daß es sich bei diesem Geist um einen schlechten Geist aus einer Höhle handelt, so sei das nur ein weiterer Beweis dafür, daß Sie verrückt und böse sind. Dann hat er die Kristalle und die Kräuter, die sie mir zum Verbrennen und Beten gegeben haben, fortgeworfen, und nun ist ein Psychiater hier, der mir helfen soll. Sie sagten mir, ich solle mich, verdammt noch mal, von Schamanen fernhalten und ihnen erlauben, ihre Arbeit zu machen.«

In diesem Moment wurde mir klar, daß ich eine neue Lektion gelernt hatte. Ich hätte auf meine eigene Intuition und die Schutzgeister hören und mich in diesem Fall nicht engagieren sollen. Aber so etwas passiert uns gelegentlich. Wir haben Mitleid mit anderen, und das bringt uns schließlich selbst in Schwierigkeiten. Ich war natürlich froh, daß ich ihr keine Kräutertees gegeben hatte, obwohl ich weiß, daß sie ihre Genesung wirklich vorangetrieben hätten.

Einige Wochen vergingen, und ich war mit meinem eigenen Leben und anderen Fällen befaßt. Der Indianer aus dem Krankenhaus erholte sich schnell und stattete mir zu Hause einen Besuch ab; als Geschenk und um seiner Wertschätzung Ausdruck zu verleihen, brachte er einige Lachse mit. Er erzählte, die junge weiße Frau habe im ganzen Krankenhaus schlecht über mich gesprochen, aber ihr Gesundheitszustand verbessere sich zusehends.

Er fragte: »Nur aus Neugier, Tela, sag mal, hast du trotzdem für sie gebetet?« Ich lachte beinahe und antwortete: »Ja, aber eigentlich hatte ich keine große Wahl. Nachdem ich meine Nase in ihre Angelegenheit gesteckt hatte, mußte ich mich damit auseinandersetzen. Das, was sie in Geistergestalt zur Strafe quälte, erhob Ansprüche auf ihr Leben. Und weil ich ihr zu helfen begann, griffen sie auch mich an. Somit hatte ich keine andere

Wahl. Ich mußte meine Kräfte anrufen und diese Geister verjagen, und dann mußte ich für die Unwissenheit der Frau und ihre
Vergehen gegen die Natur Abbitte leisten. Zum Teil handelte es
sich um Vergehen, die sie geerbt hatte, wie im Falle ihres Vaters,
der all die Klapperschlangen getötet hatte. Und genau wie du
muß jeder *pegas-soy* leisten, d. h. sich zu seinem falschen Verhalten und seinen begangenen Verstößen bekennen, damit es ihm
wieder gut geht. Es spielt keine Rolle, ob dieses Schuldbekenntnis von den Patienten oder ihren Eltern geleistet wird, wichtig
ist, daß sie um Vergebung bitten und es nie wieder tun. Gut, diese Frau tat mir leid, und ich betete und bat in ihrem Namen, aber
womöglich wird sie nie ganz gesund, wenn sie ihre Vergehen
und die Ursachen ihrer Probleme nicht in den Griff bekommt
und Wiedergutmachung leistet.«

Am folgenden Tag rief mich die junge Frau aus dem Krankenhaus an und entschuldigte sich für ihr früheres Verhalten. Ich
vermute, mein indianischer Patient hatte sie besucht und sie
angeschnauzt. Sie sagte: »Wissen Sie, ich war so krank und hatte
solche Schmerzen – ich vermute, ich war einfach so verzweifelt –
ich wurde mit allen böse, sogar mit den Ärzten und Schwestern
im Krankenhaus. Und nun sehe ich, daß an Ihrer Diagnose
etwas Wahres dran sein mag. Erinnern Sie sich, daß Sie mir sagten, mein Dad habe so viele Klapperschlangen in der Wüste
getötet? Ich konnte das einfach nicht glauben, denn mein Dad
lebt hier an der Küste, und ich wußte, daß er noch nie in der
Wüste gearbeitet hat. Aber als ich das meiner Mom erzählte,
begann sie zu weinen. Erst heute erfuhr ich von ihr, daß der
Mann, den ich all diese Jahre für meinen Vater hielt, nur mein
Stiefvater ist. Mein richtiger Dad lebt in Nevada und ist Bauun-
ternehmer. Und meine Mutter erzählte, er habe tatsächlich
Hornringe von Klapperschlangen gesammelt. Aber woher
haben Sie das wissen können?«

Fall 8
(Überlange Trauer und Nervenzusammenbruch)

Vor langer Zeit lebten mein Mann und ich für mehrere Jahre in Trinidad, Kalifornien, einer kleinen Fischerstadt an der Küste. Wir lebten an der Old Stage Coach Road, da, wo keine Touristen hinkommen. Eines Tages geschah etwas Seltsames. Wir wachten beide mehrere Nächte hintereinander von Geräuschen in unserem großen Haus auf. Es waren die Geräusche eines lachenden, spielenden und anschließend weinenden Mädchens. Unsere älteste Tochter war zu diesem Zeitpunkt noch nicht einmal drei Jahre alt und wir wußten, daß nicht sie es sein konnte, die sagte: »Hilf mir, Mommy – komm und bring mich hier weg, Mommy – mir gefällt es hier nicht und ich habe Angst.« Erst in der dritten Nacht wußten wir, daß es sich um ein weißes Mädchen von ungefähr sieben Jahren handelte, das uns in Geistergestalt besuchte. Aber jedesmal, wenn wir versuchten, unsere Hände nach ihm auszustrecken und ihm zu helfen, lief es fort.

Am nächsten Tag hielt ich im College im Kurs eines Professors einen Vortrag über die indianische Heilkunst. Es ging um das Thema Streß, Angst und Streßmanagement. Der Professor bat mich, die indianische Sichtweise über die Ursache von Streß darzustellen und zu erklären, wie wir mit Streß umgehen.

Ich sagte den Studenten, daß Indianer natürlich weitgehend so sind wie andere Menschen auch, nur daß es verschiedene kulturelle Unterschiede gibt. Auch bei uns gibt es Trennungen, Scheidungen, berufliche Veränderungen, Umzüge, Geldschulden oder Schuldgefühle, weil man das Gefühl hat, Unrecht getan zu haben (z. B. wenn jemand gestohlen oder einen anderen verletzt hat, einen anderen in einer Liebesbeziehung betrogen oder sexuell mißbraucht hat). Und ich sagte den Studenten, daß auch andere nicht sichtbare Dinge wie schlechte Geister, gute Geister, unsichtbare Kräfte, Alpträume und Geistwesen Streß und Angst hervorrufen können und Menschen auf ganz verschiedene Art krank machen können. Als Beispiel fiel mir der Geist des kleinen Mädchens ein. Ich sagte zu den Studenten, daß ich mir die Frage stellte, ob die Eltern des Mädchens unter Streß stünden, einer Art von Streß, der weit über den üblichen Trauerprozeß und die normale Trauersituation hinausreichte. Plötzlich hörte ich, daß einer der Zuhörer aufschluchzte, dann aufstand und aus dem Raum ging. Alle wunderten sich über sein Verhalten, und mir war das Ganze peinlich.

Als ich hinausging, stand der Mann vor dem Schulgebäude, noch immer mit Tränen in den Augen. Er war sehr nervös und hatte offensichtlich nicht viel geschlafen. Er fragte mich, ob ich auch Weiße behandeln würde. Ich antwortete: »Ja, manchmal schon, denn wir Menschen gehören alle dem Großen Schöpfer, auch wenn das einigen meiner Mitindianer nicht gefällt.« Dann erzählte er von seiner siebenjährigen Tochter. Sie war vor ungefähr einem Monat beim Radfahren durch ein Auto getötet worden, und seine Frau und die andere, jüngere Tochter hatten große Schwierigkeiten, diesen Verlust zu verkraften. Er befürchtete, daß seine Frau noch mit einem Nervenzusammenbruch in eine Klinik eingewiesen würde, wenn nicht bald etwas geschähe. Und zu alledem trug sie sich mit Selbstmordgedanken. Ich sagte zu, daß ich versuchen würde, ihnen zu helfen.

Ich suchte die Familie zu Hause auf, erklärte die indianische Behandlungsmethode und wie die Herangehensweise von Fall zu Fall verschieden sein kann. Ich erklärte, wie sie sich auf die Heilzeremonie vorbereiten sollten und was von ihnen dabei erwartet wurde. Bei diesem Gespräch gaben die Frau und das Kind zu, daß sie die Geister dauernd sähen und das verstorbene Kind für gewöhnlich nachts im Haus spielen und weinen hörten. Der Vater hatte das Kind jedoch noch nie gesehen oder gehört. Die Mutter sagte, sie würde langsam verrückt, weil niemand ihr Glauben schenke. Sie empfand nicht nur großen Kummer über den Tod ihrer Tochter, sondern hatte auch Scham- und tiefe

Schuldgefühle und sogar Furcht, weil sie sich für den Tod des Mädchens verantwortlich fühlte und nicht wußte, wie sie dem Geist des Mädchens helfen konnte. Sie hatte auch das Gefühl, bestraft zu werden, verstand aber nicht wofür.

In der Zeremonie stellte ich eine indianische Beerdigung nach. Dazu mußte ein heiliges Feuer im Freien errichtet werden, und den Verstorbenen und den Geistern, die ich anrief, um der Familie zu helfen, mußte als Opfergabe Nahrung und Tabak dargebracht werden. Meine Geister brachten den Geist des kleinen Mädchens herbei. Ich sprach mit dem kleinen Mädchen und sagte ihm, es solle keine Angst haben. Ich sagte, es sollte kein menschliches Dasein mehr führen, weil es keinen Körper mehr habe, und ich versuchte ihm zu erklären, daß meine an der Zeremonie teilnehmenden Geister (Schutzgeister) ihm helfen würden, wegzugehen und in eine andere Welt zu gelangen, wo es nicht allein sein werde und mit anderen jungen Kindern und verstorbenen Verwandten werde spielen können. Dann ließ ich die Familie für das Mädchen und füreinander beten und von ihm Abschied nehmen. Da passierte etwas Seltsames, was ich noch nie erlebt hatte. Vier große Raben kamen im Dunkel der Nacht angeflogen. Das ist nicht ihr normales Verhalten. Sie riefen, kreisten über uns und flogen dann mit dem Geist des kleinen Mädchens fort. Ich nahm das als Omen und Vorzeichen, um den Eltern und der noch lebenden Tochter zu versichern, daß ihre verstorbene Tochter und Schwester nun fortging, daß es ihr gut gehen werde und daß sie sie nie mehr wiedersehen würden. Am folgenden Tag reinigte ich die ganze Familie in einer heiligen Schwitzhüttenzeremonie und begleitete Mutter und Tochter noch einige Monate therapeutisch, bis sie ihr inneres Gleichgewicht wiedergefunden hatten.

Fall 9 (Alkohol und Drogen)

Am schwierigsten sind Fälle, bei denen Alkohol und Drogen im Spiel sind, und ich übernehme solche Fälle normalerweise nicht gerne. Diese Fälle sind sehr kompliziert und erfordern dauerndes Heilen durch Zeremonien und dauernde begleitende Therapie und Nachtherapie des Patienten und seiner Familie. Es gibt viele Gründe, die einen Menschen zum Alkoholiker oder Drogensüchtigen machen. Das mögen bestimmte genetische Strukturen sein, eine Lebenskrise oder ein unstetes Leben mit zu vielen Parties und Zerstreuungen. Auch Streß und Angst können die Ursache sein, manchmal auch übersinnliche Einflüsse wie schlechte Geister, Geistwesen oder ein Hexer. Jeder Mensch ist anders. Bei jedem einzelnen können die Ursachen unterschiedlich sein, genauso wie sein Gesundheitszustand, seine Willenskraft und Motivation, wieder gesund zu werden, und ähnliche Einflüsse unterschiedlich sein können.

Eine meiner Verwandten suchte mich eines Tages auf und bat um Hilfe. Sie hatte seit Jahren ein Alkoholproblem und dadurch ihre gute Ehe, ihre Kinder, ihre Arbeit und viele gute Freunde verloren. Sie hatte es satt, ein Leben zu führen, das nur aus Drogen und Alkohol und den damit verbundenen Streitigkeiten, Beschimpfungen und Straftaten und aus Armut bestand. Sie sah keinen Ausweg und hatte Selbstmordgedanken. Sie hatte auch genug von den Standardmethoden der westlichen Gesellschaft und den indianischen Behandlungsmodellen, die ihr einfach nicht geholfen hatten. Sie fühlte, daß all diesen Modellen die kulturelle Basis und das nötige Verständnis fehlten.

Ich erklärte ihr, sie müsse wenigstens einige Tage clean und nüchtern bleiben, bevor ich mit ihr arbeiten könne. Ich sagte ihr auch, daß, was Protokoll und Kooperation anging, sie sich an indianischen Brauch und indianisches Recht halten müsse. Einige Tage später kehrte sie in einem halbwegs vernünftigen Zustand zurück. Zuerst begann ich ihren Geist, ihren Körper und ihre Seele zu rein zu machen, indem ich ihren Organismus mit Kräuterlaxativen reinigte und sie im Dampf von Beifuß in der heiligen Schwitzhütte schwitzen ließ. Außerdem führte ich jeden Abend eine Heilzeremonie für sie durch und konsultierte meine Geister eingehend über ihre Sünden und Vergehen, ihre ererbten Sünden und die Verbrechen, die sie gegenüber der Natur, ihrem Volk, den Gesetzen des Schöpfers und sich selbst begangen hatte.

Nach vielen Nächten von Schuldbekenntnis und Wiedergutmachung machte sie einen zunehmend gesünderen Eindruck, aber das Verlangen und die Gewohnheit waren noch immer vorhanden. Ich durfte sie nie aus den Augen lassen, damit sie sich nicht davonstehlen konnte, um sich die gewünschten Dinge zu beschaffen. Ich mußte sogar meinen Mann bitten, sich mit mir abzuwechseln und in der Nacht mit ihr aufzubleiben, zu beten und Wache zu halten. Ich fing an, sie mit Kräutertees, traditionellen indianischen Nahrungsmitteln, mit zusätzlichen Vitamingaben und mit meiner Heilkraft zu stärken. Gleichzeitig stand ich ihr stets beratend zur Seite, um ihr Vertrauen wiederaufzubauen, das latent vorhandene Verlangen abzuwehren und ihre Selbstachtung zu stärken. Nach ungefähr zwei Wochen fühlten wir uns alle innerlich ausgebrannt, auch meine Kinder, aber zu diesem Zeitpunkt war offensichtlich, daß sie auf dem Weg der Besserung war. Ich wollte wirklich, daß sie es schaffte, denn in einer Reihe vergleichbarer Fälle hatte ich keinen Erfolg gehabt.

Als Teil der Behandlung riet ich ihr, sich den Einflüssen ihrer gewohnten Umgebung zu entziehen und zu versuchen, ein neues Leben zu beginnen. Ich versicherte ihr, daß sie nur zum Telefon greifen müsse, wenn sie meine Hilfe brauche. Einen Monat später hatte sie eine neue Arbeitsstelle gefunden, eine neue Wohnung gemietet, neue Freunde kennengelernt und engagierte sich zunehmend in den traditionellen Aktivitäten indianischer Kultur und Spiritualität. Zuletzt hörte ich, daß sie mit ihrem neuen Leben sehr gut zurechtkam, aber ich habe nach ihr keine weiteren Alkohol- oder Drogenfälle übernommen.

Fall 10 (Fettsucht und Pilzinfektion)

Eine Hispano-Amerikanerin aus dem Osten der USA schrieb mir einen Brief und bat um Hilfe. Sie schickte Pfeifentabak und ein Geschenk. Sie erklärte, daß sie es satt habe, so dick zu sein und die ganze Zeit mit Pilzinfektionen zu tun zu haben. Sie fragte an, ob ich ihr über die Entfernung hinweg (über eine Seelenreisenbehandlung und über die Verwendung von Kräutern) helfen könne. Ich betete für ihren Fall und dachte, ich könne ihr womöglich helfen. Zu meinem Erstaunen stellte ich fest, daß ihre Krankheit nicht durch spirituelle Vergehen ausgelöst wurde. Die Krankheit war lediglich ein Erbe und darüber hinaus auf schlechte Eßgewohnheiten, geringe Selbstachtung und unausgewogene Nahrung zurückzuführen.

Ich teilte ihr meine Diagnose mit und richtete es so ein, daß sie mehrere Nächte hintereinander eine Heilung über die Entfernung erhalten konnte. Für die Zeremoniebehandlung war erforderlich, daß sie jeden Abend gegen 21 Uhr einen angenehmen, bequemen und ruhigen Ort in ihrer eigenen Wohnung aufsuchte. Ich wies sie an, sich und die Umgebung mit einem Salbei-Zedern-Räucherstäbchen zu beräuchern, das Licht auszuschalten, sich zu setzen und für ihre Bedürfnisse, Wünsche und Heilung zu beten. Zur gleichen Zeit führte ich eine ähnliche Zeremonie durch und verließ meinen Körper mit Hilfe von Gebetsformeln, Sprechgesang und Schutzgeistern, machte eine Seelenreise nach Osten und half der Frau, auch wenn sie mich nicht sehen konnte. Sie sagte, sie habe jede Nacht das bestimmte Gefühl meiner Gegenwart.

Zum Einstieg verordnete ich ihr, drei Wochen lang nur Früchte oder Fruchtsäfte zu sich zu nehmen. In dieser Zeit kön-

ne sie zur Arbeit gehen, aber jede Nacht solle sie eine Gebetsze-
remonie abhalten (die sie bestärken und der Meditation dienen
sollte, um ihren Mut und ihre Entschlußkraft aufzubauen). Ich
riet ihr auch, im ersten Monat jeden zweiten Tag spazierenzuge-
hen und leichte Gymnastik zu machen und dann später die
Übungen und Spaziergänge täglich durchzuführen. Dann riet
ich zu Jazzgymnastik. In ihrer Diät sollte sie Käse, Milch- und
Weizenprodukte meiden und sich von Reis, Bohnen, Gemüse
und Früchten mir niedrigem Säuregehalt ernähren.

Ich verordnete ihr auch Kräuterspülungen aus Wacholderbee-
ren, die sich im nächsten Monat mit Spülungen aus mildem
Schafgarbentee abwechseln sollten. Sie sollte keinen Alkohol zu
sich nehmen, und wegen der negativen Auswirkungen auf die
Bauchspeicheldrüse sollte sie Pickles meiden. Ich versuchte ihre
Leber mit anderen Kräutern wie Frauenwurzel-, Schafgarben-
und Sassafras-Tee aufzubauen, die jeden zweiten Tag wechseln
sollten. Limonadengetränke, Kuchen, Pasteten, Süßigkeiten,
Schokolade, Keks und Bonbons waren Gift für ihren Körper
und waren daher immer zu meiden. Außerdem warnte ich sie,
als ich mit den Entgiftungsmaßnahmen begann, daß die Pilzinfektionen sich zunächst verschlimmern, aber dann langsam
zurückgehen würden. Und so war es auch.

Ich riet ihr, wenn sich die Gelegenheit bot, an Schwitzhütten-
zeremonien in ihrer Umgebung teilzunehmen, während ihrer
Monatsblutung eine Teilnahme jedoch unbedingt zu vermeiden.
Schließlich mußte sie erkennen, daß vorhandene Fettzellen
nicht zerstört werden, sondern nur in ihrer Größe schrumpfen
können. Aber bei entsprechender Diät und körperlicher Betäti-
gung würde es voraussichtlich nicht zum Aufbau neuer Fettzellen kommen. Das liegt nun schon einige Jahre zurück, und der
Frau geht es sehr gut – außer daß sie vielleicht zu viele Liebesaf-
fären zu verkraften hat!

***

In den letzten fünfzehn Jahren habe ich wahrscheinlich mehrere hundert Menschen behandelt, und ich bin erst fünfunddreißig. Die meisten meiner Mentoren und die Medizinfrauen früherer Zeit begannen mit der Behandlung erst nach den Wechseljahren oder wenn sie um die fünfzig waren.

Keine zwei Fälle waren identisch, und ich habe Frauen und Männer, Kinder und alte Menschen verschiedener Kulturen, Rassen und Berufsrichtungen behandelt. Ich war nicht bei allen Fällen erfolgreich. Viele Patienten waren nicht bereit, ihre Überzeugungen oder Wirklichkeitsbereiche zu revidieren, und einige waren nicht bereit mitzuarbeiten. Sie suchten nach einer schnellen Lösung, eine bestimmte Pille oder Spritze. Ich habe Menschen mit Spinnenbissen, Schlangenbissen, gerissenen Bändern, Knochenbrüchen, Arthritis, Leukämie, Hodgkin-Krankheit, multipler Sklerose, Polio, Lebersklerose, Pankreatitis, Herzerkrankungen, Diabetes, verschiedenen Hautkrankheiten, Geschlechtskrankheiten, bei Folgen von Abtreibungen und Gebärmutterentfernungen, bei Eierstockzysten, Brustkrebs, Herpes, Warzen, Athletenfuß, Pilzen, Katarakten, Blutvergiftung, Messerwunden, Erkältungen, grippalen Infekten, Viruserkrankungen, Alpträumen, Streß, Angst, Trauer, Depression, Schizophrenie, Paranoia, seltsamen übersinnlichen Erfahrungen (einschließlich angeblichen Kontakten mit Aliens und UFO-Phänomenen) und Problemen im Zusammenhang mit Trennung, Scheidung, Sterben und Tod, bei Drogen- und Alkoholsucht und dem Vietnam-Syndrom behandelt.

Meine Behandlung war nicht immer erfolgreich, aber die meisten Menschen wurden gesund oder erfreuten sich einer beträchtlichen Besserung. Die schwierigsten Fälle sind Krebs, insbesondere wenn der Patient bereits mit einer Chemotherapie oder Bestrahlungsbehandlung begonnen hat. In dieser Situation ist der menschliche Körper bereits zu stark vergiftet und zu stark geschwächt und die geistige Verfassung des Patienten zu sehr angegriffen, um dagegen anzukämpfen. So habe ich für einige

Patienten mein Möglichstes gegeben, mußte aber feststellen, daß ich auf verlorenem Posten stand. Ich nehme solche Fälle nur selten an, außer wenn die Krankheit sich noch im Anfangsstadium befindet. Alkohol- und drogenabhängige Menschen sind weitere schwierige Fälle, aber die spirituelle indianische Behandlungsmethode kann und sollte verwendet werden, um eine Therapie zu unterstützen.

Ich bin in der Lage, Menschen zu heilen, weil ich mit dieser Kraft und dem Wissen geboren wurde und weil ich viele Jahre lang von verschiedenen Medizinfrauen und Medizinmännern ausgebildet wurde. Aber ein Großteil meines Wissens erwarb ich durch eigene schlimme Erfahrungen. Ich fühlte mich nicht wohl, wurde gekränkt, wurde verletzt, machte schwere Krankheiten durch. Ich erlitt vieles am eigenen Leibe und mußte mich mit vielen verschiedenen Problemen auseinandersetzen. So lernte ich zu heilen. Noch immer ist es sehr schwer für mich, bei bestimmten Problemen mich oder meine Familie zu behandeln. Und noch immer und ständig lerne ich Neues dazu.

Nicht alle Krankheiten haben ihre Ursache in spirituellen Vergehen, aber zu jeder Heilung gehört eine spirituelle Methode und spirituelle Unterstützung, denn Menschen sind spirituelle Wesen.

Was Auswirkungen auf Geist oder Körper hat, hat gleichzeitig auch Auswirkungen auf die Seele und umgekehrt. Eine spirituelle Heilmethode erleichtert und verstärkt den Heilprozeß und fördert die langfristige Wirksamkeit. Einige Krankheiten können durch übersinnliche Kräfte wie schlechte Geister, Geistwesen, Dämonen oder auch andere Menschen, die sich auf Hexerei verstehen und sie praktizieren, entstehen. Eine solche Situation erfordert spirituelles Wissen, um die guten Kräfte zu verteidigen und zu schützen und um die schlechten übernatürlichen Kräfte zu vertreiben.

Viele Krankheiten werden heutzutage durch schlechte Ernährung und Lebensgewohnheiten, durch Alkohol und Drogen, durch Giftstoffe in Nahrung und Getränken, in Häusern, Kleidern und in der Umwelt im allgemeinen verursacht. Es handelt sich nicht um natürliche, sondern um künstliche Giftstoffe. Krebsauslöser sind z. B. Radon in Wohnhäusern, mit Pestiziden besprühtes Obst und Gemüse, Farbstoffe in Backwaren, in Fleisch injizierte Antibiotika und Hormone, Quecksilber im Fisch, bestimmte negative Mineralien im Wasser, Giftstoffe in der Luft und sogar das Rauchen. Aber Krebs kann auch durch die Entweihung der Erde, das Betreten heiliger Stätten, d. h. durch spirituelle Vergehen gegen die Gesetze der Natur und des Großen Schöpfers entstehen. Oder durch unsere eigenen Gedanken, in denen Haß, Eifersucht, Furcht, Schuld- und Schamgefühle vorkommen.

Wir indianischen Ärzte und Ärztinnen oder Medizinfrauen und Medizinmänner, wie man uns manchmal bezeichnet, gehören heute zu den bedrohten Arten. Wir erhalten unser Wissen und unseren Beruf, unsere Macht und Ausbildung, unsere Fähigkeiten und Fertigkeiten aus der Natur und unserer Kultur. Wie sind keine Wunderheiler. Wir sind Menschen wie andere auch, obwohl wir in mancher Hinsicht etwas anders sind. Wir haben nicht das Wissen, die Macht und Fähigkeit, alles zu behandeln und zu heilen. Die Welt ändert sich einfach zu schnell; sie wird zu kompliziert, und zu viele neue Krankheiten treten auf. Die Welt ist nicht mehr im Gleichgewicht, weil die Menschen entweder ihre Spiritualität aufgegeben haben oder nicht wissen, wie man spirituell wird. Mit diesem Buch will ich denjenigen helfen, die ernsthaft nach einem Weg zurück zu ihrer eigenen Spiritualität suchen.

8

Als Frau schön und
gesund sein

Ich habe bereits erwähnt, daß eine meiner Urgroßmütter über 111 Jahre alt wurde. Ich habe mich oft gefragt, wie sie so alt werden konnte, denn ich weiß, daß sie im Leben sehr schwere Zeiten mitmachen mußte. Sie wuchs auf in der Zeit des schändlichen Völkermordes gegen unser indianisches Volk. Auch einige meiner Tanten und eine meiner Großmütter wurden sehr alt, aber meine anderen Tanten und meine andere Großmutter nicht. Westliche Krankheiten, Armut, erzwungene Assimilierung und die rapiden Veränderungen von Umwelt und Gesellschaft setzten sie enormen Belastungen aus. Ich denke, Urgroßmutter Nellie lebte so lange, weil sie »Kräfte« besaß und diese Kräfte durch Beten, Rituale, Zeremonien und eine gesunde Lebensführung wachhielt. Ihre Nahrung kam fast ausschließlich direkt aus der Natur, und damals betete man noch, während man die traditionellen einheimischen Nahrungsmittel sammelte.

Mein Gesundheitszustand dagegen ist sehr schlecht, und ich führe einen ständigen Kampf, um einigermaßen auf der Höhe zu bleiben. Sexuelle Belästigung, Mißbrauch, häusliche Gewalt und Armut, die meine Kindheit begleiteten, bildeten ein sehr schlechtes Fundament für meine Gesundheit. Hinzu kamen noch viele ererbte Krankheiten, Sünden und Vergehen, die meinen Gesundheitszustand weiter verschlimmerten und mir noch immer das Leben schwermachen. Das vom amerikanischen Forstamt auf mich und meine Mentorin, die Medizinfrau Bonita Masten, versprühte Entlaubungsmittel führte dazu, daß Bonita früh starb und ich mein erstes Kind verlor. Es zerstörte meine Schilddrüse, zog meine Eierstöcke stark in Mitleidenschaft und brachte meinen weiblichen Hormonhaushalt völlig durcheinander. Darum versuche ich noch immer, mit meinem Wissen traditioneller indianischer Heilkunst und spiritueller Macht ein gesundheitliches Gleichgewicht zu schaffen, bin aber leider gleichzeitig auch gezwungen, zusätzlich westliche Medizin einzunehmen. Diese Leiden zogen Operationen nach sich. Die Operationen wiederum verursachten neuen Streß, es kam zu Rückfällen und Komplikationen, die nicht nur körperliche, sondern auch psychische Narben zurückließen. Aber ich bin nun eine erfahrene Kriegerfrau und kann um mein Leben und das Leben anderer kämpfen.

Ich glaube, eine glückliche Frau ist auch gesund. Und ich bin mir sicher, daß es viele glückliche und gesunde Frauen in der Welt gibt. Aber gleichzeitig gibt es auch viele Frauen jeglicher Nationalität, Schicht, Kultur und Überzeugung, die mit Problemen zu kämpfen haben. In meinem Fall bedeuteten diese Umstände eine wirkliche Belastung für meine Ehe und mein persönliches Leben. Mein Körper ist dabei so sehr zu Schaden gekommen, daß ich nicht einmal mehr Lust auf oder Freude an Sex habe, und ich weiß, es ist nur eine Frage der Zeit, bis mein Mann und ich uns vielleicht für immer trennen. Er ist immer sehr geduldig, hilfreich, einfühlend und aufopfernd, aber er ist auch ein Mann. Er hat elementare Wünsche und Bedürfnisse, und er hat einen rechtmäßigen Anspruch auf eine gleichwertige Partnerin und Lebensgefährtin. Ich kann ihm das nicht geben und kann auch nicht verlangen, daß er auf Gesundheit, Glück und Spiritualität verzichtet und um diese Dinge betrogen wird, nur weil ich um sie betrogen wurde. Liebe, Sex und Ehe sind auch förderlich für die Gesundheit und ein langes Leben.

Im Hinblick auf das alles hoffe ich, daß andere Frauen, die auf der Suche sind, aus meinen Erfahrungen, Fehlern und Entbehrungen lernen können. Ich mag nicht das beste Vorbild der Welt sein, aber ich hoffe doch, daß andere Frauen von meinen Lehren profitieren. Wir können nicht alle negativen Auswirkungen, die

die westliche Gesellschaft verursacht, kontrollieren, aber wir können nach Wegen suchen, sie zu neutralisieren, um eine gewisse Möglichkeit der Eigensteuerung und Macht über unser Leben zu bekommen. Die westliche Medizin hat viele unserer Mütter und Großmütter als Versuchskaninchen benutzt und Experimente mit verschiedenen Arten von Antibabypillen und vielen anderen Behandlungsmethoden bei Erkrankungen weiblicher Organe durchgeführt. Industrie und Technik vergiften unsere Umwelt, und das wiederum hat Auswirkungen auf uns und unsere Kinder. Die wirtschaftliche Situation zwingt Frauen dazu, sich am harten Konkurrenzkampf um Arbeitsplätze, gesellschaftlichen Status, Anerkennung und Wertschätzung zu beteiligen. In der heutigen, von rapiden Veränderungen geprägten Gesellschaft erzeugt das einen enormen Druck, unter dem viele Frauen bei Alkohol und Drogen Zuflucht suchen, statt daß sie sich den Ritualen und Zeremonien zuwenden, um ihre Probleme zu meistern.

Es gibt einige Grundmethoden, um gesund und glücklich zu bleiben. Ein guter Ansatzpunkt sind Ernährung und sportliche Aktivitäten. Unsere Nahrungsmittel enthalten sehr viele Giftstoffe, Fett und Cholesterin. Folglich müssen wir uns hinsichtlich unserer Eßgewohnheiten Wissen aneignen und Disziplin entwickeln. Traditionelle indianische Nahrungsmittel wie Lachs, Hirsch, Elch, Büffel, Forelle, Eicheln, Beeren und zahlreiche Wildpflanzen und Kräuter, die direkt aus der Natur kommen, sind zwar sehr reich an wichtigen Vitaminen, Mineralien und »Energie«, aber die moderne Hausfrau hat kaum die Möglichkeit, diese Nahrungsmittel aufzutreiben. Die meisten unter uns sind auf das Angebot in den Lebensmittelgeschäften angewiesen. Aber trotzdem hat man bestimmte Auswahlmöglichkeiten und kann entscheiden, was man kauft, wo man ißt und was man ißt. Fast-food-Restaurants und der entsprechende Lebensstil sind glatter Mord und sollten wie die Pest gemieden werden. Es ist immer besser, unbehandelte Nahrungsmittel von einem

Bioladen, Naturkostladen oder Reformhaus zu kaufen als von einem der üblichen Lebensmittelgeschäfte. Das meiste Obst und Gemüse sowie konservierte und verarbeitete Nahrungsmittel sind voller Giftstoffe von Insektensprays und Herbiziden, die von den kommerziellen Anbaubetrieben verwendet werden. Nimmt unser Körper diese Giftstoffe auf, hat das sowohl einen unmittelbaren als auch einen kumulativen Effekt. Darum ist es gut zu wissen, welche Nahrungsmittel besonders gefährlich sind, so daß man sie vermeiden kann. Eine Weintraube enthält beispielsweise über vierundachtzig verschiedene Chemikalien. Käse, Milch und Molkereiprodukte, Erdnüsse und Erdnußbutter haben einen hohen Fettanteil, und Giftstoffe finden sich vermehrt in Fett. Darum bin ich dabei, meine eigene Ernährung umzustellen und hauptsächlich Nahrungsmittel zu mir zu nehmen, die Giftstoffe und Cholesterin ausschwemmen. Dazu gehören z. B. Reis, Körner, Getreide, Brot und Produkte mit hohem Gehalt an Ballaststoffen. Ich habe mich auch daran gewöhnt, möglichst wenig Fleisch zu essen, da Fleisch erwiesenermaßen nicht nur einen hohen Fettanteil hat, sondern zusätzlich mit Antibiotika und Hormonen vollgepumpt ist. Ich verwende nun vorzugsweise Truthahn- und Hühnchenprodukte und versuche, Hot Dogs, Salami, Pizza, Sandwiches mit Aufschnitt und ähnliches zu meiden.

Mein Mann führte mir ständig die Schädlichkeit verschiedener Nahrungsmittel vor Augen und ermunterte mich, auf sie zu verzichten. Das war für mich der Ansporn, eine gewisse Disziplin einzuhalten und vor allem naturbelassenes Obst, Fruchtsäfte und Gemüse von örtlichen Farmern zu kaufen, die keins der üblichen Gifte verwenden, und mehr indianische Nahrungsmittel zu essen. Mein Mann plädiert ständig für entkoffeinierten Kaffee und naturbelassene Teesorten, die ich wiederum allen streßbelasteten Frauen empfehle. Eine richtige Ernährung in Kombination mit regelmäßigem körperlichem Training und regelmäßigen Gesundheitskontrollen und das bewußte Integrieren von Spiritualität in den Alltag können dazu beitragen, einer Frau ihr inneres Gleichgewicht wieder zurückzugeben und ihr zu besserer Gesundheit und zu Zufriedenheit zu verhelfen. Natürlich sind Alkohol und Drogen zu meiden. Gebet und Ritual können dafür Ersatz bieten. Im folgenden möchte ich Ihnen einige Gedanken mitteilen und einige Beispiele vorstellen.

Ermächtigung durch Beten

Sicherlich nimmt man allgemein an, daß die Menschen in den USA wissen, wie man betet, aber das stimmt nicht. Auf Vorträgen, Workshops und Zeremonien lerne ich viele Menschen aus ganz Amerika kennen. Immer wieder werde ich gefragt, wie wir Indianer beten. Unter den Fragenden sind viele, die selbst Indianer sind, aber nicht in ihrem eigenen Erbe und ihrer eigenen Kultur erzogen wurden. Andere gehören anderen Völkern an und haben entweder nicht gelernt zu beten oder wurden nur teilweise in die christliche Religion eingewiesen.

Beten ist ein mächtiges und altes Mittel für spirituelle Kommunikation, Entwicklung und spirituelles Wachstum und ermöglicht das Lösen bestimmter Probleme. Aus indianischer Perspektive ist es ganz natürlich, »übersinnliche« Hilfe anzurufen, wenn alle anderen Ressourcen und Mittel zu versagen scheinen.

Es gibt keine spezifisch indianische Art des Betens, denn es gab über 500 verschiedene Indianerstämme in Nordamerika, als die Wikinger, Phönizier, Chinesen, Japaner und später Kolumbus uns entdeckten. Heute gibt es nur noch ca. 300 Stämme. Die anderen fielen dem Völkermord zum Opfer. Obwohl es unter den verbleibenden Stammesvölkern einige merkliche Unterschiede gibt, lassen sich in den Bereichen der Spiritualität, Philosophie, Mythologie, Religion und Kunst, in Liedern, Tänzen,

Musik, Ritualen und Zeremonien auch elementare Ähnlichkeiten feststellen. Grandma Nellie sagte immer, Spiritualität sei keine Angelegenheit, mit der sich unser traditionelles Indianervolk einmal in der Woche, viermal im Jahr oder bei gelegentlichen Anlässen beschäftigt. Spiritualität war und ist vielmehr eine Lebensart, die jede Faser unserer Kultur und Existenz durchdringt.

Beten war ein wichtiger Teil der Spiritualität und wird heute noch immer von traditionellen Indianern praktiziert. Es gab darum viele Arten des Betens, aber die traditionelle indianische Art zu beten unterscheidet sich beträchtlich von der christlichen Art. So haben wir kein Buch oder gesammelte Schriften wie die Bibel, um uns daran zu orientieren. Aber wir hatten und haben die alten Mythen, die uns mündlich von Generation zu Generation überliefert wurden. Einige der Mythen sind wirkliche Gebetsformeln und Anweisungen, wie, wann und wofür und mit welchen Worten man beten soll. Diese Mythen lehren uns auch, die in den Mythen enthaltenen Kräfte und Symbole zu verwenden, um die Kraft der Gebete zu stärken. Mit anderen Worten, bestimmte Gebete appellieren an bestimmte Kräfte in unserem Denken, an bestimmte Kräfte der Natur und des Großen Schöpfers, die uns helfen, ein bestimmtes Ziel zu erreichen, ein spezielles Problem zu lösen, eine bestimmte Aufgabe durchzuführen oder eine Heilung zu erwirken.

Einige der Mythen und Gebete sind auf alten Piktogrammen und Felszeichnungen dokumentiert und enthalten zusätzliche Anweisungen. Andere wurden in Muschelperlarbeiten (Wampum-Gürtel) festgehalten oder auch in Kunstwerke eingraviert. Das trifft z. B. auf das *Walam Olum* der Delaware-Lenape-Indianer und die zeremoniellen Tanzinsignien der Tlingit-Indianer zu. Einige der bildlichen Überlieferungen, Kunstgegenstände und verschiedenen kulturellen Utensilien der Indianer, die bei Mythen, Liedern, Ritualen, Tänzen, Übergangsriten und Zeremonien Verwendung finden, sind darum

Gebete. Für die aus Geist und Seele des Menschen geborenen Gebete schuf man eigene physische Formen und verwandelte sie dann in Symbole spiritueller Kommunikation. Heilige Pfeifen, bestimmte Arten von Tanzinsignien, Rasseln, Trommeln, Fetische sowie Gebetsräucherstäbchen oder Tabakfahnen bzw. Tabakgebinde sind lauter Gebete.

Für den traditionellen Indianer ist Beten etwas ganz anderes als für den westlichen Menschen, denn seine Definition des Betens ist völlig anders. In der westlichen Gesellschaft ist das Gebet eine religiöse Form, Gott um etwas zu bitten. Im westlichen System betet man in der Regel in Kirchen, manchmal auch zu Hause, aber nur selten in der Natur, mit der Natur oder für die Natur. Westliches Beten erfolgt im Rahmen eines Gottesdienstes, und in der Regel werden hierfür Standardverse wie das klassische Vaterunser oder das Ave Maria verwendet. Gebete werden selten in der freien Natur gesprochen, und soviel ich weiß, verwenden westliche Gebete auch keine Natursymbole und Naturkräfte, noch nützen sie die Natur als Quelle der Kraft.

Beten bedeutet für den traditionellen Indianer eine spirituelle Form der Kommunikation mit dem Großen Schöpfer und den von ihm erschaffenen Dingen, wie auch mit den verschiedenen Teilen der Schöpfung in der natürlichen Welt. Dazu gehört alles, was gehen, kriechen, fliegen und schwimmen kann, gleichgültig ob es für uns sichtbar ist oder nicht, dazu gehören die Naturkräfte, die vier Hauptelemente, die vier Richtungen des Universums (wie sie auf dem Kompaß eingezeichnet sind), die Geister bestimmter Lebewesen, wie z. B. der Geist des Adlers, und die Geister selbst (westliche Menschen bezeichnen sie als Gottheiten). Bestimmte Gebete werden verwendet, um Hilfe zu erbitten, aber die meisten traditionellen indianischen Gebete dienen der Danksagung und Kommunikation. Unter ihnen gibt es auch spezifische Anweisungen, die beschreiben, wie man mit bestimmten geistigen, physischen, emotionalen, spirituellen oder natürlichen Kräften in Verbindung tritt und sie verwendet. Einige indianische Gebete sind, wie mein Mann sagen würde, didaktisch. Das trifft zum Beispiel auf die Kojotenfabeln, die Jagdgebetsformeln, die Schöpfungsmythen für bestimmte heilige Tänze oder auf bestimmte Gebetsformeln für Bestattungsriten zu. Diese Art Gebete dient dazu, die Menschen den Gebrauch bestimmter Kräfte zu lehren. Unsere Ältesten beklagen sich, daß die jüngere Generation sich auf diese Art des Betens kaum noch versteht, und da immer mehr Vertreter unserer Ältesten sterben, kann es sein, daß dieser didaktische Gebetstyp schließlich verloren geht.

Im folgenden möchte ich zur besseren Erklärung einige Beispiele nennen und anschließend einige Gebete vorstellen. Ich habe nur selten gehört, daß ein traditionsbewußter Indianer einen anderen Menschen oder das Symbol eines anderen Menschen anbetet und mit einem Gebet um seine Hilfe bittet. Im Christentum richten sich die Gebete an Heilige, an Jesus oder an Maria. Es gibt allerdings einige Indianer, die ihre Gebete an die Seelen ihrer Ahnen richten. Die Mehrzahl der traditionellen indianischen Gebete jedoch dient der Kommunikation und der Kontaktaufnahme mit:

1. dem Großen Schöpfer oder Großen Geist
2. der gesamten Schöpfung und Natur oder einem bestimmten Teil der Natur
3. einem bestimmten Geist oder einer Gruppe von Geistern
4. den Kräften der Natur wie z. B. dem Wind, dem Feuer, der Erde und dem Wasser (einzeln oder gemeinsam)
5. den vier Kräften oder Richtungen des Universums (Norden, Osten, Süden, Westen), entweder einzeln, paarweise oder mit allen gemeinsam
6. einem unserer Verwandten, stellvertretend für alle Kreaturen, die gehen, kriechen, fliegen und schwimmen können, gleichgültig ob sie für uns sichtbar sind oder nicht

7. verschiedenen Elementen, die auf verschiedenen Ebenen wirklichen und spirituellen Daseins, sowie in der Erde, auf und in unmittelbarer Nähe der Erde oder im Weltraum existieren.

Wir haben Gebete für alles, was zu unserem kulturellen Leben gehört. Wir beten, bevor wir zur Jagd, zum Fischfang, zum Sammeln, auf die Reise oder zum Glücksspiel gehen, und manchmal auch beim Liebeswerben und Liebesspiel. In der Regel gehören zu den Gebeten bestimmte Lieder, während andere Lieder selbst Gebete sind. Meist beten wir aus einem bestimmten Grund, aber manchmal beten wir auch, wenn wir das Bedürfnis haben, »mit jemandem zu sprechen«. Dann gehen wir aus dem Wigwam, dem Tipi, der Hütte, je nachdem, und sprechen zum Großen Schöpfer, zu unseren Ahnen oder zu einem unserer Freunde in der Natur, sei es eine Pflanze, ein Baum, ein Insekt, eine Schlange, ein Fisch, ein Frosch, ein Vogel, ein Tier, der Wind, eine Wolke, der Himmel, die Sonne, der Mond oder die Sterne. Dann gibt es auch spezielle Gebete für die heilige Schwitzhütte, für ein Ritual, eine Zeremonie, eine bestimme Gebetsstätte, ein Machtzentrum in der Natur, für eine Visionssuche oder für unser Wehklagen über ein Problem oder Bedürfnis, das wir draußen in den Wäldern oder am Fluß vorbringen. Manchmal beten wir zu unseren persönlichen Machtobjekten und Medizinbündeln, denn diese Dinge besitzen spirituelle Kräfte, die bei der Beantwortung unserer Gebete helfen können und in der Tat helfen.

Die folgenden Kapitel beschreiben die Anpassung einiger alter Traditionen an die Gegenwart. Ich gehe hier im Detail auf einige Lehren der Ältesten meines eigenen Stammes und meiner Kultur (zu der Stämme wie die Yurok, Karuk, Hupa und Chilula im Nordwesten Kaliforniens gehören) sowie auch auf einige Traditionen von Stämmen in anderen Teilen der USA ein.

Reisegebete

Unser Indianervolk kannte seit jeher spezielle Gebete für die Reise. In früherer Zeit reisten Indianer zu Fuß und benützten für ihre Fußmärsche alte Pfade, die an den Küsten, über Flüsse, durch Wäldchen und Wälder verliefen oder durch Prärien und Wüsten und über Plateaus und Berge führten. Sie erkannten, daß die Welt voller guter wie auch schlechter Geister war, und wußten, daß auf ihrer Reise oder bei ihrer Rückkehr unvorhergesehene Gefahren, potentielle Feinde und auch mögliche neue Freunde und Erfahrungen auf sie warten konnten. Beten war eine Art, den Geistern Respekt zu erweisen; es war eine Form des Schutzes gegen mögliche Gefahren und eine Art persönlicher Stärkung.

Manchmal folgten die Indianer dem Ritual, sich zunächst in oder vor der Familienhütte niederzusetzen, eine Pfeife anzuzünden und zu beten. Anschließend beräucherten sie sich, streuten sich eine Prise Tabak auf die Hände, brachten den Tabak auf der erhobenen, ausgestreckten Hand dem Großen Schöpfer, den vier heiligen Kräften und den Geistern dar und bliesen ihn anschließend auf den Weg oder in die Richtung, die sie einschlagen mußten. Sie praktizierten dieses Ritual immer, wenn die Reise sie auf alte und heilige Pfade führte, vor Pilgerfahrten zu Gebetsaltaren, vor Visionssuchen, oder wenn sie sich auf den Besuch einer heiligen Stätte vorbereiteten.

Heute ist die Welt noch heimtückischer als damals und voller sichtbarer wie auch unsichtbarer Gefahren. Viele der alten Pfade mußten Landstraßen und Autobahnen Platz machen, die Wasserwege sind verschmutzt und mit Touristen- und Frachtschiffen überfüllt, und viele der heiligen Pfade, die zu alten Altären und heiligen Stätten führen, wurden vom amerikanischen Forstamt, dem National Park Service, den Holzfirmen, Energieunternehmen, Landbesitzern und Touristen gestört, blockiert oder sogar zerstört. Heute reisen wir mit Zug, Bus, Schiff, mit Flugzeugen oder Jumbojets. Aber trotz alledem ist die Welt noch immer voller guter wie auch schlechter Geister, die sich an bestimmten Orten der Welt niedergelassen haben. In Ihrer Nähe gibt es vielleicht eine Landstraße, die berüchtigt ist für Autozusammenstöße, eigenartige Begebenheiten und tödliche Unfälle. Und vielleicht passieren diese Unfälle auch immer an der gleichen Stelle. Nichtindianer schreiben diese Ereignisse vielleicht dem Zufall zu, aber für viele Indianer steht die Ursache für diese Unfälle in direktem Zusammenhang mit dem Ort und den Geistern, die an diesem Ort leben.

Obwohl Sie vielleicht sehr viel Vertrauen in Ihr Können als Fahrer haben, begegnen Ihnen auf der Straße gestreßte Fahrer, Betrunkene, Menschen unter Drogeneinfluß, Menschen, die unvorsichtig oder wütend oder rücksichtslos sind. Eis, Schnee, Nebel, Regen und in einigen Gebieten auch Erdbeben und Tornados können dem besten Fahrer zu schaffen machen. Manchmal tauchen auf der Fahrbahn plötzlich Rehe, Elche, Kühe, Pferde oder Menschen auf, und man kann ihnen kaum ausweichen. Oder man trifft auf Straßenarbeiten und die damit verbundenen Gefahren. Sie haben wahrscheinlich schon plötzliche Unfälle miterlebt, von ihnen gehört oder sind sogar selbst Opfer solcher Umstände geworden. In manchen Gebieten lauern gelegentlich sogar Heckenschützen, oder es werden aus fahrenden Autos heraus Schüsse abgefeuert. Darum brauchen wir soviel zusätzlichen Schutz wie nur möglich.

Wenn mein Mann und ich verreisen, richten wir es uns immer so ein, daß wir vorher noch Zeit für ein Reisegebet und eine Zeremonie haben. Wir zünden unsere Pfeifen an und beten, nennen dem Großen Schöpfer und den Geistern Grund und Ziel unserer Reise und bitten um Erlaubnis, ein bestimmtes Territorium durchqueren zu dürfen. Wir geben immer an, ob wir mit dem Flugzeug, zu Fuß, mit dem Auto oder mit dem Schiff verreisen. Wir bitten die Geister und Ahnen, die in dem Gebiet, durch das wir reisen wollen, leben, um die Erlaubnis, ihr Territorium durchqueren zu dürfen, und bitten um Schutz. In einer Zeremonie beräuchern wir dann das Auto innen und außen und auch uns selbst. Wir beten etwa folgendermaßen:

»Großer Schöpfer, vier Kräfte des Universums, Mutter Erde und all unsere Verwandten in der Natur. Wir treten demütig vor euch und bitten euch um Hilfe. Wir müssen diese Reise nach [hier nennen wir unser Reiseziel] machen, und die Welt ist voller Gefahren. Uns voraus schicken wir unseren Tabak an euch Geister alle, deren Gebiete an unserer Route liegen, und wir bitten, erlaubt uns, daß wir euer Zuhause und Territorium durchqueren. Wir bitten euch auch, uns während der Reise zu beschützen und uns zu helfen, sicher zu unserem Reiseziel zu gelangen. Schützt uns vor allen Angreifern, vor allen Gefahren, vor allem Schlechten, und errichtet einen starken Schutzschild um unser Auto und unser Leben. [Wenn wir mit dem Flugzeug verreisen, bitten wir um ein Schutzschild um das Flugzeug und die Erlaubnis, sicher den Körper der Himmelskräfte zu durchqueren.] Wir sind guten Mutes und kommen in guter Absicht. Erlaubt nicht, daß irgend jemand oder irgend etwas uns als Feind betrachtet. Wir bitten das Vogelvolk, die Funktion unserer Augen und Ohren zu übernehmen, und unsere Verwandten in der Natur, uns durch ein Zeichen oder ein Omen auf mögliche Gefahren hinzuweisen und uns vor allem Schaden zu bewahren. Danke.«

Manchmal streuen wir als Opfergabe und als eine Art Schutz Tabak, Salbei oder Zeder auf die vier Eckpunkte unseres Autos. Wir halten nach bestimmten Zeichen Ausschau. Eine Eule bei Nacht warnt vor Gefahren auf der Straße, also aufgepaßt. Alles auf dem Weg kann eine Gefahr darstellen. Einmal bewahrte uns die Warnung der Eule davor, bei sehr dichtem Nebel in einer Kurve in eine Herde schwarzer Pferde hineinzufahren. Auch Habichte warnen vor Gefahren. Es gilt darauf zu achten, auf welcher Seite der Habicht fliegt oder sitzt, denn von dieser Seite droht Gefahr. Kommt der Habicht von hinten, ist mit einer rückwärtigen Gefahrenquelle zu rechnen. Kommt er von vorne, ist auf unmittelbare Gefahr von vorne zu achten. Das können Straßenschäden, ein schlechter Fahrer, ein Tier, ein Mensch oder was auch immer sein. Bussarde sind ebenfalls ominös; sie warnen vor Komplikationen und möglichen Hindernissen, oder sie zeigen an, daß im weiteren Verlauf mit Störungen, wie einer Straßenbaukolonne oder Fußgängern, zu rechnen ist. Achten Sie auf diese Dinge und entwickeln Sie so Ihr spirituelles Wissen.

9

Traditionelle Geburt – Philosophie und Praktiken

Nach unserem traditionellen Glauben gelten Mutterschaft und Geburt als heilige Pflicht und sind natürlicher Bestandteil des Zyklus und der Lebensaufgaben einer Frau. Schwangerschaft wurde mit Respekt behandelt, und junge Frauen wurden dazu erzogen, sich auf die Geburt als spirituelle Erfahrung zu freuen und nicht Angst vor ihr zu haben. Es gab sogar besondere Hilfen für Frauen, die Schwierigkeiten hatten, schwanger zu werden, oder für Frauen, die als unfruchtbar galten. Mythos und Legende erwähnen zum Beispiel den heiligen Felsen Creator's Basket Rock. Frauen konnten zu ihm pilgern, um dort Gebete darzubringen, dem Großen Schöpfer ihr Leid zu klagen und um Hilfe zu bitten. Der Mythos über diesen heiligen Ort enthält auch genaue Anweisungen, wie die junge Frau sich auf diesen Besuch richtig vorbereitet, was sie beim Gebet sagen, was sie im Tausch für die Hilfe darbringen, wie lange sie an dem Ort verweilen, welche Kräuter sie beim Gebet und während der Meditation verwenden und was sie anschließend tun sollte. Man sagt, daß die meisten ernsthaften Versuche Erfolg brachten, aber diese Stätten werden streng geheimgehalten. Leider haben kommerzielle Unternehmen, Holzfirmen, das amerikanische Forstamt und Touristen einige dieser Stätten bereits zerstört oder entweiht.

Während der Schwangerschaft mußte die Frau strenge Vorschriften der Abstinenz einhalten und alles tun, um bei guter Gesundheit zu bleiben, um kein Risiko für sich und das Kind einzugehen. Brauch und Gesetze des Stammes erlaubten es ihr zum Beispiel nicht, kurze oder lange Reisen über Berge, zu zeremoniellen Stätten, Gebetsorten oder Begräbnisstätten zu unternehmen. Sie durfte die Jagd-, Fischfanggeräte und Waffen der Männer oder medizinisch behandelte Zeremonialinsignien nicht berühren oder handhaben. Sie mußte diese Gegenstände meiden, damit nicht bestimmte Energien oder Kräfte ihr oder dem Baby schaden konnten. In früherer Zeit, in Anbetracht dessen, wie die Umwelt damals wirklich war, war das sehr sinnvoll und vernünftig. Die Wälder waren voller Berglöwen, Bären, Wölfe und Kojoten, und die körperliche Anstrengung auf Bergwanderungen hätte eine schwangere Frau überfordert, auch wenn Gehen und Bewegung in bestimmtem Maße als gesundheitsfördernd galten. Aber ich hörte nie, daß ein Indianer je von einem Wolf oder Kojoten angegriffen wurde, außer wenn das Tier Tollwut oder eine ähnliche Krankheit hatte. Aber ich kenne Geschichten über Frauen, die von schlechten Geistern und Kräften attackiert wurden – ich habe sogar einige von ihnen behandelt –, und über Frauen, die von der Medizin des Menschen überwältigt wurden. Sicher können Sie daraus Ihre eigenen Schlüsse ziehen.

Auch vor dem Kontakt mit den Europäern waren Indianerinnen in der Schwangerschaft vorsichtig mit der Ernährung und nahmen in der Regel Nahrungsmittel mit hohem Nährwert zu sich. Sie waren zurückhaltend und vorsichtig mit Fleisch und auch mit bestimmten Kräutern und Beeren, die giftig sein konnten. Sie wußten, daß Fleisch und Blut Krankheiten übertragen können. Nach ihrer kulturellen Anpassung waren sie angehalten, sich weiterhin mit traditionellen indianischen Nahrungsmitteln, nämlich Pflanzen, Eicheln, Wild (in Maßen) und frischem oder geräuchertem Fisch zu ernähren. Traditionelle, bei Gebet und Zeremonie gesammelte Nahrung galt als Quelle natürlicher Kraft und positiver Energie. Große Portionen Fleisch bzw. im Laden gekaufte oder konservierte Nahrung galten als sehr schädlich für eine schwangere Frau. In den letzten Monaten der Schwangerschaft wurde auch leicht gefastet, um zu verhindern, daß das Baby zu groß oder gar krank würde. In der damaligen Zeit gab es noch keine Krankenhäuser und keine Chirurgen, die einen Kaiserschnitt hätten durchführen können.

Mit Hilfe von Meditation und Ritualen brachte man den weiblichen Geistern, weiblichen Tieren und den als weiblich geltenden Naturkräften täglich und monatlich Gebete dar. So betete man zum Beispiel zur Wölfin als Schutzverbündeter und zur Großmutter Mond, um Heilung und Harmonie mit den Mondzyklen zu erlangen. Mit diesen Gebeten sollte die Kraft des Vollmondes in den Körper der Frau und ihres Babys übergehen, so daß die Wehen und die Geburt einsetzten, wenn der Vollmond seinen Höchststand erreichte. Obwohl Weiße diese alten Wissensformen oft als Aberglauben bezeichnen, verwendeten die Indianer dieses Wissen als eine Art Wissenschaft. Ich bin davon überzeugt, daß unser indianisches Volk ein immenses Wissen über die Kräfte der Natur besaß, das die westliche Menschheit bis heute noch nicht erreicht hat. Denken Sie beispielsweise an unsere Fähigkeit, in Dürrezeiten Regen und Schnee herbeizuholen. Diese Vorgänge sind gut dokumentiert, auch in der heutigen Zeit.

Die Geburt fand nicht in der traditionellen indianischen Behausung statt, sondern man errichtete eine eigene Hütte zu diesem Zweck. Auch bei den Frauen der Plains- und Plateau-Indianer gab es eigene Tipis, die ausschließlich für die Geburt verwendet wurden. Der im Nordwesten Kaliforniens verwendete Geburtshüttentyp bestand aus mit Tannenzweigen und Marschgräsern verwobenen Weiden- und Haselnußschößlingen und befand sich in der Nähe eines Teiches oder Baches. Die Hütten der Indianerfrauen anderer Stämme in den USA, ob im Waldland im Osten, im Wüstegebiet oder bei Küstenstämmen, waren alle ähnlich gebaut, unter Verwendung der örtlich vorhandenen Rohstoffe. Aus praktischen und spirituellen Gründen, und nicht nur, um eine gewisse Privatsphäre zu garantieren, lag die Hütte abseits des Dorfes.

Durch den Einfluß der Europäer waren die meisten Frauen später gezwungen, in den Häusern zu gebären, während die Männer in die Schwitzhütte verbannt waren. Manchmal half eine Medizinfrau, eine Art Hebamme, bei der Geburtszeremonie. Manchmal halfen Großmutter, Mutter oder Schwiegermutter, Tanten und Schwestern bei der Geburtsvorbereitung und Entbindung, oder sie übernahmen zumindest die häuslichen Pflichten der zukünftigen Mutter. Nach Fertigstellung ähnelte die Geburtshütte einem großen, umgedrehten Korb, ähnlich der typischen Schwitzhütte, die heute bei den meisten Indianerstämmen Verwendung findet, aber viel größer. Die Tür lag immer nach Osten, und eine Öffnung an der Spitze der Hütte erlaubte, daß Rauch und Gebete zum Großen Schöpfer, zur Großmutter Mond und zur Natur kreisförmig nach oben steigen konnten.

Im Boden war eine Vertiefung in der Länge und Breite einer großen Frau, in die man zur Wärmeerzeugung glühende Kohlen legte. Darüber kam eine dünne Schicht frischer Erde, und es folgte eine zweite Schicht grüner, feuchter Kräuter wie Beifuß und Douglastannenzweige. Der gebärenden Mutter verabreichte man eine medizinische Kräuterteemischung aus wildem Ingwer oder Poleiminze, und man wies die Frau an, sich hinzulegen, sich zu entspannen und von der Hirschkuh, der Bärin oder von der Schwester Wölfin zu träumen. Die Hebamme rieb den Bauch der Frau sanft mit Poleiminze ein, massierte ihr Arme und Beine, wiederholte alte Gebetsformeln und sang alte Geburtslieder, um ihre eigenen Kräfte oder Schutzgeister herbeizurufen. Dieses Konzept bezeichnen wir Indianer auch heute noch als das »Herstellen von Frauenmedizin«.

Die Geburtshütte erhielt Altarcharakter und wurde in einen heiligen Ort verwandelt. Persönliche weibliche Machtobjekte und Fetische wurden mit Bedacht als Gebetsgeschenke, Symbole zur Übertragung von Gebeten oder als wirkliche Schutzkräfte in die Hütte gelegt. Vier verschiedenfarbige Körbe wurden mit Tabak, Eichelmehl, Nahrungsgaben und/oder speziell ausgewählten Vogelfedern gefüllt, die bestimmte Kräfte in der Natur symbolisierten und herbeiriefen. Andere Insignien und Utensilien verwendete man als Symbol für die vier heiligen Richtungen, die Kräfte und Elemente des Universums (Luft/Norden: weiß, Feuer/Osten: rot, Erde/Süden: gelb oder grün, und Wasser/Westen: schwarz).

Die Gebärende wurde angewiesen, sich in kreatives Träumen und Visualisieren zu vertiefen und alte Gebetsformeln, die sich mit Furcht, Schmerz und den Anstrengungen der Wehen befassen, zu rezitieren. Man zeigte ihr, wie sie einen Verwandten in der Natur anrufen solle, damit er ihr Geistverbündeter sein könne und sie unterstütze. Sie wiederholte zum Beispiel ein altes Gebet wie das folgende:

Man sagt, Hirschkuh, daß du folgendes machst, wenn in deinem Körper ein Junges heranwächst. Tag und Nacht kaust du dieses heilige Kraut. Dann wirfst du ein Junges ohne Schwierigkeit und ohne daß einer von euch zu Schaden kommt, selbst an felsigen oder gefährlichen Orten. Das hast du unseren Frauen beigebracht, damit sie deine Kraft verwenden können. Deine Medizin macht das Ganze leicht, und sie wird auch bei mir in gleicher Weise wirken. Hab Dank, meine Schwester.

Die Gebärende wurde dann mit heiligen Douglastannenzweigen beräuchert, um sie für spirituellen Zugang und Schutz zu reinigen. Gleichzeitig rieb man ihr den Bauch mit der Asche der weißen Eichenrinde ein, um den Schmerz der Wehen zu verringern und eine leichte Geburt einzuleiten. Während der letzten Momente der Wehen ließ man sie aufrecht sitzen und sich an einem über ihr angebrachten Gebetsstock oder einer am Dach befestigten Schlaufe festhalten, so daß sie mit den physischen und spirituellen Verbündeten und Kräften kooperieren konnte. Die Nabelschnur des Babys zerschnitt man mit einem sterilisierten, heiligen, weißen Quarzmesser.

Ein spezielles Gebet wurde über das Neugeborene geblasen, um sämtliche negativen Energien, die das Baby krank machen könnten, fortzutragen und potentielle schlechte Geister zu verjagen. Das Baby wurde dann gleich zur Kontaktaufnahme auf die Mutter gelegt, während Danksagungs- und Loblieder für Mutter und Kind gesungen wurden. Die Nabelschnur des Kindes wurde mit einem Irisgrasfaden abgebunden, und als medizinische Salbe gab man zerdrückte Schnecken auf den Nabel. Dann wurde das Baby mit indianischer Seife aus den Blüten des blauen Flieders oder mit Seifenwurzel gewaschen und anschließend unter Beten mit Beifuß oder Brennesseln beräuchert. Unsere traditionellen indianischen Körbe sind so fein gewebt, daß sie Wasser halten. Man erhitzte Steine im Feuer und trug sie mit festen Stöcken oder Hirschgeweihen in den Korb; dazwischen legte man auch Kräuter. Dann hielt man das Neugeborene über den Kräuterdampf und sprach spezielle Gebete. Anschließend massierte man das Baby mit Kräutern ein. Der medizinische Kräuterdampf diente dazu, die Seele des Babys ganz in seinen Körper einzubinden und die Gesundheit des Neugeborenen zu schützen. Ich denke, es handelte sich um eine Art Vorsorgebehandlung. Zehn Tage lang beräucherte man das Baby jeweils zweimal täglich mit Kräutern; später fand man heraus, daß diese Methode die Gelbsucht und andere Krankheiten verhinderte.

Nach der Geburt wurde die Mutter zehn Tage lang mit Kräutern und Bärenfettöl einmassiert, um ihre Vitalität zu stimulieren, ihr strapaziertes Haut- und Muskelgewebe zu regenerieren und Schwangerschaftsstreifen vorzubeugen. Die Kräuter und das Bärenfett halfen auch, die Mutter vor Krankheit, Erschöpfung, negativen Energien oder schlechten Geistern zu schützen. Sie mußte dann eine strikte Diät und leichtes Fasten einhalten und nahm Nahrungsmittel mit hohem Kalium- und Kalziumgehalt, wie z. B. Eichel- oder Kartoffelsuppe, sowie Brennesselblätter, Kräuter und Kräutertees zu sich, um ihre Gesundheit und ihre Kräfte zu stärken.

Während die Mutter die traditionelle Geburtszeremonie durchmachte, stand ihr Mann ihr spirituell bei. Er fastete und nahm nur Eichelsuppe zu sich, betete in der heiligen Schwitzhütte für seine Frau und das Neugeborene und blieb dem sozialen Leben gänzlich fern. Er beräucherte sich in der Schwitzhütte mit Tannenzweigen, ging auf Traum- und Visionssuche und rief seine eigenen Kräfte mit Hilfe von Gebeten und Liedern an, um seiner Frau zu helfen. Während sie fastete, fastete auch er. Während sie auf Traumsuche ging und um übersinnliche Hilfe bat, tat er das gleiche. Während sie litt, litt auch er, und während sie blutete, schnitt er sich symbolisch mit einem weißen Quarzstein, um ihr einen Teil der Schmerzen abzunehmen und potentielle negative Energien oder schlechte Kräfte loszuwerden. Während sie schrie, schrie auch er. Er tat sein möglichstes, um seine Frau und das Neugeborene zu unterstützen.

Während der gesamten zehntägigen Geburtsreinigungszeremonie waren beide Elternteile nach Stammesbrauch und Stammesgesetz bestimmten Einschränkungen unterworfen. Die Männer durften aus zweierlei Gründen nicht an der Geburt teilnehmen: Erstens weiß unser Volk, daß die Nachgeburt und das Blut die Kräfte des Mannes und sein Wohlbefinden physisch und spirituell verunreinigen. Zweitens kann die Medizin und die Kraft des Mannes zu diesem Zeitpunkt für die Frau und das Neugeborene physisch und spirituell verunreinigend sein. So steuerte mein Volk natürliche Kräfte, Energien und Heilfähigkeiten. Der Mann durfte nicht auf Jagd oder Fischfang gehen, am Glücksspiel oder sozialen Leben teilnehmen, während seine Frau die nachgeburtliche Heilperiode durchmachte.

Nach dem zehnten Tag durfte der Vater seine Frau und das Neugeborene besuchen. Zu diesem Zeitpunkt nahm er mit dem Kind Kontakt auf. Er sprach spezielle Gebete zu Großvater Sonne und brachte sein Kind dem Großen Geist und der Sonne zum Segnen dar. Dann drückte er das nackte Kind auf seine nackte Brust, um Herz an Herz zur Seele des Neugeborenen zu sprechen. Für weitere dreißig Tage und Nächte mußten sich die Eltern vom sozialen Leben fernhalten und sexuelle Abstinenz üben. Das gab der Familie Zeit, weiterhin zu beten und die gegenseitige Beziehung zu festigen, während die Frau Zeit zur Heilung hatte. So wurde eine sichere Grundlage für die Kinder geschaffen. Die Kooperation von Mutter und Vater erforderte persönlichen Einsatz und Engagement und galt einem gemeinsamen spirituellen Ziel.

Konzepte für heutige Geburtszeremonien

Völkermord, kulturelle Anpassung und Assimilierung haben uns Indianern, unserer Kultur und Religion verheerenden Schaden zugefügt. Die Regierung tat alles in ihrer Macht, um unsere religiösen Überzeugungen und Brauchtümer zu zerstören. Dem diente auch die Einführung bestimmter Gesetze und die Durchsetzung des Rechtssystems des weißen Mannes gegen all unsere Stammesvorfahren, die heimlich versuchten, nach den alten Traditionen zu leben. Die christlichen Missionare, das BIA und verschiedene Regierungsbehörden stahlen und vernichteten unsere heiligen und alten religiösen Insignien tonnenweise. Die meisten wurden verbrannt, verkauft oder an Museen oder Universitäten geliefert. Damit ging die Mehrzahl der indianischen Geburtszeremonialinsignien, Medizinobjekte und Pubertätsritualinsignien der Frauen für immer verloren. Und das bedeutete gleichzeitig den Verlust einer Menge von Gebetsobjekten, von spirituellem Wissen und spiritueller Kraft, die mit der Durchführung dieser Zeremonien einhergingen. An die Stelle des heiligen Berufs der Geburtsmedizinfrau traten westliche Ärzte, und die Kontrolle, die Indianerinnen einst über ihr eigenes Leben hatten, wurde ersetzt durch Diskriminierung, Mißbrauch und das Aufzwingen westlicher Überzeugungen und Werte.

Eine Untersuchung des Indian Health Service dokumentiert zum Beispiel, daß junge weiße Ärzte an indianischen Frauen in Reservationen und bestimmten städtischen Gebieten herumdoktern durften, um die nötigen Techniken ihres Berufs einzuüben. Man verteilte Antibabypillen wie Süßigkeiten und ohne weitere Anweisung oder Überwachung. Man verschrieb gefährliche neue Medikamente, um bestimmte Theorien zu testen. Und ohne Übertreibung hat man hunderten indianischen Frauen zwangsweise oder ohne deren Wissen die Gebärmutter entfernt. Diese Art des Völkermords ließ nicht nur physische Narben und Spuren zurück, sondern ist mit Sicherheit auch verantwortlich für ernsthafte psychische, emotionale, häusliche und kulturelle Krisen. Der psychische, physische und gesellschaftliche Mißbrauch, dem diese indianischen Mütter unterworfen waren, wurde an ihre Töchter nicht nur genetisch, sondern auch spirituell weitervererbt und damit an die kommenden Generationen weitergegeben. Dieses Erbe physischer Krankheiten und Nebenwirkungen erzeugten Furcht, Scham, Schuldgefühl und einen Wertekonflikt, und es kann zu Gesundheitsproblemen und Krankheit führen. Diese treten besonders in Zeiten von Streß an die Oberfläche, wie z. B. in der Schwangerschaft, bei der Geburt und während der Wehen. Solche Probleme erfordern eine spirituelle Behandlung. Andernfalls können sie, wie das auch bei mir der Fall war, weitere Komplikationen auslösen.

Bei meinen eigenen Geburten, oder wenn ich anderen Frauen half, mußte ich als Traditionalistin all diese Aspekte berücksichtigen, war jedoch gleichzeitig gezwungen, zu improvisieren und mich der Situation anzupassen, um mit dem, was von unserer Tradition noch vorhanden war, mein Bestes zu vollbringen. Ich hatte gehofft, meine Kinder zu Hause zu gebären. Das hätte mir die Möglichkeit gegeben, meine Wehen und die Entbindung in gewissem Maße selbst steuern und beeinflussen und die Geburt spirituell begehen zu können. Aber damals, Ende der 70er Jahre, akzeptierten Ärzte und Krankenhäuser in der Regel noch keine Hausgeburten. In einigen Einrichtungen begann man jedoch, alternative Geburtszimmer in der Entbindungsstation anzubieten. Ich nahm mir vor, von dieser Möglichkeit Gebrauch zu machen, hatte aber nie die Gelegenheit dazu, weil sich bei all meinen Schwangerschaften Komplikationen einstellten.

Ich tat mein möglichstes, die Geburt mit Hilfe traditioneller spiritueller indianischer Methoden als Zeremonie zu gestalten. Die Geburtszeremonie besteht aus vier Schritten:

(1) Während der Schwangerschaft werden spirituelle Lebensgewohnheiten eingehalten. Das betrifft Ernährung, Gesundheit und Verhalten und erfordert tägliches Beten und Meditieren.

(2) Im Zimmer des Krankenhauses oder zu Hause wird ein Altar eingerichtet und eine Zeremonie abgehalten.

(3) Der Mann führt unterdessen zur Unterstützung eine heilige Schwitzhüttenzeremonie durch.

(4) Nach der Geburt werden die alten Bräuche und Gesetze beachtet und eingehalten.

Während meiner Schwangerschaft war ich in allem sehr vorsichtig, und ich tat mein Bestes, die alten indianischen Bräuche, Überzeugungen und Gesetze zu befolgen. Ich rauchte keinen Tabak, trank keinen Alkohol und war vorsichtig bei Tätigkeiten im Haushalt, die Heben oder Strecken erforderten. Ich nahm an keiner Beerdigung teil, mied Begräbnisstätten und hielt mich von Machtzentren und Zeremonienstätten fern. Auch schränkte ich meine Reisen auf ein Minimum ein und mied Reisen im Schiff oder Flugzeug. In den letzten Schwangerschaftsmonaten entwickelte ich immer starke Gelüste auf Fleisch, aber meine Tanten mahnten mich ständig, diesem Verlangen nicht nachzugeben, sondern statt dessen leicht zu fasten. Vor meiner ersten Geburt hatte ich eine Blutvergiftung, die später auch das Kind bedrohte und mir die Chance nahm, das alternative Geburtszimmer zu beanspruchen.

Im siebten Monat meiner ersten Schwangerschaft wurde ich von einer Schwarzen Witwe gebissen. Die weißen Ärzte wußten in dieser Situation entweder nicht, was sie machen sollten, oder aber sie wollten kein Risiko für den Embryo eingehen, und darum behandelte mein Mann mich auf indianische Art und Weise. Obwohl ich mich danach gut erholte, keinerlei Nebenwirkungen spürte und diese schlimme Phase meiner Schwangerschaft hinter mir ließ, wurde ich immer ängstlicher, je näher der Entbindungstermin rückte.

Die erste Geburt ist normalerweise immer gekennzeichnet durch Furcht, Unsicherheit und die erste Begegnung mit unerträglichen Schmerzen. Um die Situation noch zu verschlimmern, war ich den dauernden (telefonischen und unmittelbar physischen) Schikanen durch eine Gruppe von Menschen aus dem Ort ausgeliefert, die etwas gegen meine Auftritte in der Öffentlichkeit und mein Engagement zum Schutz der alten Redwood-Wälder und des heiligen Hochlandes der Yurok hatten. Die Nachstellungen gingen so weit, daß einige der Männer sogar im Krankenhaus erschienen, um mich kurz vor und unmittelbar nach der Entbindung zu bedrohen. Darum schickte mein Mann zu meinem Schutz einige Freunde als Bodyguards ins Krankenhaus, während er in der heiligen Schwitzhütte fastete und für mich und das Baby betete. Was auch passierte, er mußte seinen Teil der Geburtszeremonie in der Schwitzhütte zelebrieren, ansonsten hätten unsere Heilfähigkeiten und unsere Kräfte verändert oder vernichtet werden können.

Nach indianischem Glauben ist es ganz natürlich, übersinnliche Hilfe anzurufen, wenn alle anderen Ressourcen scheinbar keine Wirkung zeigen. Zu diesem Zeitpunkt hatte ich wirklich das Gefühl, daß ich all die Gebete, die im Rahmen der Zeremonie von mir, mit mir und für mich gesprochen wurden, notwendig brauchte. Und so verlief die Zeremonie:

Um den zweiten Schritt realisieren zu können, traf ich spezielle Vereinbarungen mit dem Arzt und dem Krankenhaus, um mein Bett und Zimmer in einen heiligen Ort für die Geburtszeremonie verwandeln zu können. Eine indianische Freundin unterstützte mich spirituell. Wir fertigten vier Tabakgebinde, um vor dem Bett und im Zimmer einen Altar zu errichten. Diese Gebinde bestanden aus vier verschiedenfarbigen viereckig zugeschnittenen Stücken Stoff (von ca. 10 cm auf 18 cm Größe) in den Farben weiß, rot, gelb und schwarz. Dann legten wir eine Handvoll Tabak und/oder Kräuter wie Salbei, Beifuß oder Engelwurz in die Mitte des Stoffes, drehten den Stoff ein und banden ihn ab. Diese Gebetsfahnen sehen aus wie kleine Puppen mit Köpfen und Kleidern. Wir verwendeten sie für unsere Gebete zu den vier Schöpfungskräften, den Geistern der Luft, des Feuers, der Erde und des Wassers, um sie um Schutz und Hilfe zu bitten. Die Tabakgebinde werden in den vier Hauptrichtungen des Universums aufgehängt: nach Norden, Osten, Süden und Westen.

Ich verwendete auch heilige Federn von bestimmten Vogelarten wie dem weißen Schwan, dem Rotschwanzbussard, dem Goldspecht und dem Raben, um mich zu schützen. Gemäß unserem Glauben besitzt jeder Vogel eine eigene spezielle Kraft, und das Vogelvolk dient dem Großen Schöpfer und der Natur als symbolische Boten. Die Vögel tragen unsere Gebete zum Großen Schöpfer, zu unseren Ahnen und zu den guten Geistern der Natur. Gleichzeitig dienen ihre Kräfte unserem Schutz.

Um zu verstehen, wie verschiedene Tiere und Steine als bestimmte Kräfte agieren, muß man die indianische Mythologie kennen. Der Habicht ist z. B. ein Krieger und Bote von Gefahren. Wenige Stunden, nachdem der Altar errichtet war, flog ein Habicht am Fenster meines Krankenhauszimmers vorbei und schrie. Ich sagte zu meiner Freundin, daß ein Angreifer auf dem Weg zu mir sei, und riet ihr, die Zimmertür zu verschließen und nur den Arzt oder die Krankenschwester einzulassen. Und tatsächlich versuchte einer der Männer, die mir nachstellten, in mein Krankenzimmer zu gelangen, um eine Kröte auf mich zu werfen. Kröten gelten bei uns als schlechte Kraft. In dieser Situation wurden das Symbol und die wirkliche Kraft des Habichts zu meiner Sehkraft und zu meinem Schutz. Meine Gebete waren erhört worden, denn der Habicht warnte mich vor der Gefahr, kurz bevor der Angriff erfolgte.

Der zweite Schritt der Zeremonie erfordert noch weitere Vorbereitungen, wie die Bereitstellung von vier Körben mit Nahrungsmitteln, die den weiblichen Geistern dargebracht werden. Jeder Korb muß mit Eichelmehl, Hafermehl, Maismehl oder ähnlichem gefüllt sein, und die Körbe werden strategisch an den vier Ecken des Krankenhauszimmers aufgestellt. Wir bringen immer Nahrung als Bezahlung oder als Gabe an die Geister und Ahnen dar, wenn wir um Hilfe bitten, oder als Danksagung, wenn wir Gebete in Ritualen oder Zeremonien verwenden. Ich glaube, daß es irgendwann in der Geschichte bei allen Nationalitäten und Kulturen der Menschen einen ähnlichen Glauben gegeben hat, vielleicht, bevor sie allzu zivilisiert und gebildet wurden. Diese Art des Betens ist ein alter und spiritueller Brauch, der Respekt bezeugt, aber gleichzeitig auch ein Mittel, um mit bestimmten guten Kräften in Verbindung zu treten.

Manchmal verwenden wir zur Kommunikation und zum Schutz auch persönliche Machtobjekte wie Steine, Quarzkristalle oder Tierfelle. Obwohl einige die Verwendung von Quarzkristallen als Modefimmel der New-Age-Bewegung abtun, verwendeten einige Indianerstämme und andere Kulturgruppen Quarzkristalle, Obsidian, Türkis, Flintstein, Achat und andere Geister des Steinvolks jahrtausendelang als Machtobjekte, und zwar bevor das weiße Volk oder irgendwelche anderen Völker auf unseren Kontinent kamen.

Verschiedene Steine besitzen verschiedene Kräfte, Zwecke und Funktionen. Ich verwende zum Beispiel bei meinen Zeremonien gerne bestimmte Kristalle, um schlechte Gebete, schlechte Gedanken, schlechte Geister und negative Energie abzulenken. Die Kraft des Lichts von Großvater Sonne und

Großmutter Mond hält dunkle Kräfte und böse Mächte oder Menschen ab. Darum bete ich zum Kristall, während ich ihn zu Großvater Sonne oder Großmutter Mond hochhalte, und ich bitte ihn, das starke spirituelle Licht in sich aufzunehmen, in sich zu speichern und dann während der Zeremonie zum Schutz und zur Heilung auszustrahlen. (Diese alte spirituelle Methode und dieses Wissen ähnelt dem, was Wissenschaftler heutzutage über den Gebrauch von Quarzkristallen und anderen Steinen zum Speichern und Übertragen von »Solarenergie« lernen, eine Methode, die heute in der Laserchirurgie, bei Laserwaffen und batteriebetriebenen Armbanduhren und Fahrzeugen Verwendung findet.) Anders ausgedrückt halte ich den Kristall in der Hand, »programmiere« ihn auf »Inbetriebnahme« und verwende ihn als spirituelles Werkzeug.

Der zweite Teil der Zeremonie erfordert auch die Reinigung und den Schutz des neu geschaffenen heiligen Ortes durch Beräucherung. Manchmal verwenden wir für diesen Zweck eine Seeohrmuschel oder eine alte Steinschüssel, oder wir errichten aus Erde einen Altar von ungefähr 30 cm Durchmesser. Wir verbrennen, je nach Stammesbrauch oder persönlicher Vorliebe, Zedernholz, Salbei, Berglorbeerblätter oder Süßgras, beten zum Geist der jeweiligen Pflanze und den anderen guten Geistern, mit denen sie verbunden ist, und bitten sie, das Zimmer von allen negativen Energien, Geistwesen oder schlechten Geistern zu befreien. Wenn wir eine Beräucherungszeremonie durchführen, öffnen wir immer ein Fenster oder eine Tür, um die negativen Kräfte entweichen zu lassen. Wir beräuchern alles, einschließlich der Besucher, die in das Zimmer treten, und halten so negative Energien fern. Es ist wie eine Präventivbehandlung. So werden auch Keime, Viren und Bakterien ferngehalten, die nicht nur physisch existieren, sondern auch negative spirituelle Energien darstellen. Wir glauben, daß alles zwei Seiten hat: eine physische und eine spirituelle, eine sichtbare und eine unsichtbare, eine positive und eine negative Seite. Um den Rauch während des Beräucherns zu verteilen und den Patienten zum Schutz einzuräuchern, verwendet man eine große Feder oder den Flügel eines Vogels. (Wir benutzen niemals Eulenfedern oder Körperteile der Eule, denn wir betrachten die Eule als schlechte Kraft. Sie zieht negative Mächte, Kräfte und Energien und schlechte Geister an.) Das Beräucherungsritual wird durchgeführt am Patienten, bei Einverständnis auch am Arzt und der Krankenschwester, während der Wehen, bei und nach der Geburt des Kindes und nachdem Baby und Mutter gewaschen sind. Das gilt jedoch nur, wenn die Frau im alternativen Geburtszimmer untergebracht ist. Anderenfalls wird die Beräucherungszeremonie vor und unmittelbar nach der Entbindung, wenn die Mutter und das Neugeborene ins Krankenzimmer zurückkehren, durchgeführt.

Natürlich muß man eine solche Zeremonie vorher planen und üben, und man braucht das Einverständnis von Krankenhaus und Arzt. Es werden auch Vorkehrungen getroffen, das Baby zweimal täglich dem Dampf eines Gefäßes mit gekochten Kräutern auszusetzen. Wir verwenden hierfür Beifuß, Brennesseln, Douglastannenzweige oder Zedernholz. Das Baby wird über das Gefäß mit dem Dampf gehalten, allerdings nicht so nahe, daß es sich verbrühen könnte, und gleichzeitig werden Gebete zum Geist des Krautes gemacht mit der Bitte, das Neugeborene zu reinigen und zu schützen. Wir bitten um Medizin, die das Neugeborene vor Unwohlsein, Krankheit, Geistwesen, schlechten Geistern, Unfällen und Tod schützt. Wir bitten das Kraut und die anderen Geister, dem Baby Schutz, langes Leben, gute Gesundheit und Wohlstand zu gewähren.

Als meine ersten Wehen einsetzten, gab mir meine Helferin wilde Ingwerblätter zu kauen. Sie betete und rieb mir Poleiminztee auf den Bauch und half mir beim Atmen und Visualisieren. In Gedanken rief ich den Geist der Hirschkuh an, bat sie um Hilfe und sagte die alte Gebetsformel auf. Meine Helferin brachte an meiner Stelle den Geistern Tabak dar, rauchte und betete mit einer speziellen indianischen Pfeife, die für Frauen gedacht ist. Ich konnte in dieser Situation keine Hebammen-Medizinfrau zur Hilfe heranziehen, weil es in meinen Stämmen keine mehr gibt. Meine Mutter und meine älteren Tanten, die Erfahrung hatten, lebten zu weit entfernt vom Krankenhaus, um mir helfen zu können, und ich fand damals auch keine weiße Frau, die mich als Ärztin hätte unterstützen können, weil es in unserem Gebiet keine gab. Die Ärzte waren alle Männer, so daß nicht alles in völliger Übereinstimmung mit unserer traditionellen Überzeugung und unserem traditionellen Brauch durchgeführt werden konnte.

Viermal an diesem wunderbar klaren Abend blitzte und donnerte es, direkt über dem Krankenhaus und sonst nirgends, und genau in diesem Moment kam mein Kind zur Welt. Blitz und Donner waren ein besonderes und mächtiges Zeichen, daß unsere Gebete erhört wurden und daß einer unserer Ahnengeister, ein früherer indianischer Arzt, für diesen Lebenszyklus zu uns zurückkam. Ich fühlte mich sehr geehrt, wußte aber, daß mir damit im Vergleich zu anderen Müttern eine zusätzliche Verantwortung übertragen war.

Während meine Helferin und ich die Geburtszeremonie im Krankenhaus zelebrierten, hielt sich mein Mann in der heiligen Schwitzhütte auf und stimmte seine Gebete und Medizinhandlungen zeitlich auf die unseren ab. Ein Ehemann darf in der Zeit, in der seine Frau Wehen hat, nicht außer Haus gehen, um zu trinken, sich herumzutreiben, seine Frau zu betrügen oder Drogen zu nehmen. Seine Teilnahme an der Geburtszeremonie geschieht zwar aus einiger Entfernung, erfordert jedoch seinen momentanen Rückzug aus dem sozialen Leben, sein Leiden und Opferbringen. Darum fastet, singt, betet und reinigt er sich in der heiligen Schwitzhütte. Er spricht zum Großen Schöpfer, zu den Ahnen, den guten Geistern und seinen eigenen Schutzgeistern. Er bittet sie, seiner Frau und dem Neugeborenen zu helfen, die beiden zu schützen und zu heilen. Wenn er nicht weiß, was er in dieser Situation zu machen hat, kann er einen Medizinmann des Stammes oder einen indianischen spirituellen Führer bitten, ihm zu helfen. Während jeder meiner Geburten unterstützte mein Mann mich und unsere Kinder auf diese Weise. Er fastete, betete, träumte und wartete auf Visionen. Und über die Visionssuche fand er auch die Namen für all unsere Kinder. Der Große Schöpfer und die Ahnen teilten ihm die Namen unserer Kinder mit. Die Namen, die er ihnen gab, sind heilig, und jeder Name besitzt auch eine spezielle Kraft und einen speziellen Schutzgeist.

Die Methode der Namensgebung variiert bei den einzelnen Stämmen. Bei einigen gibt ein Ältester, ein Medizinmann oder eine Medizinfrau dem Kind in einem speziellen Ritual einen Namen. Manchmal erhält eine Person mehrere verschiedene indianische Namen. Mein erster Name war Wes-er-it, das heißt »Kleine Redwood-Spinne«. Ich erhielt ihn von meinem Urgroßvater Seely Griffin. Meinen zweiten Namen bekam ich durch Fasten und eine Visionssuche im Rahmen meiner Arztausbildung. Ich erhielt ihn vom Großen Schöpfer und meinen wichtigsten Kräften, die mich nun bei meinen Zeremonien und Heilbehandlungen unterstützen. Ich mußte Leid ertragen, Opfer bringen und mir diesen Namen selbst verdienen. Der Name ist der Paß für meinen Zugang in die Geisterwelt und meine Verbindung zum Großen Schöpfer und den Geistern. Sie sehen, das Konzept indianischer Namen ist ganz anders als die Vorstellung, die die meisten westlichen Menschen davon haben. Namen sind etwas Besonderes. Sie haben eine spezielle Bedeutung und einen speziellen Zweck. Namen sind eine Quelle der Macht, wenn sie in richtiger und angemessener spiritueller Weise verliehen werden.

Ich wußte schon ungefähr, welchen Namen mein Mann unserem Neugeborenen geben wollte. Ich wußte, in dem Namen würde Kolibri vorkommen, denn ich träumte das, und am folgenden Tag sah ich am Morgen als erstes, wie ein goldenes Koli-

briweibchen und sein Junges sich am Fenstersims meines Krankenzimmers niederließen. Der Arzt, die Krankenschwestern
und meine Freundinnen sahen sie auch. Das war ein gutes
Omen, und genau diesen Namen sollte mein Mann als Er-
gebnis seiner Visionssuche unserer neugeborenen Tochter auch
geben.

Nachdem ich das Krankenhaus verlassen hatte, hielt ich mich
weiterhin an die Zeremonialvorschriften, genau wie mein Mann
auch. Ich sorgte dafür, daß das Krankenhaus meiner Zeremoni-
alhelferin die Nachgeburt aushändigte und bat sie, diese an
einem heimlichen Ort in der Natur tief in der Erde zu vergraben.
Ich wollte nicht, daß ein Teil von mir oder meinem Baby einfach
wie jeder andere Abfall in den Müll geworfen wurde. In früheren
Zeiten vergrub man die Nachgeburt, um die Mutter und das
Baby vor Raubtieren zu schützen. Heutzutage vergraben wir sie,
um in Kontakt mit der Erde zu treten. Kommt es bei einer Frau
zur Frühgeburt, raten wir zur Durchführung einer Bestattungs-
zeremonie für den Fötus. Er soll nicht im Krankenhaus einfach
auf den Müll geworfen oder verbrannt werden, als wäre er ohne
Sinn und Bedeutung.

Um die im Krankenhaus begonnene Zeremonie fortzusetzen,
errichteten wir in meinem Schlafzimmer einen Altar ähnlich
dem im Krankenhaus. Die Tabakfahnen wurden in den vier
Ecken meines Schlafzimmers aufgehängt, und wir fertigten
neue, kleinere Tabakfahnen, um sie zusammen mit einer schutz-
bringenden Adlerfeder an das Kinderbettchen zu hängen. Ich
legte einige meiner liebsten Vertreter des Steinvolks als zusätzlichen Schutz in das Kinderbettchen und verteilte auch meine
anderen Steine, die Kräfte besitzen, und heilige Quarzkristalle
im Schlafzimmer. Das ganze Haus wurde gereinigt und beräuchert, und Besucher hatten keinen Zutritt, damit ich und das
Baby vor Krankheit oder möglichen schlechten Geistern
bewahrt wurden. Das schuf auch eine Privatsphäre, in der wir die
Gebete und die Zeremonie fortsetzen und das Zusammen-

wachsen mit dem Neugeborenen gedeihen konnte. Zweimal täglich wurde das Baby bei Gebeten über den Dampf heiliger Kräuter gehalten, während man mich beräucherte, für mich betete und mich mit Kräutern massierte, um mich körperlich wieder fit zu machen.

Mein Mann machte die Zeremonie mit, so gut er konnte, obwohl er jeden Tag zur Arbeit gehen mußte. Er kam weiterhin nicht in meine Nähe und die des Babys, hielt ein leichtes Fasten ein, indem er nur Obst und Kräutertee zu sich nahm, und schwitzte und betete nach der Arbeit in der Schwitzhütte. Nachdem die zehn Tage und damit die Zeit verordneter Abwesenheit vorüber war, kam er, um mit dem Baby Kontakt aufzunehmen. Er tat das im Freien, bei Sonnenaufgang, und er machte Gebete zu Großvater Sonne und zum Großen Schöpfer. Als er damit fertig war, durften auch unsere Bekannten und Verwandten uns besuchen, aber nur unter der Voraussetzung, daß sie nüchtern waren und sich vor dem Betreten des Hauses beräuchern ließen.

Die nächsten dreißig Tage und Nächte mußten mein Mann und ich noch immer bestimmte Einschränkungen einhalten. Wir durften keinen Geschlechtsverkehr haben, durften mit dem Baby außer zu Arztuntersuchungen nirgends hingehen, und wir mieden alle Beerdigungen, traditionellen Zeremonien und potentiell gefährlichen Orte und Situationen. Bobby übernahm einen Großteil der Hausarbeiten. Er kochte meist, hielt das Haus sauber und kümmerte sich um die Wäsche, während ich mich ausruhte, betete und versuchte, mich körperlich, geistig, emotional und spirituell zu regenerieren. Eine Geburt nimmt einer Frau sehr viel Kraft, und sie braucht Zeit, um gesund zu werden und wieder zu Kräften zu kommen, bevor sie die sexuellen und häuslichen Ansprüche ihres Mannes wieder erfüllen kann. Wenn Sie sich dazu entschließen, dieses traditionelle Wissen und Ritual zu praktizieren, dürfen Sie das nicht vergessen. Sie müssen Ihren Mann oder Partner mit einbeziehen, ihm

sagen, was er tun kann, und ihm zeigen, wie er seinem Ehege-
lübde und seiner Verantwortung nachkommen und Sie unterstützen kann.

Verpflichtungen wie Arbeit, Schule usw. können manchen
Frauen den Zugang zu dieser Methode des Betens, der spirituellen Entwicklung und der Zeremonialpraxis in der heutigen Zeit
verwehren. Ich habe mit dieser Methode allerdings schon Frau-
en aus anderen Stämmen und auch einigen nichtindianischen
Frauen helfen können, da sie in der Lage waren, einen kurzen,
bezahlten Mutterschutzurlaub zu bekommen. Andere knapp-
sten sich die Zeit von der Arbeit oder Schule einfach ab. Einige
setzten lieber vier Tage für die Zeremonie an, weil die Vier als
heilige symbolische Zahl ihres Stammes galt, andere setzten sieben Tage an, und wieder andere orientierten sich an ihren eigenen Vorstellungen und verwendeten drei Tage und drei Nächte.
Alle sagten im Nachhinein, daß sie sich besser und gesünder
fühlten, weil sie eine Zeremonie abgehalten und sich nicht dem
bestehenden westlichen System untergeordnet hatten. Ich praktizierte die Geburtszeremonie bei all meinen drei Geburten,
sogar bei der letzten, bei der mein Sohn als Früh- und Kaiser-
schnittgeburt zur Welt kam, und ich bin froh darüber.

Gebete für die Geburt

Folgendermaßen bete ich, wenn ich die Tabakgebinde oder
Gebetsfahnen herstelle, wenn ich den Geistern Nahrung darbringe, mit Kräutern räuchere oder mit Dampf arbeite. Die
Gebärende kann die Zeremonie nicht selbst leiten, darum sollten alle Vorbereitungen von einer Schwester oder der Mutter
oder mit der Unterstützung einer Freundin getroffen werden.

Gebetsfahnengebet

Ich nehme eine kleine Handvoll Tabak und bringe sie, mit dem Gesicht nach Norden gewandt, der ersten Kraft dar. Dann sage ich:

Großer Schöpfer, Mutter Erde und all meine Verwandten in der Natur, ich trete demütig vor euch und bitte um eure Hilfe. Ich appelliere an die vier Mächte der Schöpfung, die vier Kräfte, die vier Elemente, die vier heiligen Richtungen des Universums. Ich bringe diesen Tabak der ersten Macht der Schöpfung, der Luft im Norden, dar. In dieser Situation bitte ich um euren Schutz und eure heilende Kraft und um eure Unterstützung beim Schaffen eines heiligen Ortes. Ich bitte euch, diesen Tabak (und Salbei – oder welches Kraut sonst verwendet wird) anzunehmen und eure Kraft zu schicken.

Dann lege ich den Tabak in die Mitte des viereckigen Stoffes, forme den oberen Teil zu einem Ball, drehe den Stoff ein und binde ihn mit einem Faden ab. Anschließend beräuchere und reinige ich die Tabakfahne mit Zedernholz und hänge sie an die Nordecke der Wand oder an einen Holzpflock, den ich in eine große, mit Erde gefüllte Kaffeebüchse gesteckt habe. Ich binde die Fahne gut fest. Dann nehme ich die nächsten farbigen Stoffstücke, eins nach dem anderen, halte das gleiche Grundgebet und hänge anschließend jede neue Tabakfahne in die jeweilige Richtung: Norden/Luft: weiß, Osten/Feuer: rot, Süden/Erde: gelb und Westen/Wasser: schwarz.

Darbringen von Nahrungsmittelkorb oder -schüssel

Wenn möglich, verwende ich gerne traditionelle indianische Zeremonialkörbe oder eine natürliche Schüsselart, aber auch Getreideschüsseln aus Holz können verwendet werden. Mein

Stamm verwendet Eichelmehl, aber ich nehme Maismehl (dieses Nahrungsmittel gilt als heilig) oder für Nichtindianer auch Hafermehl. Wenn ich Gebete mit Nahrungsmittelschüsseln halte, gehe ich immer zuerst aus dem Gebäude hinaus. Ich habe vier Körbe oder Schüsseln, wiederum als Symbole für die vier Schöpfungskräfte, die vier Elemente und vier Lebenszyklen. Ich fülle dann die Nahrungsmittel in die Gefäße ein. Wenn es regnet, stelle ich mich auf die Veranda und fülle die Schüsseln, bevor ich mit jeder Schüssel in den Regen hinausgehe. Ich gehe barfuß, so daß meine Füße die Mutter Erde auf respektvolle Weise berühren können. Die erste Schüssel bringe ich dem Norden dar, und ich spreche mein Gebet, dann bringe ich die zweite Schüssel dem Osten dar und spreche mein Gebet. Dann folgt die dritte Schüssel, die ich betend dem Süden darbringe, und schließlich vollende ich den Kreislauf, indem ich die letzte Schüssel mit einem Gebet dem Westen darbringe.

Ich bete folgendermaßen:

Großer Schöpfer, Mutter Erde, Großvater Sonne, Großmutter Mond und all meine Verwandten in der Natur, ich trete demütig vor euch und bitte um eure Hilfe. Diese Frau steht kurz vor ihrer Entbindung. Nach altem Brauch und Recht bringen wir euch, unseren Vorvätern und Ahnengeistern, diese Nahrung dar und bitten um eure Hilfe. Wir geben euch zu essen und bitten euch, zu dieser Zeremonie zu kommen und mit uns zu feiern. Wir bitten euch, daß ihr eure guten Kräfte und euer Wissen schickt, um dieser Frau und ihrem Baby zu helfen. Haltet alle schlechten Dinge fern, gleichgültig ob sie gehen, kriechen, fliegen oder schwimmen, ob sie für uns sichtbar oder unsichtbar sind. Wir bitten um eure Hilfe, diese Frau und ihr Baby zu schützen und dem Neugeborenen Gesundheit, langes Leben und spirituelles Leben zu gewähren.

Dieser Teil des Rituals kann außerhalb des Krankenhausgebäudes verrichtet werden. Anschließend werden alle Schüsseln beräuchert und in die vier Ecken des Krankenzimmers gestellt. Später werden die Schüsseln ins Haus der Mutter mitgenommen. Dort bringt man die Schüsseln wiederum ins Freie für die Gebete und plaziert sie dann in richtiger Anordnung und Richtung im Schlafzimmer der Mutter.

Gebet für die Behandlung mit Kräuterdämpfen

Normalerweise sammle ich im Frühling, Sommer und Herbst meine eigenen Kräuter und spreche beim Sammeln die richtigen Gebete, denn selbst das Sammeln von Kräutern ist ein Ritual. (Genaueres dazu finden Sie in dem von meinem Mann verfaßten Buch *Native Healer.*) In der Regel habe ich einen ausreichenden Kräutervorrat für verschiedene Zeremonien, aber ich bemühe mich immer, die Kräuter und Insignien für die Geburtszeremonie und Mondzeremonie von den anderen Heil- und Zeremonialkräutern und Insignien separat zu halten. Die meisten der für die Geburtszeremonie, die Mondzeremonie, die Beräucherungszeremonie oder andere Gebetsrituale benötigten Kräuter kann man in Gesundheitsläden oder Reformhäusern kaufen. Ich bete folgendermaßen zu den Geistern der Kräuter, während ich sie für meine medizinische Behandlung verwende:

O heiliger Beifuß (Brennessel, Ingwer, Poleiminze, Salbei, Zedernholz – hier ist der jeweilige Name des Krauts zu nennen), ich weiß, daß der Große Schöpfer dich auf diese Erde gebracht hat, um den Menschen zu helfen. Ich trete demütig vor dich und bitte um deine Hilfe. Es tut mir leid, daß du dein Leben für uns opfern mußtest, aber ich bitte dich, uns deinen Geist und deine Medizin zu leihen. Ich vermische dich mit Wasser, bete für dich und dein Pflanzenvolk und wünsche euch allen ein langes Leben und gute Gesundheit. Nun bitte ich dich, bei der Behandlung dieser Frau zu helfen, diese Frau (handelt es sich um die Dampfbehandlung eines Babys, sagt man »Baby«) zu schützen und ihr mit deiner Medizin zu helfen. Schütze sie vor allem Unwohlsein, vor Keimen und Krankheiten. Schütze sie vor allen Geistwesen und schlechten Kräften, vor allen schlechten Dingen. Hab Dank für deine Medizin.

Wie bereits erwähnt, kann der wilde Ingwer oder die Poleiminze der Gebärenden auch als Tee verabreicht oder als Salbe zum Einreiben des Bauches verwendet werden. Sie benötigt während der Wehen nicht mehr als eine Tasse von dem Tee, darum sollte die angebotene Menge genau einer Tasse entsprechen. Die tägliche Menge sollte nicht mehr als drei Tassen betragen. Die Gebärende kann auch etwas Kraut kauen und langsam verdauen, während sie zur Schwester Hirschkuh, Wölfin, Bärin oder Kojotin betet, die Mittel der Selbsthypnose, des kreativen Vorstellungsvermögens und der Meditation anwendet und ihren Schutzgeist anruft, damit er ihr zu weniger schmerzhaften Wehen und einer leichten Entbindung verhilft.

Achten Sie darauf, nach Gebrauch alle Kräuter der Mutter Erde zurückzugeben, indem sie sie in der Erde vergraben. Graben Sie ein kleines Loch im Garten hinter Ihrem Haus, auf einem Feld oder im Wald und sagen Sie: »Du kommst von der Erde, nun kehre zurück in die Erde. Hab Dank für deine Medizin. Mögest du wieder zum Leben erwachen.«

Beräucherungsgebet und Beräucherungsritual mit Kräutern und Tabak

Nehmen Sie eine kleine Handvoll Salbei, Zedernholz oder Süßgras, und legen Sie es in Ihre Muschel oder Schüssel oder auf den kleinen Erdaltar. Manche Menschen verwenden heute für diesen Zweck Räucherstäbchen. Zünden Sie das Kraut an, während Ihr Gesicht nach Osten schaut, geben Sie eine kleine Prise Tabak auf die nach Osten weisende Öffnung, und während das Kraut anfängt zu brennen, beginnen Sie mit Ihrem Gebet. Wir zünden unser heiliges Feuer in der Schwitzhütte, bei Tänzen, Zeremonien und Ritualen immer an einer symbolisch nach Osten weisenden Öffnung an, wo wir Großvater Sonne bitten, uns seine Kraft zu leihen. Nun bringen Sie Ihre Kräuter dem Großen Schöpfer, den vier Kräften des Universums und der Mutter Erde dar. Sie können dabei folgendermaßen beten:

Großer Schöpfer, ihr vier Schöpfungskräfte, Mutter Erde und all meine Verwandten in der Natur, ich bringe mit diesem heiligen Kraut (nennen Sie hier seinen Namen) diesen Tabak dar und bitte euch, uns eure Medizin und guten Kräfte zu leihen. Ich verbrenne euch auf diese Weise, ich verwende den Rauch auf diese Weise und bitte euch, alle negativen Kräfte und Energien zu beseitigen. Ich bitte euch, diese Menschen, dieses Zimmer und dieses Gebiet zu reinigen. Haltet alle Geistwesen, alle schlechten Kräfte, alle schlechten Gedanken, alle Leiden und Krankheiten, ob sichtbar oder unsichtbar, und alle schlechten Dinge fern. Ich bitte euch, unser Leben zu beschützen. Habt Dank.

10
Gebet und Zeremonie
für Operationen

Ich habe sieben schwere Operationen hinter mir, und dreimal hatte ich einen Blutsturz und wurde für klinisch tot erklärt, kehrte aber immer wieder ins Leben zurück. Kommt man ins Krankenhaus wegen einer Operation, eines Notfalls, eines chirurgischen Eingriffs oder wegen einer ernsten Krankheit oder Verletzung, kann das sehr große Angst auslösen. Im Krankenhaus wird einem plötzlich bewußt, daß man sich nicht mehr im sicheren Umfeld der Familie, der häuslichen Situation und des Freundeskreises befindet. Sieht man sich in dem düsteren und einsamen Zimmer mit all den fremden Gegenständen und fremden Menschen mit unheilvoll und maskenhaft wirkenden Gesichtern um, bekommt man es mit der Angst. Die Bedrohung durch den Tod ist immer gegenwärtig, und gleichzeitig macht sich innerlich ein Gefühl der Hilflosigkeit breit. Und es kommt sogar bei einfachen operativen Eingriffen vor, daß Menschen aus irgendeinem Grund auf mysteriöse Weise sterben.

Unser Indianervolk kannte in früherer Zeit solche Probleme nicht, hatte aber eine Zeremonie für alles. Zeremonien sind eine spirituelle Form des Schutzes. Sie können einem Menschen helfen, mit Furcht, Angst, Schmerz und dem Unbekannten fertig zu werden. Zeremonien sind ein spirituelles Mittel, die dem Menschen den Übergang von Bekanntem zu Unbekanntem und umgekehrt erleichtern. Zeremonien sind eine wichtige Form von Wissen; sie bieten sowohl für die Vergangenheit als auch für die Gegenwart ein psychologisches, körperliches, geistiges und spirituelles Stützsystem. Und während das Leben sich ändert, müssen auch wir uns ändern. Darum ist es manchmal notwendig, zu improvisieren oder eine neue Zeremonie zu entwickeln, die sich mit den Lebenskrisen und Veränderungen auseinandersetzt.

In Krankenhäusern herrscht eine sterile, kalte und unpersönliche Atmosphäre, und das Umfeld selbst ist auch gefährlich. Verstorbene Menschen und schlechte Geister treiben sich in den Krankenhäusern herum, und immer besteht die Gefahr, daß die Krankheiten anderer Menschen in der Luft liegen. Schlechte Geister und Geistwesen können Menschen quälen. Sie können einen krank machen und einem die Seele stehlen, während man unter dem Einfluß von Beruhigungsmitteln steht, oder sie versuchen sogar, vom Körper des Menschen Besitz zu ergreifen. Krankheiten sind nicht nur physische Keime und Viren, sondern haben auch eine spirituelle Präsenz. Die meisten Menschen der westlichen Gesellschaft glauben nicht an solche Dinge. Darum neigen westliche Ärzte, Krankenschwestern und medizinische Einrichtungen dazu, solche Phänomene zu ignorieren, und sie werden nicht professionell geschult, auf sie zu reagieren.

Wenn aber der Patient an diese Dinge glaubt oder sie in seiner Vorstellungswelt oder in der Wirklichkeit sieht, gerät er unter großen Druck. Es kommt zur Beeinträchtigung des Immunsystems, und der Patient entwickelt Furcht, Angst, Unsicherheit und Hilflosigkeit. Muß ein Patient miterleben, wie am anderen Ende des Ganges ein Mitpatient im Koma liegt und wie die Leiche eines anderen ins Leichenzimmer gebracht wird, oder trifft er auf einen Patienten mit nachoperativen Komplikationen, ist das für ihn eine enorme psychische Belastung. Aus traditioneller indianischer Perspektive ist es darum ganz natürlich, »übersinnliche« Hilfe anzurufen, wenn alle anderen Ressourcen und Mittel fehlzuschlagen scheinen. Jedesmal wenn ich oder eines meiner Kinder ins Krankenhaus mußte, traf ich folgende Maßnahmen (Wenn Sie wollen, können Sie diesem Beispiel folgen):

Erstens, wenn Sie keinen Medizinmann oder keine Medizinfrau für das Abhalten der Zeremonie finden können, muß eines

Ihrer Familienmitglieder oder eine Person aus Ihrem Freundeskreis helfen. Zweitens müssen Sie spezielle Absprachen mit Ihrem Arzt und dem Krankenhauspersonal treffen und deren Einverständnis für die Durchführung der Zeremonie einholen. Dazu müssen Sie ihnen einiges über die Zeremonie und über Ihre persönlichen und spirituellen Überzeugungen erklären. Drittens, immer wenn ich anderen Menschen im Krankenhaus helfe, oder wenn mein Mann mir hilft, halten wir uns weitgehend an die Methode der Geburtszeremonie. Wir errichten einen Altar, verwenden Tabakfahnen, Beräucherung, Machtobjekte und die Mittel der kreativen Vorstellungskraft/Visualisierung, um die Kräfte des Gebets zu mobilisieren. Das geschieht kurz bevor der Patient operiert wird, und sobald er nach der Operation und Erholungsphase wieder ins Krankenzimmer zurückgebracht wird. Die Zeremonie umfaßt die folgenden Schritte:

1. Beräuchern und reinigen Sie das Krankenzimmer, das Bett, den Patienten und alle Machtobjekte mit Zedernholz oder Salbei. Achten Sie darauf, daß sich in der Nähe kein Sauerstoffbehälter befindet, und öffnen Sie dabei immer das Fenster, um die schlechten Geister und negativen Energien hinausjagen zu können. Verwenden Sie das Beräucherungsritual und das Beräucherungsgebet der Geburtszeremonie, wie weiter oben beschrieben.

2. Fertigen Sie die vier farbigen Tabakfahnen, sprechen Sie ein Gebet für jede der Tabakfahnen und hängen Sie sie an der jeweiligen Ecke des Bettes auf, um einen Altar für den Patienten zu erstellen (weiß: Norden, rot: Osten, gelb/grün: Süden und schwarz: Westen). Verteilen Sie andere Machtobjekte wie z. B. Kristalle im Zimmer.

3. Bringen Sie spezielle Machtobjekte wie Vogelfedern oder Fetische direkt am Kopfteil entweder hinter oder über dem Kopf des Patienten an. (Achten Sie darauf, keine Eulenfedern zu verwenden, denn bei den meisten Indianerstämmen

gilt die Eule als schlechte Kraft. Sie zieht Krankheiten und böse Kräfte an.) Bitten Sie den Geist und die Kraft dieses heiligen Objekts, den Patienten zu schützen und bei seiner Heilung zu helfen. Vergessen Sie nicht, dem Arzt, den Krankenschwestern, dem übrigen Krankenhauspersonal und den Besuchern zu sagen, diese Objekte aus Respekt nicht zu berühren, denn ihre Energie kann die medizinische Behandlung stören oder beeinflussen. Und halten Sie sich an das spirituelle Gesetz und bitten Sie, daß Frauen wie Krankenschwestern oder weibliche Besucher während ihrer Menses dem Krankenzimmer des Patienten fern bleiben. Auch sollten Menschen, die Drogen oder Alkohol genommen haben, keinen Zugang haben. Auch Familienmitglieder müssen nüchtern und clean sein.

4. Versammeln Sie alle Familienmitglieder und Freunde des Patienten in einem Kreis. Zünden Sie eine Pfeife an und beten Sie. Bringen Sie Ihren Tabak und Rauch dem Großen Schöpfer, den vier Schöpfungskräften oder -richtungen dar, und blasen Sie den Rauch dann dreimal über den Patienten. Jeder der Anwesenden sollte ein goldenes Licht wie das der Sonne visualisieren und sich vorstellen, wie es dem Patienten zur Heilung und zum Schutz übertragen wird. Projizieren Sie in Gedanken das heilende Bild guter Gesundheit und beten Sie wie folgt:

O Großer Schöpfer, gute Geister der Erde und des Himmels, unsere Ahnen und all unsere Verwandten in der Natur! Wir treten auf heilige Art und Weise vor euch und bitten um eure Hilfe. Wir bringen euch diesen Tabak als Bezahlung dar und bitten euch, eure guten spirituellen Kräfte zum Schutz und zur Heilung dieser Person (nennen Sie den Namen des Patienten) einzusetzen und das Leiden, die Verletzung oder Krankheit von ihm/ihr wegzunehmen. Wir bitten euch, einen starken Schutzschild um seinen/ihren Körper zu errichten. Laßt nicht zu, daß seine/ihre Seele seinen/ihren Körper verläßt und daß irgendein schlechtes Geistwesen, ein böser Geist oder böses Element in

seinen/ihren Körper eindringt oder Besitz von ihm ergreift.
Erlaubt nur den guten Geistern anwesend zu sein und zu helfen.

5. Lassen Sie die Pfeife herumgehen und bitten Sie jeden der
    Anwesenden, ein eigenes Gebet zu sprechen. Lassen Sie den
    Patienten auch für sich selbst beten, falls er nicht zu stark
    unter dem Einfluß von Beruhigungsmitteln steht. Zum Sin-
    gen und Beten können Sie heilige Rasseln, Trommeln oder
    Klappern verwenden, wenn das Krankenhauspersonal damit
    einverstanden ist. Wiederholen Sie die Zeremonie wenig-
    stens einmal täglich, bis der Patient aus dem Krankenhaus
    entlassen wird, und achten Sie darauf, alle Zeremonialobjek-
    te zu entfernen, im Freien zu beräuchern und zu reinigen.
    Errichten Sie die gleiche Art von Altar für den Patienten zu
    Hause und führen Sie dort die gleiche Art von Zeremonie
    durch. Die Heilsitzungen muß man eventuell mehrere Tage
    oder sogar Wochen lang fortsetzen. Sind sie alle beendet,
    achten Sie darauf, die Insignien zu reinigen, bevor sie wegge-
    legt werden. Die Tabakfahnen können der Natur zurückge-
    geben und an einen nahen Baum gehängt werden, oder man
    dankt ihnen für ihre Hilfe und vergräbt sie in der Erde.

6. Kann das Beräucherungsritual aus irgendeinem Grund nicht
    durchgeführt werden, kochen Sie einen Topf Salbeitee auf,
    sprechen Sie ein Gebet darüber und bitten Sie den Geist des
    Krautes um Unterstützung bei der Heilung. Dann waschen
    Sie den Körper des Patienten damit, um eine schützende und
    heilende Schicht aufzutragen. Waschen Sie den Körper des
    Patienten behutsam und visualisieren Sie, wie um ihn ein
    Schutzschild entsteht. Bitten Sie den Patienten, sich das glei-
    che vorzustellen. Singen Sie währenddessen ein indianisches
    Gebetslied, wenn Sie eines kennen.

Ich könnte ein ganzes Buch über den Glauben schreiben, aber an
dieser Stelle will ich nur erwähnen, daß viele Menschen in den

USA keinen Glauben mehr an ihre Religion, an Spiritualität, an sich selbst, an Gott oder den Großen Schöpfer haben. Am Anfang dieses Buches habe ich geschildert, wie ich durch eigene bittere Erfahrung lernen mußte und wie mein Glaube auf die Probe gestellt wurde. Zeremonien und Machtobjekte helfen, den Glauben aufzubauen und zu bewahren. Die physischen Symbole und Objekte erleichtern den Umgang und die Kontaktaufnahme mit dem Spirituellen. Das vermittelt dem einzelnen ein Gefühl der Stärkung. Ob die westlichen Ärzte und das Krankenpersonal daran glauben, spielt dabei keine Rolle. Wichtig ist, daß der Patient daran glaubt. Der Patient gibt seine Zeit und sein Geld und riskiert für eine notwendige Operation unter Umständen sogar sein Leben. Hat der Patient nicht das religiöse Recht, wie ein Mensch und nicht wie ein Gegenstand behandelt zu werden? Oder gibt es ein westliches Gesetz, nach dem es eine Teilung zwischen Spiritualität und Medizin gibt, so wie es bei der Erziehung und Bildung der Kinder eine Trennung zwischen Kirche und Staat gibt? Und wenn weiße Menschen im Krankenhaus als Teil der Krankenfürsorge Priester, Pfarrer und Prediger oder Rabbis hinzuziehen können, warum können Indianer und Nichtindianer dann nicht auch die spirituelle und heilende Unterstützung unserer indianischen Medizinmänner und Medizinfrauen erhalten, wenn sie es wünschen? In einer wirklichen Demokratie sollte der einzelne eine gewisse freie Entscheidungsmöglichkeit und die Chance haben, daß seine spirituellen Überzeugungen und seine spirituelle Praxis hier in den USA respektiert werden, und zwar auch in Krankenhäusern.

11

Geschichten für Frauen

Ich glaube, in beinahe allen Kulturen der Welt, und vor allem in früheren Zeiten, hatten Frauen ihre eigenen Geschichten. Männer bezeichnen dergleichen im allgemeinen als Altweibergeschichten und können mit diesen Geschichten, Erzählungen, Legenden etc. anscheinend wenig anfangen. Für unsere Töchter jedoch haben diese Geschichten die wichtige Funktion, ihnen in symbolischer Form ein bestimmtes Wissen zu vermitteln. Ich möchte hier einige Geschichten, die ich von meinen Vorfahren kenne, vorstellen, egal, ob sie auf Geschwätz, Gerüchten, wilder Fantasie oder tatsächlichen Erlebnissen basieren.

Ich glaube auch, daß die Ursache für die vielen (geistigen, emotionalen, körperlichen und spirituellen) Gesundheitsprobleme der Frauen heutzutage zum Teil im fehlenden Kontakt zur Natur zu suchen ist.

Da sie zur Natur keine enge Beziehung wie unsere indianischen Vorfahren haben, ist ihr Wissen über die Natur sehr beschränkt. Sie haben kaum die Möglichkeit, in der Natur Erfahrungen zu machen, und der Mangel an Naturerlebnissen und die fehlende Beziehung zur Natur bringen sie um die Fähigkeit, in ihrem Denken wichtige Symbole der Natur zu entwikkeln und anzuwenden. In der europäischen Kultur gibt es zum Beispiel das Märchen *Schneewittchen und die sieben Zwerge.* Obwohl die meisten jungen Mädchen aller Nationalitäten dieses Märchen kennen, bezweifle ich ernsthaft, daß die Mehrzahl von ihnen weiß, daß es in diesem Märchen um die Menses geht: um das Mysteriöse, Magische, Mystische und Symbolische der ersten »Mondzeit« (wie wir die Menstruation nennen) eines jungen Mädchens. Und ich könnte hier viele andere Märchen der europäischen Kultur nennen, sei es das Märchen von *Rapun-zel*, die in einem Turm eingesperrt ist, oder das Märchen *Der Froschkönig*. All diese Märchen tragen dazu bei, die weibliche Psyche zu entwickeln.

Dem zur Frau heranwachsenden Mädchen werden mit solchen Geschichten natürliche Symbole an die Hand gegeben, über die sie in ihrem Unterbewußtsein verfügt, so daß sie einerseits beim kreativen Denken auf sie zurückgreifen und andererseits durch sie zu einem besseren Verständnis der im Leben auftretenden Probleme kommen kann. Die Mittel der kreativen Fantasie und des symbolischen Denkens geben den jungen Mädchen und Frauen die Fähigkeit, Probleme zu lösen, denn sie erfahren, wie ihre Vorfahren mit ähnlichen Problemen umgegangen sind. Die Vorfahren bekamen dieses Wissen aus Begegnungen mit dem Kleinen Volk, der Schwester Bärin, der Kojotin, der Großmutter Wölfin, der zweiköpfigen Schlange, dem Adler, dem Habichtweibchen, der Meerjungfrau, dem Goldspecht, dem Kolibri usw.

Die Meerjungfrau

Ich kenne diese Geschichte von einer meiner älteren Tanten, Mamie Kaprisis aus Trinidad. Sie erzählte von einer indianischen Meerjungfrau, die auf den Felsen unter dem Leuchtturm in Trinidad, Kalifornien, lebte. Unser Volk, die Yurok, nennt das dort gelegene Dorf Tsuarai. Ich machte dort meine Ausbildung in einigen meiner medizinischen Kräfte und folgte dabei dem Ausbildungsweg der Ärzte von früher. Nebenbei bemerkt hat der Anthropologe Alfred Louis Kroeber in seinem Buch *Yurok Myths* (1942) in einer Geschichte die Ausbildung unserer Vorfahren dokumentiert.

Mamie sagte, sie sei dieser Meerjungfrau zum ersten Mal als junges Mädchen begegnet, als sie bei den Felsen Seegras sammelte. An jenem Tag war sie sehr traurig, denn sie hatte das Gefühl, daß die anderen, weißen, Mädchen in der Schule immer an ihr herummäkelten. Sie machten sich über sie lustig, weil sie sich durch Rasse, Hautfarbe, Überzeugungen und indianische Lebensweise von ihnen unterschied, aber Mamie wollte ihr indianisches Erbe und ihre indianische Kultur nicht aufgeben, nur um von ihnen akzeptiert zu werden. Als sie unten an der Küste war und Seegras sammelte, dachte sie über dieses Problem nach. Sie fing an zu weinen, weil sie sich zurückgewiesen, sehr traurig und einsam fühlte und sich nach einer Freundin sehnte. Da hörte sie plötzlich von irgendwoher ein Singen und blickte um sich. Sie konnte niemanden sehen. Sie ging sogar zum Gelände des alten Dorfes in der Nähe des Friedhofs, um festzustellen, ob das Singen vielleicht von dort käme, von einem Menschen, einem Geistwesen oder ähnlichem, und sie bekam Angst. Der Gesang und auch die Wellen, die auf den Strand spülten, wurden lauter, und ein mysteriöser Wind erhob sich. In ihrer Verwirrung versuchte sie davonzulaufen, stolperte aber über einige Felsen und fiel ins Meer. Sie glaubte, sie müßte ertrinken, und rief um Hilfe.

Als sie zum drittenmal unterging, wurde sie plötzlich von jemandem gepackt und auf einen großen, flachen Felsen gezogen. Dieser Jemand war eine junge und schöne Indianerin mit großen fischähnlichen Augen und langen, schwarzem Haar, und ihre untere Körperhälfte war die eines Fisches. Sie sagte, Mamie solle keine Angst vor ihr haben, sie hieße Tsurai-wa und sei ihre Freundin. Sie lehrte Mamie ein spezielles Lied und sagte, sie würde ihr ein langes, beschütztes und glückliches Leben schenken, und sie riet Mamie, sich niemals Sorgen zu machen, ob andere sie akzeptierten, sie werde immer Freunde haben. Die Worte dieses Wunderwesens wurden Wirklichkeit. Mamie erreichte ein hohes Alter und war eine sehr schöne Frau, die nicht nur bei Indianern, sondern auch bei Nichtindianern beliebt war. Sie wurde auch eine geschickte Korbflechterin und spirituelle Frau, bei der andere oft um Rat und Gebet baten.

Lange Schlange

In kenne diese Geschichte von meiner Tante Auntie Grace Davis, einer bekannten Korbflechterin meines Volkes. Sie handelt von einer armen, jungen Indianerin, die vor langer Zeit in der Stadt Orleans lebte (die Karuk-Indianer nannten diesen Ort Pa-nam-a-neek).

Diese Frau heiratete einen armen, behinderten Mann, der nicht gut für sie sorgen konnte. Andere Indianerinnen heirateten Männer, die gute Jäger und Fischer waren oder besonders viel Glück und eine gute Hand beim Glücksspiel hatten, und die Frauen gesellschaftlich höhergestellter Schichten konnten es sich leisten, Medizinmänner oder indianische Ärzte zu heiraten. Aber diese Frau, die aus einer armen Familie stammte, keine besonderen Fertigkeiten besaß und vielleicht auch nicht allzu attraktiv war, mußte nehmen, was sie bekam. Ihre Cousinen und andere Frauen machten sich über sie lustig, und das verletzte ihre Gefühle. »Er ist ein guter Mann« sagte sie, »aber ein schlechter Versorger, und das führt zu Not und Armut.«

Da begann die junge Frau sich ihrer selbst und ihrer Ehe zu schämen. Jeden Tag ging sie hinunter an die Stelle, wo der Bach in den Fluß mündet, um die Reusen zu kontrollieren und Feuerholz zu sammeln, und fast jeden Tag schimpfte und jammerte sie vor sich hin. Manchmal weinte sie, und an anderen Tagen wiederum wünschte sie, es gäbe einen Ausweg aus ihrer schlimmen Lage.

Die Geister hatten wohl Mitleid mit ihr, denn eines Tages fand sie ein großes Schlangenei. Sie nahm es mit nach Hause und zeigte es ihrem Mann, aber der bekam es mit der Angst. Er wollte, daß sie das Ei wieder zurücktrug. Sie aber ging flußabwärts und erzählte ihrem Onkel davon. Der Onkel sagte, daß sie von Glück sprechen könne, daß sie sich um die Schlange kümmern und sie um Hilfe bitten solle. Dann würde die Schlange ihr Glück und Wohlstand und fast alles, was sie sich wünsche, bringen.

Die Prophezeiung ihres Onkels wurde wahr. Nach einiger Zeit brach das Ei, und eine sehr lange Schlange schlüpfte aus. Von da an lebte die Schlange mit ihr im Haus zusammen. Sie wurde ihr Freund, und die Frau fütterte und versorgte sie. Die Schlange sprach sogar in Träumen zu ihr und erzählte ihr Geheimnisse: wie sie spezielle, Glück und Wohlstand bringende Lieder singen solle, um ihrem Mann zu helfen; wo mehr Fische zu finden waren, und sogar, wie sie andere Männer dazu bringen konnte, mit ihr zu flirten und ihr das Gefühl zu geben, schön und attraktiv zu sein.

Zuweilen fand sie auch kleine Goldklumpen, die sie bei den Weißen gegen Nahrung und andere Materialien eintauschte. Sie hatte mehrere Kinder, die heranwuchsen und sie immer mehr beanspruchten. Aber die Kinder lösten auch neue Konflikte mit ihrem Mann aus, denn er konnte die lange Schlange noch immer nicht leiden, und oft neckten ihn Verwandte, daß die Kinder gar nicht alle von ihm wären – es gab Gerüchte, daß seine Frau ihn mit vielen anderen Männern betrogen habe. Sie wies das stets zurück, war jedoch innerlich sehr froh, weil es nun gelegentlich sogar vorkam, daß Männer ihretwegen aneinander gerieten.

Die lange Schlange wurde immer größer und länger, und sie verlangte nach immer mehr Futter. Obwohl sie Glück und Wohlstand brachte, schien sie den Wohlstand schneller zu verschlingen, als er zu bekommen war. Der Mann flehte seine Frau an, die Schlange loszuwerden, weil sie zu groß und aggressiv wurde, und außerdem machte er sich Sorgen um die Kinder. Die Frau wurde böse und schickte ihn fort.

Ungefähr eine Woche verging, und ihr Mann kehrte nicht zurück. Sie mußte selbst Nahrung beschaffen und alles, was sonst so nötig war, und sie hatte niemanden, der ihr bei der Beaufsichtigung der Kinder geholfen hätte. Eines Tages geschah etwas Schreckliches. Sie ging zum Laden, um Lebensmittel und andere Vorräte zu besorgen, und ließ die Kinder zu Hause zurück. Unterwegs flirtete sie mit verschiedenen Männern und hoffte, einen neuen Liebhaber und Partner zu finden (hierfür verwendete sie das Liebeszauberlied und die Kraft, die sie von der langen Schlange bekommen hatte). Außerdem wollte sie einige Männer mit dieser besonderen Kraft so bezaubern, daß sie ihr die Waren zusammenpackten und nach Haus trugen. Schließlich war es ihr in letzter Zeit immer gelungen, andere für sich arbeiten zu lassen. So hatte sie Leute dazu gebracht, ihr das Haus zu reparieren, Reusen für sie zu fertigen und sie mit Hirschfleisch und Eicheln zu versorgen – seit sie die lange Schlange als Haustier hatte, konnte sie fast all ihre Wünsche mühelos durchsetzen.

Nach Sonnenuntergang kehrte sie nach Hause zurück und rief nach den Kindern. Niemand war zu Hause, nicht einmal die lange Schlange. Sie suchte überall nach ihnen und dachte, daß vielleicht ihr Mann zurückgekommen sei und die Kinder mitgenommen habe. Aber sie war so lange von zu Hause fort gewesen, daß in der Zwischenzeit alles mögliche geschehen sein konnte. Die Männer, die sie begleiteten, bemerkten auf der Erde eine lange Spur, die vom Haus hinunter zum Fluß führte. Die Frau suchte überall, weinte und hatte plötzlich schreckliche Angst um ihre Kinder. Die Männer und die Frau folgten der langen Schlange hinunter zum Fluß und konnten gerade noch sehen, wie sie ins Wasser hineinglitt. Man hat die Schlange und auch die Kinder nie wieder gesehen. Die Frau, die die lange Schlange als Haustier gehabt hatte, mußte den Rest ihres Lebens in Einsamkeit, Schande, Krankheit und Armut verbringen.

Die Grizzlybärin und das Kolibriweibchen

Diese Geschichte erzählte mir meine Tante Geneva Maats. Sie war eine Zeremonialfrau vom Stamme der Yurok, besaß großes Wissen und war die einzige Frau bei den Indianerstämmen im Nordwesten Kaliforniens, die ihre eigene Indianerhütte und traditionelle Schwitzhütte hatte. Sie hielt oft Vorträge und trug den Kindern in den Schulen im Rahmen von Indianerbildungsprogrammen und auf unseren Zeremonien Geschichten vor. Sie sagte, wir müßten lernen, jedes Lebewesen in der Natur zu respektieren, denn jedes Lebewesen sei eine Quelle guter oder auch schlechter Macht, und wir Menschen könnten von jedem Lebewesen in der Natur etwas lernen. Sie sagte, daß die Natur nicht nur voller Geister, sondern auch voller Geschenke sei. Oft warnte sie, wenn wir die Natur nicht respektierten und nicht für sie sorgten, würden wir die Geschenke, die die Natur uns zu geben habe, verlieren. Sie erinnerte uns immer daran, daß alles, was wir Menschen zum Überleben, zur Heilung oder zum Leben allgemein brauchen, von der Erde und aus der Natur stammt. Und hier ist die Geschichte über die Grizzlybärin und das Kolibriweibchen, die sie mir erzählte.

Vor sehr langer Zeit ging die Grizzlybärin umher und aß alles, was sie finden konnte. Sie wollte sich für den Winter und den langen Winterschlaf ein Fettpolster anfressen. Die Grizzlybärin hatte eine sehr starke Heilkraft und war sehr weise, aber manchmal etwas ungeschickt. Viele Menschen hatten Angst vor der Grizzlybärin wegen ihrer Größe, und obwohl sie die meiste Zeit allein lebte, jagten ihre ungeschickte und plumpe Art den Menschen Angst ein.

Eines Tages im Spätherbst grub sie überall nach Wurzeln. Sie hatte bereits eine Menge Lachs, Eicheln und Beeren gefressen und war so fett und aufgebläht, daß sie die steile Waldböschung zu ihrem Bau nicht mehr hinaufsteigen konnte. Sie fiel hin und schrie vor Schmerz, dann fing sie an zu brummen und machte einen solchen Lärm, daß sogar der Elch, der Kojote, der Wolf und der Hirsch vor ihr davonliefen. Sie bat, jemand möge ihr wegen der schlimmen Magenschmerzen helfen und sie beim Gehen stützen. Aber alle hatten Angst, bis auf den Blauhäher und die Eule. Deren Hilfe wollte die Grizzlybärin aber nicht, denn sie sagte, sie besäßen schlechte Kräfte (Die Grizzlybärin dagegen besaß keine schlechten Kräfte, auch wenn jeder Angst vor ihr hatte).

Sie begann so laut zu brummen und so viel Lärm zu veranstalten, daß niemand ihr helfen konnte. Sie flehte den Großen Schöpfer und die Geister der Natur an, ihr in irgendeiner Weise zu helfen. Da kam ganz unverhofft das Kolibriweibchen vorbeigeflogen und entdeckte die Grizzlybärin, die solche Schmerzen litt. Das Kolibriweibchen fragte: »Was ist los mit dir, meine große Schwester?«

Nachdem das Kolibriweibchen von den Leiden der Grizzlybärin gehört hatte, sagte es: »Nun, ich bin zwar klein, aber ich habe viel Kraft.« Dann schoß es wie eine Kugel steil nach oben in die Luft in Richtung der Sonne, ließ ein Summen ertönen und sang ein heiliges Lied. Dann flog es geradewegs in das Maul der Grizzlybärin, schoß durch ihren ganzen Körper hindurch und kam am After wieder heraus.

Die Grizzlybärin wurde mit einer solchen Wucht und in einer solchen Schnelligkeit von soviel Licht, Energie und Kraft durchdrungen, daß ein Großteil der Nahrung mit aller Vehemenz wieder hinten und vorne bei ihr herauskam und sie den Abhang hinunter in den Fluß fiel. Danach wurde die Grizzlybärin wieder gesund, und sie und das Kolibriweibchen sind seitdem die besten Freundinnen und helfen einander sogar bei der Behandlung von Patienten.

Die Fröschin und das Feuer

Der Frosch gilt als Quelle guter Kraft und ist unserem Volk heilig. Die Kröte dagegen gilt als Quelle schlechter Kraft und ist in der Regel Schutzgeist und Helfer von Hexenmeistern. Der Frosch ist Arzt und arbeitet mit dem Mond, den Wassergeistern und sogar mit dem Feuer zusammen. Die Froschkraft ist eine alte und esoterische Wissensform, die von einer Medizinfrau zur anderen weitergegeben wird, wenn sie die jüngeren Schamaninnen einweist, wie sie bestimmte Kräfte zum Schutz, zur Heilbehandlung, zum Herbeirufen von Regen und für Zeremonien anrufen können. Hier ist eine alte Geschichte, die eine unserer Ältesten mich lehrte. Sie hieß Bonita Masten, war Bürstentanz-Medizinfrau, Schwester des indianischen Yurok-Arztes Calvin Rube und Tochter der bekannten Yurok-Ärztin Nancy Rube vom Dorf Wahsek am Klamath River, in der Nähe von Weitchpec. Bonita war eine meiner Mentorinnen, und die folgende Geschichte kenne ich von ihr.

Vor langer Zeit hatten die Indianer keine Möglichkeit, sich zu wärmen. Die Frauen und Kinder litten unter der Kälte und Feuchtigkeit in den vertieft gelegenen Plankenhäusern und beklagten sich bei den Männern darüber. Aber die Männer wußten nicht, was man dagegen hätte tun können.

In der Zwischenzeit hatte ein junges Mädchen seine erste »Mondzeit«, und die Familie und die Menschen fühlten, daß sie eine sehr starke Kraft besaß. Sie hatten Angst, und obwohl der Kojote ihnen gezeigt hatte, wie man eine Zeremonie dafür abhalten mußte, wußten sie nicht, woher sie Feuer bekommen sollten.

Das junge Mädchen saß mit einer Hirschfelldecke über dem Kopf in der Vertiefung der Mondzeremonialhütte. Ihm war kalt, und es hatte Hunger und Angst. Die Decke, die Körper und Kopf des Mädchens bedeckte, zwang sie, nach innen, in sich selbst, zu schauen, zwang sie zu einer Form der Meditation, die sie in Kontakt mit ihrem Geist und ihrer Seele bringen sollte. Sie war auf Visionssuche.

Die Nacht schritt voran, und es wurde kälter. Das Mädchen fing an zu weinen, und Großmutter Mond hatte Mitleid mit ihm. Großmutter Mond sandte die Fröschin, damit sie das junge Mädchen aufsuche. Die Fröschin setzte sich in die Vertiefung und begann zu singen, damit das Mädchen auf sie aufmerksam würde. Wenig später sah man in der Ferne Blitze aufleuchten und hörte Donnergrollen. Ein Blitz schlug in einem Baum auf der anderen Seite des breiten Flusses ein, aber die Strömung war so stark, daß niemand den Fluß überqueren konnte, um das Feuer zu holen. Der Kojote dachte, scine Kraft reiche aus, und er sprang in den Fluß, um an das andere Ufer zu schwimmen, wurde aber von der Strömung mitgerissen. Die Otterfrau war eine gute Schwimmerin, also machte auch sie einen Versuch, und es gelang ihr tatsächlich, ans andere Ufer zu gelangen, aber es war ihr unmöglich, ein Stück des brennenden Holzes zurückzubringen. Sogar ein Lachsweibchen bot ihre Dienste an, aber ihr nasser und schlüpfriger Körper konnte die heißen Kohlen nicht halten, und darum hat sie auch heute noch so viele rote Stellen an ihren Kiemen und manchmal auch Kohleabdrücke an ihrem Körper. Da kam die Fröschin und sagte: »Ich bin eine gute Schwimmerin, und hier habe ich meinen kleinen Korb aus Weidenwurzeln. Darum will ich das Feuer holen, um den Menschen zu helfen und die Zeremonien zu ermöglichen.«

Die Fröschin sprang tief in den Fluß hinein und unter die schnelle und tobende Strömung. Sie nahm einige heiße Kohlen vom unteren Teil des brennenden Baumes, legte sie in ihren Korb und schwamm zurück.

So kam das Feuer zu den Menschen. Es veränderte ihre ganze Lebensweise. Das Feuer findet Verwendung bei Zeremonien, zum Kochen, zum Herstellen von Werkzeugen und für die Brandrodung der Wälder, so daß neue Pflanzen und Kräuter und das Material für Körbe wachsen. Die Menschen können sich mit dem Feuer wärmen. Sie müssen nur Weidenwurzeln aneinanderreiben und können dann überall und jederzeit ein Feuer entfachen. Die Fröschin ist heilig, das Feuer ist heilig, traditionelles Wissen wie dieses ist heilig – lerne es zu respektieren.

Die alte Hexe

Es war einmal eine alte Frau, die im Hupa-Gebiet lebte. Jeder sagte, sie sei eine Hexe. Sie war geizig und häßlich und ganz gekrümmt, und sie besaß ein Stück Land, auf dem die besten Eicheln wuchsen. Auch in schlechten Zeiten, in denen die Natur und das Wetter nicht mitspielten, schienen ihre Eicheln prächtig zu gedeihen, während die Ernte bei anderen schlecht ausfiel. Die Menschen gingen zur alten Hexe und baten sie um einige Eicheln. Sie sagte, sie sei keine Hexe, sondern Ärztin, und darum müßten die Menschen ihr für einige ihrer Eicheln sehr viel Geld bezahlen. Die Leute waren nicht der Ansicht, daß sie ihr dafür etwas geben müßten, denn die indianische Kultur lehrt uns zu teilen, sogar mit unseren Feinden. Sie hielten die alte Hexe für habgierig und gemein.

In schweren Zeiten kam es darum vor, daß Menschen versuchten, heimlich in ihr Eichenwäldchen einzudringen und ihre Eicheln zu stehlen. Das glückte ihnen allerdings nicht, denn die alte Hexe und die Blauhäherin waren befreundet. Jedesmal, wenn jemand sich einzuschleichen versuchte, hob die Blauhäherin an zu kreischen und zu schreien, daß es im ganzen Wäldchen widerhallte, und warnte so die alte Frau.

Das war wahrscheinlich der Grund, warum jeder sie für eine Hexe hielt, denn die Blauhäherin ist ein schöner Vogel mit schönen blauen Federn, aber sie ist gemein und laut. Sie ist ein schlechter Vogel und besitzt eine schlechte Kraft. Die Blauhäherin kann Würmer in Menschen hineinjagen und sie krank machen, und Hexenmeister verwenden sie zu diesem Zweck, um sich dann selbst als Ärzte auszugeben und eine Menge Geld für eine Heilung zu verlangen. Während der Heilzeremonie singen sie das Lied der Blauhäherin, tanzen und veranstalten ein großes Tamtam, um Eindruck zu schinden. Auch tragen sie besondere Insignien, die den Patienten beeindrucken und sie wichtig aussehen lassen. Heimlich, still und leise entfernen sie dann ihren Wurm aus dem Körper des Patienten und »vertreiben« so den Schmerz und die Krankheit. Danach geht es dem Patienten zunächst wieder gut, aber nach einigen Tagen oder einer Woche erkrankt der Patient von neuem. Er wendet sich erneut an die Blauhäher-Ärztin und bittet um weitere Heilung, aber die Hexenärztin verlangt noch mehr Geld. So kehrt der Patient immer wieder wegen der gleichen Krankheit und des gleichen Problems zu ihr zurück.

Unsere älteren Indianer vergleichen die alte Hexe mit dem Arzt des weißen Mannes: Er (und der Apotheker) sei wie die alte Hexe, die ihr eigenes Eichenwäldchen besitzt und den Menschen nur etwas abgibt, wenn sie ihr viel Geld zahlen. Und der Patient geht immer wieder wegen der gleichen Krankheit zu ihm zurück. Vielleicht sind Blauhäher so etwas wie eine Inkasso-Agentur. Das wollte mir die Medizinfrau der Hupa Georgina Matildon, eine meiner Mentorinnen, mit dieser Geschichte sagen.

Sie sagte auch, daß der Goldspecht und der Kolibri gute Ärzte seien – sie verlangen für das Heilen nichts, akzeptieren aber Geschenke oder Gaben des Patienten als Ausdruck von Respekt – und wenn die Menschen zu Ärzten von dieser Art gingen, würden sie in der Regel auch gesund. Diese Ärzte teilen ihren Besitz mit den Menschen. Das Geld kommt dadurch wieder zurück, daß die Ärzte in der Regel einen Teil ihres Besitzes für die heiligen Tänze zur Verfügung stellen.

Der Klapperschlangenarzt

Es war einmal eine ältere Wintun-Indianerin, die in Hayfork lebte. Sie hieß Ida Sist und war eine kleine Frau. Sie war nur einen Meter fünfzig groß und wog weniger als sechsundvierzig Kilo, aber laut der Legende war sie eine sehr starke Ärztin und besaß sehr viele Kräfte.

Ich glaube, sie war vor allem auf psychische Krankheiten und Probleme im Zusammenhang mit Hexerei spezialisiert, obwohl sie auch Schlangenbisse und von giftigen Insekten verursachte Krankheiten heilte. Es scheint, daß Menschen mit seelischen Krankheiten und Problemen, die mit Hexerei zu tun hatten, sie aufsuchten und in der Regel gesund wurden.

Einige der Menschen, die zu ihr kamen, waren Holzarbeiter, große und kräftig gebaute Männer. Sie sang und tanzte, und für die Behandlung und zum Umtanzen des Patienten verwendete sie Ohrringe aus dem Schwanz der Klapperschlange und trug ein Kopfband aus Klapperschlangenhaut.

Vielleicht wurden die Menschen vor lauter Furcht wieder gesund, denn manchmal kamen während der Behandlungszeremonie Klapperschlangen in ihr Haus und tanzten mit ihr. Aber niemand wurde je von ihren »Hilfsschwestern« gebissen. Sie lebte lange, und auch heute noch kann man ihre Lieder hören, wenn man oben auf dem Hayfork Mountain eine Pause macht. Aber wenn man an der Straße anhält, um zu lauschen, kann es sein, daß man dabei unerwarteten Besuch bekommt, wie das bei meinem Mann und mir vor etlichen Jahren der Fall war. Mein Mann hörte ihre Lieder und geriet außer sich. Er stieg aus dem Wagen und begann Wurzeln zu verbrennen und zu beten. Ich war gerade am Aussteigen und wollte ihm helfen, als ich plötzlich einen ganzen Haufen Klapperschlangen sah, die alle auf meinen Mann zuglitten. Er verlor seine Fassung und tanzte mit ihnen eine ganze Zeitlang, wurde aber von keiner gebissen, auch nicht, nachdem die Sonne untergegangen war. Ich mußte ihn zur Behandlung zum Haus von Calvin Rube bringen. Calvin versuchte eine Zeitlang, ihn zu behandeln, gab es dann aber auf. Er sagte, er könne meinem Mann nicht helfen, weil die Kraft und der Geist von Ida Sist auf ihn übergesprungen sei. Ich bin froh, daß es ihn traf und nicht mich: ich glaube nämlich nicht, daß dieser Geist sich mit den Habichten vertragen würde.

12
Pubertätsritual
und Mondzeremonie der Frau

Frauen durchlaufen im Leben verschiedene Stadien, genau wie Mutter Erde, Großmutter Mond und die heiligen Seen Veränderungen und Zyklen mitmachen. Für eine Frau bedeuten diese Veränderungen entweder eine positive Entwicklung oder eine Lebenskrise, immer aber steht ihr Körper dabei im Zentrum der Veränderungen, und diese Veränderungen beeinflussen auch Gefühle, Geist und Seele. Die Kräfte der Natur wirken sich auf die Kraft aus, die uns Leben spendet, nämlich auf unser Blut. Aus diesem Grund stellten die traditionellen Indianerinnen schon vor langer Zeit die Frage: Ist die Menstruation ein Fluch oder ein Segen? Ich denke, alles hängt von der eigenen Einstellung ab, wie man sie erlebt, und was einem darüber beigebracht wurde. So oder so muß man sich als Frau mit der Menstruation auseinandersetzen, ob man will oder nicht.

Einige Frauen betrachteten die »Mondzeit«, wie wir die Menses nennen, als Gelegenheit, psychische und spirituelle Ganzheitlichkeit zu finden. Andere wiederum, in der Vergangenheit wie auch heute, betrachten sie nur als etwas sehr Unangenehmes. In jedem Fall stellt die Menses einen entscheidenden Moment für die Frau, ihre Familie, die Gemeinschaft und den Stamm dar, denn sie bringt eine Zeit tiefer Veränderung und bedeutet die Begegnung mit Furcht, Streß und unbekannten Kräften. Ihre Kraft kann positiv, negativ oder auch beides zugleich sein, und das macht sie nur noch mysteriöser, verwirrender, schwerer zu kontrollieren und mächtiger als andere Kräfte der Natur. Ihre Kraft ist ein erstklassiges Beispiel für das universelle Gesetz kosmischer Dualität, weil sie sowohl eine positive wie auch eine negative Seite hat. Etwas derart Mächtiges macht ein Ritual oder eine Zeremonie erforderlich, damit diese Kraft erlebt, verstanden und wirkungsvoll angewandt werden kann.

Wir haben dieser Zeremonie den Namen Mondzeremonie gegeben, weil die »Mondzeit« unter dem Einfluß der Kraft des Vollmondes stand und steht und weil wir unsere Zeremonie bei Vollmond abhalten und dabei diese traditionelle Kraft in positiver Weise nutzen, um im monatlichen Zyklus Gesundheit, Spiritualität und Ausgeglichenheit zu bewahren. Es ist eine Zeit, um negative Energie zu entladen und positive Energie zu regenerieren, und diese Energien müssen gezähmt, kultiviert und aufeinander abgestimmt werden. Andernfalls geraten die Zyklen außer Kontrolle und werden für die Frau und die Menschen in ihrem Umfeld schädlich.

In den traditionellen Kulturen weltweit hat man die Frauen dazu erzogen, stolz auf ihre Menses zu sein und sie als Quelle natürlicher Stärke, Kraft und Spiritualität zu betrachten. Die Frauen feierten ihre Menses und hatten spezielle Zeremonien dafür. Die jahrelangen Erfahrungen im Umgang mit der »Mondzeit« hatten zu der Einsicht geführt, daß man sie respektieren, schützen, pflegen und bewahren solle. Und obwohl die Männer sie fürchteten, nicht verstanden und wahrscheinlich auch die Opfer, die ihnen im Rahmen ihrer Kooperation abverlangt wurden, nicht mochten, begannen auch sie, sie mit der Zeit zu respektieren. Trotz möglicher Gefahren begannen die Männer in ihrem täglichen Leben ihren Frauen, ihrer Familie und ihrem Volk zuliebe Rücksicht auf die Mondzeit zu nehmen. Man beging sie auf religiöse Weise, und um die Menses entstand eine eigene Glaubensform. Die religiöse Herangehensweise gab den Frauen Macht.

Heute schämen sich einige Frauen ihrer Menstruation. Nur sehr wenige Frauen haben wirklich eine Vorstellung von der damit verbundenen »Macht«, und ich kenne einige Frauen aus verschiedenen Völkern und Kulturen, die ihre Menses tatsächlich hassen. Für einige Frauen und Männer gilt sie als Fluch. So wie man diese Frauen erzogen hat, erfahren sie auch die Realität. In der westlichen Gesellschaft erfahren junge Mädchen (darunter auch Indianerinnen, die nicht in ihrer traditionellen Kultur aufwachsen) in der Regel alles über die negativen Aspekte und so gut wie nichts über die positiven Aspekte der Menses. Sie erhalten kaum Anleitung von ihren Müttern, ihren Familien, der Schule oder Kirche. Sie haben in der Regel negative Empfindungen wie Furcht, Angst und Verwirrung und falsche Vorstellungen über die Menses. Das mag zu negativen Erfahrungen führen, so daß ihr ganzer Zyklus mit Negativität belastet wird. Eine solche Negativität bringt diese Frauen aus dem Gleichgewicht und macht sie krank, und sie verlieren ihre Selbstachtung. Ich weiß das aus eigener Erfahrung. Als ich jünger war, empfand ich das gleiche Scham- und Schuldgefühl und erlitt einen spirituellen Zusammenbruch, weil man mir beigebracht hatte, die Menses als etwas Negatives zu erfahren.

Denken Sie an Ihre eigenen Erfahrungen. Was geschah bei Ihrer ersten Periode? Wie fühlten Sie sich damals? Wie kamen Sie mit der plötzlichen Verwandlung vom Kind zur Frau zurecht? Wie gingen Sie mit den Blutungen, den Beschwerden und dem Mangel an Informationen um, die diesen »ersten Übergangsritus« der westlichen Zivilisation begleiten? Wie viele Broschüren hat man Ihnen gegeben, wie viel Rat und Aufmunterung erhielten Sie, welche Art Mentor wies man Ihnen zu, um diesen Übergang zu begehen? Und wie viel Spiritualität lehrte man Sie? Wie oft erhielten Sie von Ihrer Familie, von Gleichaltrigen, Freunden und der Gemeinschaft eine negative Verstärkung? Hörten Sie Kommentare wie »Ach, sie hat ihre Tage, laßt sie doch in Ruhe!« Wie viele Male nannte man Sie »Weibsstück«, und Sie begannen sich folglich als etwas Niederes und Schlechtes zu fühlen und sich entsprechend zu verhalten? Und welche Auswirkung hatte all das auf ihr Selbstbild, ihre Identität und Selbstachtung?

Auch wenn das Mensesritual in Nordamerika von Stamm zu Stamm etwas unterschiedlich ist, begingen die meisten Stammeskulturen die Menses in religiöser Weise. Es gibt Stammesmythen, laut denen der Kojote die erste Monatsblutung verursachte. Der Kojote hatte einen gemeinen und unmoralischen Charakter; er schlich gerne umher, um die jungen Mädchen zu begucken und zu sehen, wie sie sich entwickelten. So konnte er planen, welche der Mädchen er stehlen und zu seinen Frauen machen würde.

Eines Tages war er mit Pfeil und Bogen auf der Jagd. Er gedachte, auf einige junge Mädchen zu zielen, die gerade in der Nähe des Teiches Kräuter sammelten. Er wollte ihnen zuerst Angst einjagen und sie zum Laufen bringen, um zu sehen, wie schnell und stark sie waren, und dabei aber auch gleichzeitig die Größe ihres Busens und Pos feststellen. Darum sang er sein Liebeslied in voller Lautstärke und tat so, als ob er sie jagen wollte. Er machte sich einen Riesenspaß daraus, sie herumzuscheuchen, bis er plötzlich hinfiel, wobei sein Pfeil abrutschte und eines der jungen Mädchen in den Unterleib traf. Sie lag da und blutete, und sie weinte und hatte Angst. Die älteren Frauen kamen aus dem Lager angelaufen und jagten den alten Kojoten fort. Sie gaben ihm schlimme Schimpfnamen, die den Kojoten wütend machten.

Darum sagte er zu ihnen: »Mit mir könnt ihr nicht so reden. Ich bin der Kojote. Von heute an werde ich einen Fluch auf alle eure jungen Frauen legen. Jede junge Frau wird ungefähr in diesem Alter bluten, Angst bekommen und sich unwohl fühlen. Ich werde euch zeigen, wieviel Kraft ich besitze.«

Aber die älteren Frauen besaßen auch Wissen und Kräfte. Sie beschlossen, an dem jungen Mädchen eine Heilbehandlung durchzuführen. Sie sammelten an Teich und Bach Weidenruten und errichteten eine spezielle Hütte ähnlich der Männerschwitzhütte und schufen einen heiligen Ort. Sie sangen, tanzten und beteten für das junge Mädchen und riefen die Kraft der

Großmutter Mond an, um bei der Heilung des Mädchens zu helfen. Sie behandelten das Mädchen mit Blumen und Kräutern und lehrten es, wie es, durch kreatives Träumen und mit Hilfe der aus Träumen gewonnenen Schutzgeister, die Furcht überwinden könne.

Die älteren Frauen lehrten das junge Mädchen, das seine erste Menstruation hatte, über seinen Zustand zu meditieren und nachzudenken, seine Situation zu analysieren, mit seinem Körper und dessen komplexen Funktionen Kontakt aufzunehmen und seine neue Quelle der Macht, die nun mit negativen und positiven Energien durch seinen Körper strömte, zu kultivieren. So gelang es dem Mädchen, den Fluch in einen Segen zu verwandeln. Anschließend versammelten sich alle Stammesmitglieder und feierten. Sie lobten und belohnten das junge Mädchen für ihre Leistung. So entstand die »Mondhütte« und das heilige Ritual der Mondzeremonie.

Mein Stamm kannte mehrere unterschiedliche Arten des Mondrituals. Die Frauen entwickelten die indianischen Bräuche und Gesetze für die Mondzeit selbst, und die monatliche Isolation in dieser Zeit war eine Entscheidung der Frauen. Die Männer hatten nicht die Macht, in den Angelegenheiten von Frauen wichtige Entscheidungen zu treffen. So war das bei vielen verschiedenen Stammeskulturen. Allerdings war es für die Frauen wichtig, welche Beziehung die Männer zu dieser Macht, diesem Lebenszyklus und der Menstruation hatten, und so förderten sie ein System der Kooperation und des Respekts.

Der Pubertätsritus für die jungen Mädchen meines Stammes trug den Namen Blumentanz, weil man ursprünglich bestimmte Blumen und Kräuter auf den Kopf sowie die Hand- und Fußgelenke des jungen Mädchens legte, um es, in Anlehnung an den Mythos, gegen das, was der Kojote ihm angetan hatte, zu behandeln. Die Blumen sind auch ein Symbol für die weiblichen Kräfte und Energien der Natur wie auch für Reinheit, für Fruchtbarkeit und alles Schöne.

Kurz vor dem Einsetzen ihrer ersten Menstruation geleitete man das junge Mädchen zu einer eigens vorbereiteten Mondhütte. Schon als Kind war das Mädchen von Mutter, Tanten und Großmüttern, die immer sorgsam nach den ersten Menstruationsanzeichen Ausschau hielten, auf diesen Moment vorbereitet worden. Weil man es an dieses Ereignis richtig herangeführt hatte, freute sich das junge Mädchen auf den Blumentanz und sah ihm voller Aufregung, Stolz und Spannung entgegen. Doch war da auch noch ein gewisses Gefühl der Angst, Verwirrung und Beunruhigung, obwohl das Mädchen die älteren Schwestern, die Mutter, die Tanten und Cousinen schon von diesem Ritual und seiner Bedeutung hatte sprechen hören. Im Innersten fragte es sich: »Welche Art Vision werde ich wohl haben?«

Um sich zu reinigen, mußte das Mädchen zehn Tage von der Gesellschaft isoliert leben, bis es das »Erwachen der Weiblichkeit« erreichte. In der Hütte durfte es weder Wasser noch Essen zu sich nehmen, nur ein paarmal am Tag etwas Eichelsuppe oder indianische Kartoffelsuppe, und es mußte sich konzentrieren. Das Mädchen durfte nicht den Himmel, andere Menschen oder die Tänzer betrachten, da dies die Entwicklung seiner Meditation und Kräfte schwächen konnte. Es saß in einer Ecke der Hütte mit dem Gesicht nach Osten (der Quelle von Licht, Wiedergeburt und Erleuchtung), mußte aber den Kopf mit einem Hirschkuhfell bedecken und zur Introspektion, Besinnung und Seelensuche in sich gehen. Während die negative Energie sich aus seinem Körper entlud, versuchte das Mädchen, das elektromagnetische Kraftfeld der Erde zu erspüren und in ihren Körper aufzunehmen, um sich zu regenerieren. Vor ihm brannte ein heiliges Feuer, das ihm Wärme und hypnotische Flammen zur Meditation spendete. Mit einer Rassel in der Hand konnte das Mädchen alte Gebetslieder für sich singen und die Geister der Ahnen und Vorväter um Unterstützung, Rat und Zuspruch anrufen. Die Schlafenszeit nutzte es, um sich im kreativen Träumen und in der Visionssuche zu üben und seinen Schutzgeist zu entdecken. Mitunter erschienen die Ahnengeister oder Vogel- und Tiergeister in einem Traum oder als spirituelle Erscheinung, um ihm Geheimnisse mitzuteilen oder weise Sprüche mit auf den Weg zu geben, und wurden für das Mädchen zu einer neuen Quelle übernatürlicher Hilfe und Macht.

Der Oberkörper des Mädchens war nackt. Es trug ein Gewand aus Ahornrinde, und oft hockte es sich über eine kleine, mit Sand gefüllte Vertiefung, um das Blut, die Giftstoffe, abgestorbenen Zellen und negativen Energien der Mutter Erde zurückzugeben. Gelegentlich konnte es sich mit einem Lappen aus Kaninchenfell und mit Kräutertee, der mit dem Wasser aus einem heiligen Mondteich und speziellen Kräutern wie Schafgarbe zubereitet war, waschen. Ansonsten durfte sich das Mädchen weder kratzen noch zieren, um bei der Konzentrationsübung Disziplin zu wahren. Das gab ihm die Gelegenheit, sich über seine intuitiven Fähigkeiten, Körpersinne und Körperfunktionen und sein Inneres bewußt zu werden. Am letzten Tag (in unserem Stamm verbrachten die Mädchen zehn Tage in der Mondhütte, heutzutage wird diese Zeit oft auf fünf Tage verkürzt) lief es zum heiligen Mondteich hinauf. Das Laufen nach dem langen Fasten war ein Test seiner Kräfte und der Grenzen seiner Belastungsfähigkeit. Das Mädchen stellte sich genau in die Mitte des Teiches und betete zum Vollmond direkt über ihm. Anschließend betete es zum alten Geist des Wassers, das es umgab. Auf diese Art und Weise stand es genau zwischen zwei mächtigen Naturkräften und bediente sich ihrer beider, um neue Energie zu tanken und wieder ins Gleichgewicht zu kommen. Das Mädchen bat um Kraft, Schutz, langes Leben, Gesundheit, Wohlstand, Weisheit und eine Vision. Manchmal tauchte es auch zum Grund des Teiches, um einen glückbringenden Mondstein zu finden.

Nach der Rückkehr des Mädchens kamen die Tänzer zum letzten Mal heraus, sangen Loblieder und zelebrierten seine Wiedergeburt. Man hielt ein großes Potlach, und die Tänzer gaben dem jungen Mädchen Geschenke, während die Familie des Mädchens an die Tänzer und andere Familienmitglieder Geschenke verteilte. Das war die Hauptzeremonie des ersten Pubertätsritus. In späteren Monaten und Jahren suchte die junge Frau dann die Mondhütte des Dorfes auf, wo sie anderen jungen Frauen, ihrer Mutter, ihren Tanten und Cousinen, die ihre Menses zur gleichen Zeit bei Vollmond durchmachten, von ihren Erfahrungen berichtete.

13
Mondzeremonie
für heutige Zyklen

Für uns Indianerinnen und die meisten Frauen in der heutigen Gesellschaft hat sich die Welt drastisch verändert. Die Geschichte ist Zeuge der Verbrechen, die an unseren jungen Mädchen begangen wurden: man entriß sie ihrer Familie und Kultur und zwang sie in staatliche Schulen und Missionsschulen. Junge Mädchen, die dabei ertappt wurden, wie sie die indianische Gebräuche, Gesetze und die Mondzeremonie einzuhalten versuchten, wurden geschlagen und bestraft, bis sie klein beigaben. Sie wurden gezwungen, den christlichen Glauben anzunehmen, und zu »guten amerikanischen Bürgern« erzogen. Die Überzeugungen und Praktiken unserer heiligen Frauen galten in der westlichen Gesellschaft als dämonisch, als Satanskult und Hexerei. Darum hat man meine Vorfahren auf grausame Weise sexuell belästigt und mißbraucht und sie gezwungen, ihr heiliges Leben aufzugeben und zu vergessen. Es war ihnen auch verboten, ihre Sprache zu sprechen, ihre Lieder zu singen, ihre alten Weisheiten weiterzugeben oder ihre Religion in irgendeiner Form zu praktizieren.

Die neue Generation amerikanischer Indianerinnen änderte sich, um zu überleben. Andere gingen mit ihrem Wissen in den Untergrund und praktizierten ihre Aktivitäten und Lehrmethoden nach Rückkehr in die Reservation im geheimen. Aber jede neue Generation erbte das Gefühl von Furcht, Scham, Schuld und Mißbrauch und eine ganze Reihe von Krankheiten. Dadurch werden die durch westliche Erziehung, Assimilierung, Rassismus, Diskriminierung und den heute in gestörten Familienstrukturen oft anzutreffenden Mißbrauch hervorgerufenen Probleme nur noch verstärkt. Im Laufe der Jahre führte ich bei

vielen meiner westlichen Schwestern indianische Heilbehandlungen durch und stellte fest, daß auch sie in ihrem Leben Mißbrauch und Entbehrungen mitgemacht hatten. Bei einigen
waren die negativen Auswirkungen dieser Ereignisse noch sehr
spürbar. Eine positive Entwicklung hingegen machten die
Schwestern der Erde unter ihnen, die sich der Mondzeremonie
zuwandten, um ihre Menses in spiritueller Weise zu begehen.
Sie selbst können ihre Heilung am besten bezeugen.

Heute sind die meisten indianischen und nichtindianischen
Frauen auf spiritueller Suche, um inneres Gleichgewicht und
Heilung in ihr Leben zu bringen, weil sie in der modernen
Medizin und Wissenschaft keine Antwort und Hilfe finden
können. So haben manche Frauen heute zum Beispiel ernsthafte
Probleme mit ihrem Monatszyklus. Ihre Menstruation kommt
unregelmäßig, und nur selten stimmt sie mit dem Vollmondzy-
klus überein. Sie haben Scheideninfektionen, Pilzinfektionen,
Eierstockzysten, und man führt an ihnen partielle und später
totale Hysterektomien durch. Sie leiden an schwerer Migräne,
übermäßiger Blutung, Perioden abwechselnder Trockenheit
und Bläschenbildung in der Vagina, starkem Blähbauch und
körperlichen Beschwerden, Komplikationen der Blase, Nieren-
infektionen, Arthritis und sogar an Geschlechtskrankheiten und
Krebs. Und nun gibt es noch schlimmere Krankheiten zu
befürchten: Aids und das Ebola-Fieber.

Warum sollten wir Frauen all das mitmachen? Es ist ganz
offensichtlich, daß solche Probleme unsere sexuellen Wünsche,
Bedürfnisse und Freuden stark beeinträchtigen. Es ist kaum
erstaunlich, daß manche Frauen die Monatsblutung als Fluch
betrachten. Ihnen fehlt ein gesellschaftliches System, das ihnen
hilft, mit den Realitäten ihrer Menses umzugehen, und ihnen
ein Gefühl der Macht vermittelt, und sie haben selten die Gelegenheit, ihre Monatsblutung zu zelebrieren, wie das in den alten
Kulturen bei allen Nationalitäten der Menschheit der Fall war.
Ich glaube, es ist Zeit für uns alle, uns als Schwestern der Erde

gegenseitig beim Umgang mit diesem natürlichen Problem zu helfen. Ich will nun mein Wissen und meine Methoden vorstellen, die meinen Schwestern helfen könnten, ihre Zyklen und ihr Leben wieder ins Gleichgewicht zu bringen und einen Teil ihrer persönlichen und spirituellen Macht wieder in ihr eigenes Leben zurückzutragen, wie ich das tun mußte.

Wir sollten folgende spirituelle Philosophie beachten. Mit Beginn der Mondzeit wird die Frau von der Natur auf die gleiche Art und Weise gereinigt, wie die Mutter Erde sich selbst während der Zyklen reinigt. Darum sollte sie zu diesem Zeitpunkt mit den Zyklen der Natur, der Großmutter Mond und dem kosmischen Rhythmus des Universums in harmonischem Verhältnis stehen. Um Geist, Körper und Seele mit den Zyklen in Einklang zu bringen und um Heilung zu erhalten, muß sie sich auf irgendeine Weise religiös isolieren. Sie entscheidet sich selbst für die Isolation, um sich diesem natürlichen Lebenszyklus und den eigenen natürlichen Kräften zu widmen. Dies ist eine heilige Zeit, in der die Frau sich zurückzieht, um sich »neu zu schaffen« und zu erneuern. Es ist eine Zeit der Reinigung, der Besinnung, der Meditation, der Kreativität, des Gebets, des Rituals, der Spiritualität und der Sühne. Es ist eine Gelegenheit, in enge Verbindung mit der Erde, ihren natürlichen Kräften und Zyklen zu treten. Man sollte diese Zeit nicht als eine Zeit der Scham, Schuld und Unannehmlichkeit oder sogar des Fluches betrachten. Sie sollte nicht als Moment sozialer Bestrafung gelten, sondern als Moment persönlichen Wachstums und persönlicher Entwicklung, als eine Zeit der Heilung. Es ist eine private und persönliche Zeit für die Frau, in der sie zu den Kräften des Vollmonds beten, sich in seinem Licht und seiner Energie baden und sich mit Schönheit umgeben soll. Es ist auch eine Zeit, in dem die Naturgesetze und das Gesetz kosmischer Dualität Beachtung finden müssen.

Da die Natur die Frau reinigt, scheidet sie mit ihrem Schweiß, ihren Tränen und ihrem Blut Toxine, Giftstoffe, abgestorbene

Zellen, Keime, Viren und negative Energie aus. Gleichzeitig kann sie sich, wenn sie lernt, diesen Zyklus zu kultivieren und natürliche Kraftquellen zu nutzen, aus dem elektromagnetischen Kraftfeld der Erde mit positiver, kreativer und regenerierender Energie füllen. Aus diesem Grund muß sie sich isolieren und schützen und bestimmte Nahrungsmittel, Drogen, Alkohol, Sex sowie Haushaltstätigkeiten oder soziale, kulturelle und religiöse Aktivitäten meiden. Sie muß ihr Interesse ganz auf sich lenken, um ihre Kräfte zu kultivieren. Sie darf die negativen oder positiven Energien nicht an andere weiterleiten, weil sie, andere Menschen oder Gegenstände dadurch Verletzungen erleiden oder Schaden davontragen könnten.

Da die Mondzeremonie eine private und persönliche Angelegenheit zwischen der Frau, der Erde und Großmutter Mond ist, gilt sie als mystisch. Wird die Zeremonie in wirklich spiritueller Weise verstanden und erfahren, kann sie die Entwicklung von Selbständigkeit, Selbstachtung und persönlicher Macht fördern. Der respektvolle Umgang mit ihrer Menses kann eine Frau enorm stärken. Die Mondzeit ist auch hervorragend für die Entwicklung kreativen Träumens und intuitiver Begabungen, von Visionen, psychischen Kräften und natürlichen Fertigkeiten und Fähigkeiten geeignet. Sie schafft ein spirituelles Stützsystem und eine neue Schwesternschaft, die die Lösung persönlicher Probleme erleichtern können, wenn sie zusammen mit anderen Frauen in zeremonieller Weise praktiziert wird.

Verschiedene Stämme des nordamerikanischen Kontinents hatten für die Mondzeremonie ähnliche Regeln, Bräuche, Überzeugungen und Praktiken, nur die zeitliche Länge der Zeremonie variierte. Im Nordwesten Kaliforniens dauerte die Zeremonie ursprünglich zehn Tage und Nächte, weil die Blutung bei manchen Frauen länger anhielt als bei anderen und sie mehr Zeit benötigten, um sich wieder zu regenerieren. Bei den Stämmen des östlichen Waldlands und den Stämmen im Südwesten dauerte die Zeremonie sieben Tage, während die Plains- und die

Plateau-Indianer, ihrer Tradition folgend, die symbolische Zahl Vier für die Mondzeremonie und die Einhaltung der Einschränkungen verwendeten. Ich empfehle jeder Frau, ihren eigenen Zeitzyklus zu entwickeln, der ihr Zeit für die Blutung und das Ausscheiden der negativen Energien gibt, ihr aber auch noch einige weitere Tage zur Heilung und Entwicklung positiver Energien läßt.

Über fünfzig Prozent der indianischen Frauen in Amerika leben heute außerhalb von Reservationen in Großstadtgebieten. Darum haben sie keinen Zugang mehr zu traditionellen Mondhütten und Zeremonialstätten. Das gleiche gilt für viele Frauen anderer Völker, die keinen Zugang mehr zu ihren traditionellen indischen, afrikanischen oder asiatischen Mondzeremonien und Traditionen haben. Darum sind wir gezwungen, zu improvisieren und uns an unsere Umgebung und die sich ändernden Zeiten anzupassen. Viele Frauen gehen einer Tätigkeit außer Haus nach oder besuchen die Universität und sind zusätzlich im Haushalt voll ausgelastet. Aber wir können und sollten uns selbst zu Hause Zeit für uns nehmen, um allein oder zusammen mit anderen Frauen unsere Menstruation zu begehen und eine Zeremonie für uns abzuhalten. Sie können dabei folgendermaßen vorgehen:

1. Entscheiden Sie, wie Sie dieses Wissen nutzen wollen, und arbeiten Sie einen Plan aus, wie sie es am besten umsetzen können.

2. Lesen und studieren Sie die Bräuche, Überzeugungen und Gesetze, und versuchen Sie, diese so gut Sie können einzuhalten. Machen Sie es sich zur festen Angewohnheit, die Bräuche, Gesetze und Überzeugungen in Ihrem täglichen Leben zu beachten.

3. Finden Sie andere Frauen, die bereit sind, mit Ihnen zusammen eine Mondzeremonie abzuhalten. Treffen Sie Vorkehrungen, um in Ihrem Heim einen heiligen Ort zu schaffen, entweder indem Sie Gästezimmer oder ein Tipi verwenden,

oder indem Sie im Garten hinter Ihrem Haus eine Mondhütte nach altem Vorbild errichten.

4. Sprechen Sie mit Ihrer Familie über die Einzelheiten der Zeremonie, ihren Sinn und die Praktiken, und versuchen Sie, ihre unterstützende Mitwirkung zu gewinnen. In früherer Zeit halfen Tanten, Großmütter, Schwestern und Cousinen, indem sie die häuslichen Pflichten für die menstruierende Frau übernahmen. Heutzutage kann der Ehemann helfen, so wie ich auch meinen Mann dazu brachte, mich zu unterstützen, wenn ich meine Monatsblutung hatte.

5. Erklären Sie allen Freunden, Familienmitgliedern und Besuchern, daß das Mondzimmer, die Mondzeremonialstätte oder die Mondhütte im Garten hinter dem Haus ein heiliger Ort ist und daß Männer, Jungen und schwangere Frauen (die dort akkumulierte Energie könnte bei einer Frau Wehen auslösen) keinen Zutritt haben.

6. Lassen Sie Ihrer Kreativität freien Lauf und gestalten Sie sich Ihr Zimmer nach eigenem Geschmack, und wenn Sie Töchter haben, können Sie sie um Mithilfe bitten. Stellen Sie Ihr Bett neben das Fenster, damit das Licht und die Strahlen des Vollmonds auf Sie scheinen können, während Sie beten, singen, schlafen und träumen. Meiden Sie Fernsehen und Radio sowie sonstige Störungen und Unterhaltungsaktivitäten außer Haus, damit Sie sich ganz auf sich konzentrieren, meditieren und Ihre Kräfte entwickeln können. Beten Sie friedlich und ruhig. Sie können sich mit Perlenarbeiten, Malen, Handarbeiten beschäftigen, wenn Ihnen langweilig ist. Machen Sie es sich zur Gewohnheit, Ihre Träume festzuhalten, Ihre Gefühle und Erfahrungen zu dokumentieren, und arbeiten Sie daran, eigene Probleme oder Probleme anderer Ratsuchender zu lösen.

7. Fasten Sie, indem Sie nur leichte Kost zu sich nehmen. Meiden Sie Fleisch, trinken Sie Kräutertee aus Pfefferminze, Sassafras, Erdbeerblättern, Kamille, Rotklee oder, bei gerin-

ger Blutung, Schafgarbe. Nehmen Sie nicht allzuviel Schafgarbentee zu sich, da die Blutung verstärkt werden könnte. Sie können sich eine Mais- oder Kartoffelsuppe zubereiten, die beide einen hohen Gehalt an Kalium, Kalzium, Zink, Magnesium und für die Regeneration notwendigen Vitaminen enthalten. Und hin und wieder können Sie etwas Obst und Gemüse zu sich nehmen, um Blut, Zellen, lebenswichtige Organe und Energie aufzubauen.

8. Halten Sie zusammen mit einer Gruppe von Frauen während wenigstens einer Vollmondnacht eine Zeremonie ab. Auch Frauen, deren Blutung bereits aufgehört hat, Frauen, deren monatlicher Zyklus nicht mit dem Mondzyklus übereinstimmt, und Frauen im Klimakterium können teilnehmen und spirituell, körperlich, geistig und psychisch davon profitieren.

Errichten Sie eine heilige Feuerstelle aus dreizehn Steinen (denn nach traditionellem Indianerglauben gibt es pro Jahr in Wirklichkeit dreizehn Vollmonde und nicht zwölf). Sie sollte ungefähr die Größe eines normalen Lagerfeuers mit einem Durchmesser von 1 bis 1,20 Meter haben. Lassen Sie um die Steine einen freien Kreis, in dem die Frauen stehen, beten und tanzen können. Dieser Kreis kann von den Steinen ab gemessen eine Breite von ungefähr 1,20 Meter haben. Dann stellen Sie vier Stangen für die Tabakgebetsfahnen auf. Sie können 1,20 Meter oder auch bis zu 3 Meter hoch sein. Fertigen Sie Tabakgebinde aus rotem Stoff als Symbol für das Menstruationsblut und binden Sie sie an die Spitze der Stangen, so daß sie in die vier Hauptrichtungen des Universums zeigen (Osten, Süden, Westen und Norden).

Lassen Sie die Frauen einen Krug klares Wasser bringen. Mit speziellen Gebeten wird das Wasser die Strahlen des Mondes absorbieren. Es wird zu heiligem Wasser, das zu einem späteren Zeitpunkt getrunken werden kann, um die Behandlung von Geist, Körper und Seele zu unterstützen. Die Frauen sollten auch Rasseln, Tabak oder Maismehl zum Beten mitbringen. Bei dieser Zeremonie sollte niemand Vogelfedern, Körperteile von Tieren, Krallen, Felle oder Trommeln verwenden. Sie können sich auch ein eigenes Gewand für die Mondzeremonie anfertigen. Die anderen Frauen können sich ebenfalls eigene Mondgewänder anfertigen und mitbringen. Die Gewänder sollten vorzugsweise in Weiß, der symbolischen Farbe der Großmutter Mond, gehalten sein. Jede Frau sollte ihre eigenen Kraftsymbole und Perlenverzierungen darauf anbringen – etwas, das ihrer Meinung nach Symbol ihrer persönlichen Kraft, ihres persönlichen Schutzes oder ihres Schutzgeists ist.

Die Zeremonie sollte nachts und bei Vollmond abgehalten werden. Alle Frauen sollten zusammenhelfen und das Holz hakken, sich versammeln und dann für die Zeremonie Ruhe einkehren lassen. Die ernannte oder gewählte Zeremonialmeisterin beginnt das Ritual, indem sie die anderen Frauen hinter sich in den Kreis eintreten läßt. Alle gehen dann im Uhrzeigersinn, so wie sich auch die Sonne im Himmel bewegt, viermal um das heilige Feuer. Nach Beendigung der Zeremonie führt die Zeremonialmeisterin alle wieder aus dem Kreis hinaus, indem sie sich gegen den Uhrzeigersinn bewegt.

Beim Eintreten in den Kreis sagt sie: »Auf heilige Art und Weise treten wir in den großen Kreislauf der Schöpfung, in die vier Zyklen des Lebens ein, um zwischen der Mutter Erde, der Großmutter Mond und uns eine enge Beziehung herzustellen.« Beim Verlassen des Kreises sagt sie: »All meine Verwandten, ich danke Euch. Möge der Kreis uns immer schützen.«

Die Zeremonialmeisterin beginnt die Gebete in der folgenden Weise:

»Großer Schöpfer, Großmutter Mond, ihr vier Schöpfungskräfte, unsere Vorfahren und all unsere Verwandten in der Natur. Wir treten in heiliger Art und Weise vor Euch, um uns innerlich zu sammeln. Wir bringen Euch diesen Tabak und dieses Maismehl dar; wir bitten um Eure Hilfe und Heilbehandlung. Wir bitten euch, uns zu vergeben, falls wir gegen Brauch und Gesetze der Mondzeit verstoßen haben, falls wir irgend jemanden oder irgend etwas mit dem Zyklus und der Kraft unserer Blutung verletzt haben. Wir bitten, daß ihr euer starkes spirituelles Licht in uns, in unser Wasser und in Geist, Körper und Seele scheinen laßt. Wir bitten euch, unsere weiblichen Organe zu heilen, wenn wir verletzt oder beschädigt worden sind. Wir bitten, Mutter Erde möge unserem Körper sämtliche negative Energie und Giftstoffe entziehen und sie tief in die Erde tragen, wo sie als Dünger dienen können. Wir bitten, das elektromagnetische Kraftfeld der Erde möge unserem Körper neue Energie geben und ihn stärken. Wir bitten, Großmutter Mond möge uns mit positiver, kreativer und heilender Energie füllen. Helft uns, unsere Träume zu entwickeln, helft uns, unsere intuitiven Kräfte zu entwickeln, helft uns, unsere Träume in Erinnerung zu behalten. Lehrt uns, wie wir unsere Träume verwenden können, um im Leben auftretende Probleme zu lösen, uns im Leben leiten zu lassen und anderen zu helfen. Wir rufen die Geister der Großmutter und unserer weiblichen Verwandten in der Natur an und bitten sie, uns zu schützen, zu behandeln und zu lehren. Wir beten für unsere Ehemänner und Kinder und für unsere Familien. Wir bitten euch, ihnen Gesundheit, langes Leben und Glück zu gewähren. Wir bitten euch, euer starkes spirituelles Licht und eure Energie auf uns scheinen zu lassen, uns mit Schönheit zu umgeben, so daß wir schön werden. Wir bitten um Gesundheit, Zufriedenheit, Glück, Wohlstand und Weisheit. Wir danken für euren jetzigen Segen und bitten für jetzt und die Zukunft um langes Leben und Schutz vor allen schlechten Dingen.«

Jede Frau kann ein Gebet sprechen, während sie im Uhrzeigersinn im Kreis geht. Jede Frau kann Mutter Erde, Großmutter Mond, die guten Geister und ihre Schwestern im Kreis um besondere Unterstützung bitten. Betet füreinander. Nach dem Gebet ist Zeit zum individuellen oder gemeinsamen Singen, zum Ausruhen und Träumen oder um auf der Erde zu sitzen und zu meditieren. Die gleiche Methode kann auch in der Mondhütte oder im Tipi angewandt werden. Einige Frauen können Geld zusammenlegen und einen Zeremonialwasserbehälter für die Gruppe kaufen. Das ist ein großer, runder Wassertrog, wie er auf den Farmen für die Wasserversorgung von Rindern verwendet wird. Sie füllen ihn unter Beten mit Wasser und stellen sich dann als Teil der Zeremonie nackt und mit Blumen geschmückt in die Mitte des Troges und sprechen Gebete nach dem Vorbild der in früheren Zeiten gesprochenen Gebete. Einige Frauen haben das Glück, für ihre Zeremonien das Grundstück von Bekannten außerhalb der Stadt verwenden zu können, wo es kleine Teiche gibt, die man für die Mondzeremonie nutzen kann.

Abschließend möchte ich noch sagen, daß Frauen lernen müssen, während ihrer Menses clean und voll Ehrfurcht und Hingabe zu sein, damit sie ihre Kräfte und ihre Spiritualität entwickeln können. Die negative Energie der Menses kann für Männer, für Werkzeuge, Waffen und Zeremonialinsignien der Männer sehr schädlich sein. Frauen müssen bestimmte Gesetze einhalten, um sich selbst, ihre Männer und ihre Familien zu schützen und der Erde, den Geistern, dem Großen Schöpfer und ihrer Gemeinschaft gegenüber Respekt zu zeigen. Sie dürfen den Menstruationsfluß nicht durch die Verwendung von Tampons oder durch Geschlechtsverkehr behindern. Hat man in dieser Zeit Geschlechtsverkehr, werden dem Partner Giftstoffe und negative Energie übertragen, und er kann daran erkranken. Es ist darum am besten, in dieser Zeit, wenn es irgendwie machbar ist, nicht einmal für andere zu kochen. Je mehr Kräfte ein Mann besitzt, desto gefährdeter ist er, denn er muß diesen Kräften gegenüber Rechenschaft ablegen.

Ebenso muß der Mann den Wert seiner Mitwirkung verstehen lernen. Obwohl er bestimmten Einschränkungen unterworfen ist, keinen Geschlechtsverkehr mit Ihnen haben darf und von Ihnen in dieser Zeit keine Zuwendung bekommt, damit Sie sich auf die Entwicklung ihrer eigenen Kraft konzentrieren können, wäre es nicht fair und richtig, wenn er sich herumtreiben, mit anderen Frauen schlafen oder in die Kneipe gehen würde. Solche Handlungen sind nicht nur respektlos, sondern sie können auch Ihre Medizin zerstören.

Frauen dürfen während ihrer Menstruation kein Fleisch kochen, berühren oder essen; das gilt insbesondere für vierbeiniges Wild, Haifisch, Schildkröte oder Fasan. Diese »Verwandten« besitzen Kräfte und haben bestimmte Gesetze, und die Kraft der Menses verträgt sich nicht mit ihren Kräften. Ihr Geist kann die Frau verletzen oder strafen, oder der Große Schöpfer kann die Frau für den Verstoß gegen dieses Gesetz bestrafen. Unsere Ältesten kannten vielleicht nicht die richtigen Worte, um ein bestimmtes Wissen zu erläutern, aber sie hatten genug Verstand, um zu wissen, daß Blut und Fleisch Keime, Bakterien, Viren und Krankheiten aufnehmen und übertragen können. Das ist ein weiterer Grund, warum Frauen während ihrer Menstruation und Blutung sehr vorsichtig waren und den Kontakt mit rohem Fleisch vermieden.

Die Frauen beachteten während ihrer Menstruation auch noch andere Bräuche und Gesetze, die der Vorsorge und Hygiene dienten. So gingen die Frauen während ihrer Menses nicht zu Begräbnissen, Begräbnisstätten, heiligen Tänzen oder anderen Zeremonien oder Ritualen. In dieser Zeit sind sie verletzlich. Durch ihre körperliche und spirituelle Öffnung sind sie gefährdet, und ein schlechter Geist oder ein Geistwesen könnte versuchen, Besitz von ihnen zu ergreifen. Menstruierende Frauen durften keine Wanderungen in den Bergen oder sonst in der freien Natur, in der Wüste, der Prärie oder in potentiellen Machtzentren machen. Die Nähe heiliger Stätten mußten sie immer meiden. Sie durften während ihrer Blutung nicht in Seen, Flüssen, Bächen oder im Meer schwimmen. So drückten sie den an diesen Orten heimischen Geistern und anderen Besuchern dieser Orte gegenüber ihren Respekt aus.

Es gilt das Prinzip der Wirkung und Gegenwirkung, und darum kehrt auch wieder, was vergeht. Wenn Sie Respekt zeigen, zeigt man auch Ihnen Respekt. Wenn Sie während Ihrer Menstruation andere durch Ihre Rücksicht ehren, wird man auch Ihnen Ehre erweisen. Sie werden gesegnet sein, und Ihre Familie und Ihr Stamm oder Ihre Gemeinschaft werden stolz auf Sie sein. Und langfristig werden Ihre Gebete sicherlich auf größeres Wohlwollen beim Großen Schöpfer und seinen sichtbaren wie auch unsichtbaren Geisterhelfern stoßen.

Individuelles Mondzeitritual

Menschen sind von Natur aus soziale Wesen. Wir werden nackt und verletzlich in diese Welt geboren und sind für unser Überleben vollkommen abhängig von unserer Mutter und anderen Menschen. Wir kommen nicht zur Welt mit Tarnoutfit, scharfen Klauen, Giftzähnen, einer harten Schale oder der Fähigkeit zu fliegen, zu laufen, zu beißen, zu schwimmen, uns zu verteidigen und zu schützen. Unser erster Kontakt entsteht mit Menschen, und daraus erwächst eine gesellschaftliche Abhängigkeit. Vielleicht sind Rituale und Zeremonien entstanden, um uns in die Gesellschaft einzubinden. Derartige Hilfssysteme fördern das Gefühl der Sicherheit und Selbstachtung und die Fähigkeit, mit Problemen fertig zu werden, und sie stärken Geist und Verstand. Fühlt man sich seinem Schicksal ausgeliefert, vernachlässigt, geächtet, allein gelassen oder von anderen abgeschnitten, entstehen Gefühle von Furcht, Unsicherheit und niedriger Selbstachtung und auch psychische und körperliche Leiden. Aber unser Indianervolk war weise. Es wußte, daß Menschen lernen müssen, ihre Ängste zu besiegen und innerliche Kräfte und neue Problemlösungsmechanismen zu entwickeln, um zu überleben. Darum gab es Zeiten, in denen der einzelne an einem bestimmten Ritual teilnahm, das ihn zwang, jedem menschlichen Kontakt zu entsagen und isoliert zu sein. Dazu zählt die Visionssuche für Jungen und Männer, aber in einigen Stämmen hatten auch Frauen die Gelegenheit, auf Visionssuche zu gehen.

Die Mondzeremonie wurde seit jeher von Frauengruppen zelebriert. In einigen Stämmen war die ganze Gemeinschaft an dieser Zeremonie beteiligt und unterstützte sie, während das junge Mädchen selbst sich meist in der Mondhütte aufhielt und von den anderen isoliert war. Es gab jedoch auch Stämme, in denen die Mondzeremonie ganz ohne Familie oder Gleichaltrige stattfand. Die amerikanische Regierung verbot über ein Jahrhundert lang die meisten unserer traditionellen indianischen Zeremonien und Rituale, und erst 1978 hatten wir die Regierung so weit, daß sie das Gesetz PL 95–341, den American Indian Religious Freedom Act (die gesetzliche Grundlage für die Religionsfreiheit der Indianer) verabschiedete. Obwohl das Recht der Religionsfreiheit offiziell allen US-Bürgern garantiert ist, mußten wir ironischerweise für unsere religiösen Rechte kämpfen. Als Folge des Verbots gaben die meisten Stammesgruppen und Stammesverbände das Zelebrieren der Mondzeremonie auf, das Wissen ging verloren, und mit dem Tod der paar Ältesten, die mit Mut und Überzeugung für einen Fortbestand dieser Tradition eingetreten waren, starb auch die Tradition selbst. Darum gibt es bei den meisten Indianerstämmen der USA heute keine Mondzeremonie mehr, und nur einige, wie die in meinem Gebiet beheimateten Stämme, versuchen diese Traditionen wiederaufleben zu lassen.

Als junges Mädchen zelebrierte ich weder den Blumentanz noch eine Mondzeremonie, aber ich lernte von meinen Großmüttern und Tanten und von spirituellen und religiösen Ältesten sehr viel über diese Zeremonien. Als ich meinen Mann, Medicine Grizzly Bear, heiratete, der nach den kulturellen und religiösen Gesetzen und Überzeugungen lebte, mußte ich darum selbst experimentieren, um diesen Verlust auszugleichen.

Ich hatte schon ein etwas mulmiges Gefühl angesichts der Vorstellung, in der heutigen Zeit diesen traditionellen Weg einzuschlagen. Wie mache ich das nur, dachte ich. Ich lebe in der Stadt und kenne keine anderen Frauen, die das Mondritual und die Mondregeln einhalten, und die Ältesten leben drei bis vier Autostunden entfernt in der Reservation. Das Problem, Altes mit Neuem zu vereinen, löste in mir Verwirrung und Widersprüchlichkeit aus. Aber da ich eine Frau bin, dachte ich, ich sollte einfach improvisieren und alles machen, so gut ich konnte. Also tat ich das Folgende, und vielleicht können Sie auch daraus lernen.

Damals wohnten wir in einem gemieteten Haus mit zwei Schlafzimmern und hatten noch keine Kinder. Mein Mann und ich überlegten, wie wir für mich einen ganz persönlichen Platz schaffen konnten. Der Garten hinter dem Haus war zu klein und zu sehr von den Nachbarn belegt und ließ sich folglich nicht nutzen, um eine Mondhütte zu errichten, die mir Privatsphäre bot. Darum beschloß ich, das Extraschlafzimmer in ein Mondzimmer zu verwandeln. In Gedanken visualisierte ich die Schwestern Bärin, Wölfin, Füchsin oder Dachsin, die für ihre Probleme und Bedürfnisse einen eigenen Bau hatten. So wurde das zweite Schlafzimmer symbolisch zu meinem Bau: zu einem Ort, wo ich für mich war und wohin ich mich zurückziehen konnte, um mich auf das Mondritual zu konzentrieren. Ich richtete das Zimmer sehr weiblich ein und stellte Natursymbole des Monds, der Sterne und bestimmter Vögel und Tiere auf, die meines Erachtens mit meiner natürlichen und kulturell-symbolischen Denkweise in Beziehung standen, hängte Poster indianischer Frauen auf und legte meine Perlarbeiten bereit. Ich hielt eine eigene Schüssel zum Beten und Beräuchern, meine Klappern und Rasseln und andere religiöse Machtobjekte der weiblichen Mondzeremonie bereit. Ich stellte mein Bett am Fenster auf, wo das Licht und die Energie des Mondes auf mich scheinen und ich ihn sehen konnte, so daß ich ihn während meiner

Gebete, meiner Meditation und Visualisierung symbolisch und spirituell vor mir hatte.

Ich traf auch Vorkehrungen für meine Versorgung mit Binden, Kräutern, Utensilien, Mondgewändern und Mondkleidungsstücken, für mein Bad und die Bereitstellung meiner Perlarbeiten. Ich besorgte mir einen großen Block, Kugelschreiber, Farbstifte, einen Kassettenrekorder und Kassetten mit traditionellen indianischen Mondliedern. So hatte ich die Möglichkeit, zwischen den Gebeten, wenn es mir langweilig sein sollte, Lieder anzuhören, meine Träume zu zeichnen, meine Emotionen und Gefühle zu Papier zu bringen, zu malen oder Handarbeiten zu machen. (Andere Frauen machen vielleicht lieber Quilts oder Umhängetücher usw.)

Die meiste Zeit, während ich das Ritual zu praktizieren versuchte, blieb ich in meinem Mondbau. Ich schlief nicht mit meinem Mann, ich ging nicht aus, um mich mit anderen zu treffen, ich nahm nicht an kulturellen Aktivitäten teil, und ich mied bewußt alle heiligen Tänze, Zeremonien, Rituale oder Begräbnisse, die in dieser Zeit stattfanden, obwohl ich eigentlich wirklich gerne an ihnen teilgenommen hätte. Ich wusch keine Wäsche, bügelte nicht, nähte nicht, kochte nicht, machte das Haus nicht sauber und erledigte keine häuslichen Arbeiten für meinen Mann. Er erklärte sich freiwillig bereit, all diese Pflichten zu übernehmen und sich um alles zu kümmern. Ich ging ihm sogar soweit wie möglich aus dem Weg und traf eigene Vorkehrungen, wenn ich baden oder duschen wollte. Die Zeit war darum auch für ihn schwer. Sie erforderte sehr viel Einsatz und Disziplin von uns beiden.

Im Lauf der Jahre gab ich meine Vorstellungen über diese Zeremonie an andere interessierte Frauen weiter und sprach mit ihnen über die Schwierigkeiten, das Ritual mit dem Alltag zu vereinbaren. Einige mußten zur Schule, in die Arbeit oder hatten andere Dinge zu erledigen. Darum mußten sie die Zeremonie etwas ändern und anpassen, aber wenn sie dann nach Hause kamen, zogen sie sich in ihren Mondbau zurück. Es leuchtet wohl ein, daß es notwendig ist, zuerst ein ernsthaftes Gespräch mit dem Partner zu führen, denn von sich aus kann er diese Umstände kaum alle verstehen, insbesondere wenn es etwas Neues ist und seinen eigenen Wünschen und Bedürfnissen widerspricht. Aber auf die eine oder andere Art brauchen Sie die Mitwirkung Ihres Partners oder vielleicht auch die einer Schwester, Freundin oder Verwandten, die Ihnen bei der Versorgung des Haushalts hilft. Auch sollte Ihr Mann oder Partner bereit sein, zu verzichten und zu kooperieren, während Sie fasten, Abstinenz einhalten, beten, sich zurückziehen, leiden und Opfer bringen. Er sollte sich nicht herumtreiben und trinken, sexuellen Kontakt mit anderen Frauen suchen oder sich vergnügen. Das heißt, Sie beide müssen die gegenseitigen Verpflichtungen sehr ernst nehmen, an Ihrer Disziplin arbeiten und lernen, mit gemischten Gefühlen, Emotionen, Bedürfnissen, Wünschen, Unannehmlichkeiten, Arbeitsstreß, unterschiedlichen Rollen usw. umzugehen.

Wenn Sie nicht verheiratet sind oder mit einem Partner zusammenleben, ist die Durchführung Ihres individuellen Mondrituals vielleicht etwas einfacher. Versuchen Sie kreativ zu sein, bleiben Sie dran, lernen Sie, mit Einsamkeit, Isolation und Erfahrung positiv umzugehen. Sie werden mit der Zeit bestimmte neue Problemlösungsmechanismen entwickeln, feststellen, daß Ihre Träume lebendiger und stärker werden und daß Ihr allgemeiner (körperlicher, geistiger, emotionaler und spiritueller) Zustand sich in besserem Gleichgewicht befindet. Durch Experimentieren und Praktizieren müssen Sie lernen, das Negative in die Erde und nicht in andere Menschen zurückfließen zu lassen und Kreativität und positive Energie für die eigene Entwicklung zu verwenden. Die freiwillige Isolation mag zwar mitunter mit Angst und Einsamkeit einhergehen, sie kann Ihnen aber auch ein neues Gefühl von innerem Frieden, von Kraft, Bewußtsein und Macht vermitteln. Viel Glück!

Mondkräuter

Es gibt eine Anzahl verschiedener Pflanzen, Kräuter und natürlicher Heilmittel, die Frauen während der Menstruation verwenden können. Man muß dabei allerdings berücksichtigen, daß nicht alle Frauen in dieser Zeit gleich sind. Jede Frau sollte darum ausprobieren, welche Kräuter und Heilmittel für sie am besten sind. Was für die eine Frau gut ist, muß es nicht auch für eine andere sein. Für diese Unterschiede kann es viele Gründe geben, wie z. B. Alter, gesundheitliche Verfassung, Lebensstandard, Vererbung und genetische Anlagen, gegenwärtige emotionale Stabilität, Eheklima, Streß, Eßgewohnheiten, geographische Heimat und umweltbedingte Anpassung, frühere Krankheiten und Operationen, kulturelle Überzeugungen und die Stufe spiritueller Entwicklung.

Ich stellte zum Beispiel fest, daß eine im Küstengebiet mit seiner Feuchtigkeit, mit Nebel und sattem Grün geborene und aufgewachsene Frau, die in die trockene, heiße Wüstenregion umzieht (oder umgekehrt), mit bestimmten Kräutern nicht zurecht kommt, die nicht in dem Gebiet wachsen, in dem sie gegenwärtig lebt. Der menschliche Körper »akklimatisiert« sich erst im Lauf der Zeit und der Zyklen an eine bestimmte Umgebung. Und ebenso braucht es auch eine gewisse Zeit, bis der Mensch sich an eine neue Umgebung gewöhnt.

Das gleiche gilt auch für eine Frau, die vom Land in die Stadt übersiedelt. So kam es zum Beispiel bei einer Frau, die von Seattle nach Phoenix umgezogen war, einmal während der Menstruation zu massiven Problemen und Beschwerden. Sie litt unter unregelmäßigen Schmerzen, Blähungsbeschwerden, Verkrampfungen, Schwankungen von Blutung und Stimmung. Zusätzlich traten plötzlich Hautausschläge, Pilzinfektionen und periodische Blaseninfektionen auf. Nachdem ich sie untersucht hatte, stellte ich fest, daß die Ursache in der Einnahme falscher Kräuter lag und daß es notwendig war, sie auf Kräuter umzustellen, die ihr Gleichgewicht wieder herstellten. Sie hatte regelmäßig geringe Mengen Schafgarbentee mit einer Beigabe von Rotklee zu sich genommen. Ich riet ihr, statt dessen Aloe vera-Saft mit viel Fruchtsaft zu trinken. Nach kurzer Zeit verschwanden all ihre Probleme. Darum werde ich im folgenden einige Kräuter aufführen, die während der Menstruation verwendet werden können und denjenigen unter Ihnen, die das Mondritual und die Mondregeln zum ersten Mal praktizieren, als Medium dienen können.

Ich möchte daran erinnern, daß man in dieser Zeit am besten auf alle Arten von Fleisch verzichtet. Ernähren Sie sich von Obst und Blattgemüse, essen Sie Mais-, Kartoffel- oder Sojabohnensuppen sowie Getreideprodukte mit hohem Kleieanteil, Weizen und Hafermehl. Meiden Sie möglichst auch Molkereiprodukte wie Käse, Milch, Milcheis und Joghurt, weil sie die Reinigungsmechanismen des Körpers behindern und oft Pilzinfektionen auslösen.

Die Rezeptur für die folgenden Kräuter ist ganz einfach: Geben Sie eine kleine Prise des jeweiligen Krautes in ein für die Größe einer Kaffeetasse geeignetes Kräutersieb, bringen Sie Wasser zum Kochen, legen Sie das Sieb in die Tasse, übergießen Sie es mit dem kochenden Wasser und lassen Sie es fünf Minuten ziehen. Für eine größere Menge, die einige Tage reichen soll, gehen Sie folgendermaßen vor: Nehmen Sie eine Handvoll des losen Krauts (wie zum Beispiel Rotklee), geben Sie es mit ca. zweieinhalb Liter Wasser in einen Topf und kochen Sie das Ganze fünfzehn bis zwanzig Minuten lang. Anschließend lassen Sie den Tee ziehen, dann seihen Sie ihn ab und füllen ihn in eine große Kanne. Sie können den Tee heiß oder gekühlt trinken. In den meisten Fällen nimmt man besser keinen Zucker oder Honig dazu, und niemals sollte man Kräuter in einem Aluminiumgefäß kochen.

Um in Kräutern wie Beifuß, Schafgarbe und Schwarzwurz oder in Rosenblättern zu baden, nehmen Sie zwei Handvoll der

Kräuter, kochen sie in fünf Liter Wasser fünfzehn Minuten lang und gießen den Tee dann durch ein Sieb in eine mit heißem Wasser gefüllte Badewanne. Legen Sie sich in die Badewanne und baden Sie, versuchen Sie, zur Entspannung zu visualisieren, und lassen Sie die Kräuter Ihren Streß und Ihre negativen Energien abbauen. Ein solches Bad ist während Ihrer Menses nur einmal täglich erforderlich.

Angelika (Engelwurz)

Engelwurz gilt unserem indianischen Volk im Nordwesten Kaliforniens als sehr heilig und findet in allen unseren religiösen Tänzen, Zeremonien, Ritualen und Heilbehandlungen und als Schutzmittel Verwendung. Unsere Frauen verwendeten dieses Kraut während ihrer Menses nicht. Ich selbst kenne mehrere Nichtindianerinnen, die es verwendeten und dabei negative Nebenwirkungen hatten. Sie hatten irgendwo gehört oder gelesen, daß Engelwurz eine chinesische Medizin für Frauen sei, so wie Ginseng eine gute chinesische Medizin für Männer ist, und der Heilung und Stärkung der Vitalität diene. Das mag in gewisser Hinsicht stimmen, aber meines Erachtens müssen die Menschen sich auch darüber im klaren sein, daß sie im »Land der Indianer« leben, und was sich in der einen Kultur und dem einen spezifischen geographischen Gebiet als wirksam erweist, kann in einem anderen Gebiet, zu anderer Zeit und an anderem Ort unwirksam sein. Darum rate ich den Frauen nachdrücklich dazu, während der Menstruation oder während der ersten 30 Tage nach der Geburt eines Kindes keinen Angelikatee einzunehmen. In anderen Situationen kann dieses Kraut jedoch mitunter verwendet werden, z. B. bei Erkältungen, Herzproblemen, Erkrankungen und Verletzungen der Niere und als Schutzmittel außerhalb der Menses.

Anis

Dieser Tee wird verwendet, um Pilzinfektionen zu verhindern und zu beseitigen, den Magen zu beruhigen und Emotionen zu besänftigen, sollte aber nur in Maßen gebraucht werden; nicht geeignet für Menschen mit Herzproblemen.

Comfrey (Beinwell)

Dieses Kraut ist mit am besten geeignet bei Knochenbrüchen, Gelenkzerrungen, Arthritis, Muskelschmerzen, Rücken-schmerzen, Beinkrämpfen und als Mittel gegen Schmerzen im unteren Wirbelsäulenbereich und am Steißbein, wo manche Frauen während der Entbindung eine Rückenmarksanästhesie bekommen haben. Nehmen Sie eine große Handvoll – vorzugs-weise frische – Kräuter, und legen Sie sie in einen Topf mit ca. fünf Liter Wasser. Kochen Sie die Kräuter ca. fünfzehn bis zwanzig Minuten lang, lassen Sie den Tee ziehen, und trinken Sie während der Menses vier Tassen täglich. Die Blätter können Sie für Wickel verwenden, indem Sie sie in noch heißem Zustand in ein Stück Stoff einwickeln und diesen Wickel für ca. zehn Minuten auf die jeweilige schmerzende Körperstelle legen.

Wie immer beim Gebrauch von Kräutern bringen Sie diese nach Gebrauch ins Freie, und vergraben Sie sie; die Kräuter ein-fach in den Abfall zu werfen, wäre respektlos. Sprechen Sie beim Zurückgeben der Kräuter ein kurzes Gebet:

»O heilige Pflanze und heiliges Kraut, du kommst aus der Erde, und ich gebe dich der Erde zurück. Hab Dank für deinen Geist, deine Medizin und deine Behandlung. Während du in die Erde zurückkehrst, bitte ich dich, daß du all meine Schmer-zen und meine Krankheit vertreibst.«

Distel

Die Distel kann zur Geburtenkontrolle verwendet werden. Sie schwächt die Wirksamkeit der Spermien, reinigt gleichzeitig die Vagina und Gebärmutter von alten Spermien und verringert das Infektionsrisiko. Sie dient auch als Mittel gegen Krämpfe, die während der Menstruation, während des prämenstruellen Syndroms und in der Menopause auftreten können. Trinken Sie drei Tassen täglich während der Blutung.

Frauenwurzel

Dieses Kraut dient als antibakterielle Medizin zur Bekämpfung von Infektionen, die mitunter während der Menstruation auftreten, wenn der Körper Toxine, abgestorbene Zellen und negative Energien ausscheidet. Es bringt Erleichterung bei Krämpfen und Spasmen.

Grüne Minze und Pfefferminze

Die Grüne Minze und die Pfefferminze sind hervorragende Teesorten zur emotionalen wie auch geistigen Entspannung und zur Entspannung der Muskeln und der Magenschleimhaut. Sie können bei Warmbädern mit in die Wanne gegeben werden. Sie dienen als Präventivmittel gegen arthritisähnliche Reaktionen während des prämenstruellen Syndroms und der Menses.

Helmkraut

Ein bekanntes Mittel gegen Unfruchtbarkeit und zur Regulierung sexueller Wünsche bei Frauen mit erhöhtem Hormonspiegel und erhöhter sexueller Erregbarkeit während ihrer Menstruation, da sie ja gemäß den Naturgesetzen, Bräuchen, Überzeugungen und Methoden in dieser Zeit keinen Geschlechtsverkehr haben sollen. Kombiniert mit der Poleiminze bringt das Helmkraut Erleichterung bei Krämpfen.

Himbeerblätter

Sie dienen zur Stärkung des Uterus und bei Menstruationskrämpfen, helfen bei der Regulierung der Blutung, fördern gleichmäßige Zyklen und verringern Hitzewallungen.

Hirtentäschel

Dieses Kraut reguliert starke Blutungen während der Menstruation und reinigt die Harnwege.

Ingwer

Ingwer unterstützt die Darmentgiftung, regt den Appetit an, fördert die Blutzirkulation und stimuliert sowohl die körperliche als auch die emotionale Energie. Es sei darauf hingewiesen, daß dieses Kraut auch bei der Geburt Verwendung findet, da Ingwertee die Wehentätigkeit anregt. In Heilkräuterkombinationen wird Ingwer auch zur Beschleunigung des Heilungsprozesses verwendet.

Kamille

Die Kamille fördert die geistige Entspannung und ruhigen Schlaf. Sie beruhigt ganz allgemein Emotionen, Muskeln und

Geist. Sie ist ein gutes Mittel bei erhöhtem Streß. Man kann ohne Sorge mehrere Tassen täglich trinken, sollte den Tee aber vorzugsweise kurz vor dem Zubettgehen zu sich nehmen. Kamille kann auch mit geringen Mengen von Hopfen gemischt werden, wenn der Patient Schlafstörungen hat.

Malve

Dieses Kraut hilft bei Entzündungen und Infektionen, die häufig während der Menstruation auftreten. In Heilkräuterkombinationen wird es oft als beruhigendes Mittel verabreicht.

Nessel

Die Nessel ist besonders für Frauen mit erhöhter Blutung geeignet, da sie reich an Kalium, Magnesium, Zink und Kalzium ist und dem Körper die während der Menstruation verlorengegangenen Mineralien wieder zuführt. Trinken Sie während der Blutung eine bis zwei Tassen Tee täglich. Nehmen Sie dieses Kraut jedoch nicht mehr ein, wenn es die Blutung herabsetzt.

Poleiminze

Die Poleiminze galt als Wehenmittel und wurde bei der Entbindung gegeben, um die Wehen und eine leichte Entbindung zu fördern. Das Kraut kann jedoch auch für heiße Fußbäder verwendet werden, außerdem als Tee zur Gemütsberuhigung, zur Muskelentspannung und um den Magen mit einer Schutzschicht auszustatten. Es wurde als heißes Fußbad zum Stimulieren der Menstruation und als Abtreibungsmittel angewandt, aber ich empfehle diese Methode nicht.

Rebhuhnbeere

Als Tonikum bei Entbindungen reinigt dieses Mittel den Blutstau in Gebärmutter und Eierstöcken und stellt die menstruelle Funktion wieder her.

Roter Klee

Ein hervorragendes Kraut zur Entschlackung und Heilung des Organismus. Es reinigt das Blut, ist ein Nerventonikum und erhöht die Fruchtbarkeit. Es trägt dazu bei, den Körper von Giftstoffen, abgestorbenen Zellen und negativer Energie zu befreien, und ist ein hervorragendes Mittel gegen Krebs.

Salbei

Die weibliche Salbeipflanze ist ein vorzügliches Blutreinigungsmittel, das die Reinigung der Adern und der Gehirnzellen unterstützt. In den späteren Lebensjahren der Frau kann es als Mittel gegen die Bildung von Krampfadern verwendet werden. Dieses Kraut hat auch eine heilende Wirkung auf Nieren, Blase und Harnwege und wirkt besonders in den letzten Tagen oder ganz am Ende der Menstruation. Die Patientin kann zwei bis vier Tassen täglich zu sich nehmen; wird der Tee als zu bitter empfunden, kann er verdünnt werden.

Sassafras

Dieses Kraut eignet sich zur Blutreinigung und ist auch ein wirksames Mittel zur Reinigung der weiblichen Organe, zum Auffüllen des lebenswichtigen Blutflusses und zum Energieaufbau. Es kann mehrmals täglich als Tee verabreicht werden und wird in der Regel von den meisten Frauen vertragen. Sassafras eignet sich für den Einstieg, also für Frauen, die das Mondritual und die Mondregeln zum ersten Mal praktizieren.

Schafgarbe

Dieses Kraut kontrolliert die menstruelle Blutung und reinigt Leber, Blut und Lungen; es wirkt heilend bei Schilddrüsenerkrankungen und fibroiden Tumoren. Es hilft, Infektionen abzuwehren, und heilt innere wie auch äußere Wunden. Es läßt sich sogar als milde Spülung zur Reinigung und Heilung der Vagina verwenden.

Schnellballrinde, getrocknet

Sie mag manchen Frauen zu herb sein und eignet sich eher für Frauen während des Klimakteriums. Die Rinde dient als Regulator weiblicher Körperfunktionen, Uterussedativum und zur Entspannung der inneren Scheidenmuskeln. Die Patientin sollte nicht mehr als zwei Tassen täglich zu sich nehmen und dies nicht länger als drei Tage lang. Andernfalls kann es zu Übelkeit, Nesselsucht oder Hautekzemen kommen. Sehr gut bei nach der Geburt auftretenden Schmerzen.

Wanzenkraut

Dieses Kraut ist ein natürliches Sedativum zur Beruhigung des zentralen Nervensystems und trägt bei Rückenschmerzen und Verkrampfungen zur Entspannung bei. Während der Menopause hilft es bei Hitzewallungen und versorgt den Körper mit natürlichem Östrogen. Es verstärkt die menstruelle Blutung. Es sollte in Maßen eingenommen werden, und zwar nicht mehr als zwei Tassen Tee pro Tag, und nur jeden zweiten Tag.

Wegerich

Wegerich ist hervorragend für den Darm und die Magenschleimhaut geeignet. Er transportiert Giftstoffe und Gase ab und versorgt Magenschleimhaut und Darm mit einer Schutzschicht, die einen Widerstand gegen Säuren bietet. Die innerliche und äußerliche Anwendung des Tees fördert das Austrocknen und Heilen von Hautunreinheiten, Pickeln, Karbunkeln und ähnlichen Hauterkrankungen.

Am Schluß dieses Abschnitts über die Mondkräuter möchte ich allen Frauen empfehlen, eisenhaltige Vitaminpräparate mit den Vitaminen A, C und E sowie Mineralien wie Kalzium, Magnesium, Kalium und Zink einzunehmen. Während die Vitamine die Entgiftung des Körpers unterstützen und den Organismus von Giftstoffen, Chemikalien und Schadstoffen befreien, wird gleichzeitig der Mineralienhaushalt mit lebenswichtigen, durch die menstruelle Reinigung verlorengegangenen Mineralien wieder aufgefüllt. Manche Frauen haben vielleicht auch das Bedürfnis, mehr Vitamin C zu sich zu nehmen und den Wiederaufbau des Körpers mit Vitaminen des Vitamin-B-Komplexes zu ergänzen. Andernfalls können in späteren Lebensjahren Knochenmangelerscheinungen wie z. B. Osteoporose auftreten.

Schluß

Ich mußte durch schlimme Erfahrungen lernen, daß Furcht, Frustration, Mißbrauch, Schmerz und Leid Teil der Profanität und Heiligkeit des Lebens sind. Das Negative läßt sich dank dem Gesetz der kosmischen Dualität ins Gegenteil kehren. Alles hat zwei Seiten. Diese Dualität zu erkennen und zu lernen, im Gleichgewicht mit ihr zu leben (mein Volk bezeichnet das als *wogi*), gehört zu unserem Lernprozeß und Lebensweg. Ich mußte sehr verschiedene Erfahrungen machen, um indianische Ärztin zu werden. In der heutigen Zeit gab es für mich wirklich keinen anderen Weg, mein Wissen zu sammeln. Meine Erfahrungen mußten sich von den Erfahrungen meiner Ältesten unterscheiden. Meine Erfahrungen mußten Teil des Zyklus sein, in dem ich geboren bin, und ihn widerspiegeln.

Eine Menge alten Wissens, alter Praktiken, Lehren und Zeremonien sind verloren und können nie mehr zum Leben erweckt werden. Ich mußte dieser Tatsache ins Auge sehen und lernen, mich an die sich ändernden Zeiten anzupassen und mich auf sie einzustellen. Ich mußte auf einige der alten Traditionen zurückgreifen und lernen, neue Traditionen zu entwickeln, um mit neuen Problemen – meinen eigenen und den Problemen anderer, die in einer sich ändernden Gesellschaft um ihr Überleben kämpfen – fertig zu werden.

Obwohl indianisches Wissen und indianische Methoden in einigen Fällen sehr wirksam sind, haben Erbe und Kultur der Indianer doch nicht die Antwort auf alle Probleme, und auch die westliche Medizin hat sie meines Erachtens nicht. Die Suche nach Antworten ist Teil des Lernprozesses. Einige dieser Antworten führen mitunter zurück zu alten Traditionen, die als

Grundlage und Leitlinie dienen können, um neue Traditionen zu entwickeln, die den heutigen Veränderungen Rechnung tragen.

Ich bin immer noch Schülerin in diesem großen Mysterium der Schöpfung. Ich bin immer noch am Lernen. Ich bin erst fünfunddreißig und habe darum noch viele Jahre des Lernens vor mir. Was ich bisher erkannt habe, versuche ich in diesem Buch der Allgemeinheit zugänglich zu machen, und ich hoffe, daß andere von meinen Erfahrungen profitieren können. Obwohl dieses Buch in erster Linie Wissen über Rolle, Religion, Spiritualität und Tätigkeit von Frauen bietet, hoffe ich, daß auch einige Männer davon profitieren können.

Anfangs wollte ich dieses Buch eigentlich nicht schreiben. Ich wollte nicht von radikalen Indianerorganisationen beschuldigt werden, die indianische Religion zu verkaufen. Mein Mann und ich haben die indianische Religion nie verkauft. Wir haben für Behandlungen, Heilungen, Zeremonien oder sogenannte Workshops für spirituelles Training niemals Geld verlangt, und wir sind auch nicht mit denjenigen einverstanden, die das machen, und halten das nicht für richtig. Ich hoffe, daß diejenigen, die dieses Buch lesen und studieren und daraus Erkenntnisse gewinnen, fähig sind, sie voller Respekt umzusetzen. Ich hoffe, sie gehen nicht hin und verlangen Geld für einige der hier vorgestellten Zeremonien, denn das wäre gegen die Gesetze des Schöpfers, gegen die Naturgesetze und gegen traditionelles indianisches Brauchtum und Recht. Spiritualität ist nicht käuflich oder verkäuflich. Spiritualität muß man sich selbst verdienen.

Obwohl ein Teil des Wissens und der Zeremonien sich von den indianischen Traditionen herleitet, sind nicht alle Informationen traditionell oder charakteristisch für einen bestimmten Stamm. Andere Kulturen und Nationalitäten hatten ähnliches Wissen, ähnliche Rituale und Formen spiritueller Entwicklung und spirituellen Lebens. Die Mondzeremonien der Frauen und die dazugehörigen Bräuche, Überzeugungen, Gesetze und Methoden zum Beispiel sind universell. In allen Kulturen hat es einen Zeitpunkt gegeben, wo man die Spiritualität der Menses anerkannte und diese Zeit als heilige Zeit beging. Einige Kulturen und Gesellschaften folgen noch heute den Bräuchen und Gesetzen der »Mondzeit« und Kindsgeburt, und einige praktizieren noch immer Pubertätsriten und Visionssuchen. Einige der alten Kulturen in Afrika, Asien und Europa haben noch immer Zeremonien, die den Menschen helfen, mit den sich ändernden Lebenszyklen fertig zu werden, obwohl diejenigen, die diese Traditionen noch praktizieren, von den moderneren Menschen als altmodisch bezeichnet werden. Aber heutzutage gibt es kaum Menschen irgendwo in der Welt, die für die Heilbehandlung Zeremonien in Kombination mit moderner Medizin und modernen Methoden einsetzen.

Aufgrund der kulturellen Anpassung und Assimilierung und des Völkermords ist ein Großteil des traditionellen indianischen Wissens verlorengegangen. Wir Indianer wurden gezwungen, uns an die Veränderungen in unserer eigenen Kultur und an die viel schnelleren Veränderungen der westlichen Gesellschaft anzupassen. Wir können versuchen, an unseren Traditionen festzuhalten, müssen aber auch neue Wege finden, um unsere Spiritualität zu erhalten. Andernfalls könnte es sein, daß sie uns vollends abhanden kommt. Eine Möglichkeit zum Erhalt der Spiritualität ist, sie zu lehren und weiterzugeben, dabei aber zu bedenken, daß nicht alle Bestandteile unserer indianischen Religion an jedermann weitergegeben werden dürfen. Bestimmte heilige Tänze und Zeremonien dürfen zum Beispiel nur von bestimmten Stämmen und in deren Gebiet abgehalten werden. Das Wissen, die Ausbildung und Verantwortung für solche heiligen Tänze und Zeremonien sind in der Regel ausschließlich diesen Kulturen vorbehalten. Die Tradition muß bei der zugehörigen Kultur verbleiben und muß aufgrund der natürlichen Kräfte in den Stammesgebieten von denjenigen weitergegeben werden, die qualifiziert sind, die alten Tänze aufzuführen.

Einige Stämme erlauben Nichtindianern, als Zuschauer an heiligen Tänzen und Zeremonien teilzunehmen, andere wiederum nicht. Einige Stämme erlauben Nichtindianern sogar die Teilnahme an ihren heiligen Tänzen und Zeremonien, andere wiederum nicht. Obwohl ich hier einiges Wissen über Spiritualität und Zeremonien allgemein zugänglich mache, soll nicht der Eindruck entstehen, daß alle indianischen Zeremonien für westliche und moderne Menschen offenstehen und von ihnen erlernt und praktiziert werden können. Wir müssen die richtige Perspektive bewahren und die Zeremonien und Rechte anderer respektieren.

Ebenso sollte inzwischen klargeworden sein, daß nicht jedermann Medizinmann, Medizinfrau, indianischer Arzt oder indianische Ärztin werden kann, daß aber doch die Möglichkeit besteht, von denjenigen, die bereit sind, ihr Wissen weiterzugeben, zu lernen; und auch ihnen sollte man Respekt entgegenbringen, denn sie sind am Aussterben. Sie dienten in der Vergangenheit als spirituelle Lehrmeister, und ihr spirituelles Wissen und ihre spirituellen Lehren sind eine notwendige Richtlinie für uns heute. Unter Berücksichtigung all dieser Aspekte wünsche ich mir, daß meine Erfahrungen und persönlichen Lehren und mein Wissen sowohl Indianern als auch Nichtindianern helfen, wenn sie nach einer Lebensweise suchen, die ihnen die Anpassung und das Sicheinstellen auf die sich ändernden Zyklen erleichtert, und nach einem spirituellen Leben, das durch Zeremonien zelebriert und im Gleichgewicht gehalten wird.

Jochen Schmidt
Tanzen gegen die Angst
240 Seiten, 20 Abbildungen
TB 26513-X
Originalausgabe

Pina Bausch ist die wichtigste Tänzerin und Choreographin dieses Jahrhunderts. Ihr Tanztheater erlangte Weltgeltung, weit über Wuppertal hinaus.

Ihre revolutionären Inszenierungen haben das Publikum in höchstes Erstaunen versetzt: Sie lockte alle an – die begeisterten Fans, die skeptischen Kritiker und das entsetzte Establishment. Alle wollten ihr huldigen, auf ihre Art.

Das einstige Genie der Essener Folkwang-Schule hatte es geschafft: In zehn Jahren konnte sie alles niederreißen, was bis dato für das Tanztheater galt. Es gab kein Ensemble, das sich nicht an ihrer Kunst orientiert hätte. Sie definierte das Genre völlig neu. Und Grenzen zu überschreiten, das ist ihr großes Ziel – noch heute.

Econ & List

„Süchtig nach der Sehnsucht"
Edith Piaf
von Matthias Henke

Matthias Henke
**»Süchtig nach der
Sehnsucht«
Edith Piaf**
224 Seiten, 20 Abbildungen
TB 26516-4
Originalausgabe

»Mut heißt, bis zum Ende zu gehen«, bis zum bitteren Ende. Die Piaf hat gekämpft und nicht gesiegt. Sie ist eine Extremistin der besonderen Art, eine Rebellin ohne Grenzen: Sie begehrt nicht einen Mann, sie begehrt sie alle – ohne Rücksicht auf bürgerliche Moralvorstellungen. Sie mußte ihre Sehnsucht nach dem Absoluten mit dem Leben bezahlen, aber die Menschen verehren sie. Die eindringliche Stimme, ihre Vitalität und Leidenschaft, ihre Hingabe an das Unerreichbare haben Millionen in ihren Bann geschlagen. Sie ist und bleibt die Göttin des Chansons.

Siegfried Obermeier
**»Ein Weib mit
ungeheurem Talent«
Angelika Kauffmann**
252 Seiten
TB 26559-8

Angelika Kauffmann
(1741–1807) war ein Genie.
Eine Malerin, die schon zu
Lebzeiten gefeiert wude wie
keine andere.

Alle wollten von ihr por-
trätiert werden, die Könige,
der Hochadel und sämtliche
Geistesgrößen. Goethe,
Herder und Klopstock
tauschten sich mir ihr aus,
und sie galt als die kultivier-
teste Frau Europas. Eine
Rebellin der ganz besonderen Art.

Annette Seemann
»Ich bin eine befreite Frau«
Peggy Guggenheim
304 Seiten, 20 Abbildungen
TB 26512-1
Originalausgabe

»Ich habe schon immer getan, was ich wollte. Women's lib? Ich war schon eine befreite Frau, bevor es den Namen überhaupt gab.« Die stets gelangweilte Amerikanerin aus reichem Hause, Venedigs letzte Dogeressa, war immer auf der Suche nach dem Funkeln in ihrem Leben. Alle zerrissen sich die Mäuler über sie: Und allen hat sie es gezeigt, die unverbesserliche, kunstwütige, zugleich schüchtern und provokant wirkende Peggy Guggenheim.

Ein unglückliches Kind, aber eine reiche Erbin, ihre legendäre Kunstsammlung machte sie zu einer der bedeutendsten Frauen ihrer Zeit.